독자의 **1초**를 아껴주는 정성!

—

세상이 아무리 바쁘게 돌아가더라도

책까지 아무렇게나 빨리 만들 수는 없습니다.

인스턴트 식품 같은 책보다는

오래 익힌 술이나 장맛이 밴 책을 만들고 싶습니다.

길벗이지톡은 독자여러분이 우리를 믿는다고 할 때 가장 행복합니다.

나를 아껴주는 어학도서, 길벗이지톡의 책을 만나보십시오.

독자의 1초를 아껴주는 정성을 만나보십시오.

미리 책을 읽고 따라해본 2만 베타테스터 여러분과 무따기 체험단, 길벗스쿨 엄마 2% 기획단,

시나공 평가단, 토익 배틀, 대학생 기자단까지!

믿을 수 있는 책을 함께 만들어주신 독자 여러분께 감사드립니다.

(주)도서출판 길벗 www.gilbut.co.kr

길벗 이지톡 www.gilbut.co.kr

길벗 스쿨 www.gilbutschool.co.kr

KB022377

	말하기 & 듣기	읽기 & 쓰기	발음 & 단어

첫걸음

초급

비즈니스

500만 독자의 선택 무작정 따라하기

일본어, 중국어, 기타 외국어 시리즈

	일본어	중국어	기타 외국어
초급	일본어 무작정 따라하기 / 일본어 첫걸음 따라하기 심화편 일본어 문법 무작정 따라하기 / 일본어 필수 단어 일본어 상용한자 무작정 따라하기	중국어 첫걸음 무작정 따라하기 / 중국어 무작정 따라하기 중국어 한자 무작정 따라하기 / 중국어 필수 단어 무작정 따라하기 중국어 한자+간체자 무작정 따라하기 쓰기노트	스페인어 무작정 따라하기 / 프랑스어 무작정 따라하기 스페인어 필수 단어 무작정 따라하기 / 프랑스어 필수 단어 무작정 따라하기 독일어 필수 단어 무작정 따라하기
중급	일본어 현지회화 무작정 따라하기 / 일본어 필수 표현 일본어 한자 / 일본어 회화	중국어 현지회화 무작정 따라하기 / 중국어 필수 표현 무작정 따라하기 90문장으로 끝내는 중국어 문법	스페인어 회화 무작정 따라하기
비즈니스	일본어 회화	비즈니스 중국어 무작정 따라하기	

ː QR 코드로 음성 자료 듣는 법 ː

1
'스마트 폰에서 QR 코드 스캔' 애플리케이션을 다운 받아 실행합니다.
[앱스토어나 구글 플레이어에서 'QR 코드'로 검색하세요]

2
애플리케이션의 화면과 본문에 있는 QR 코드를 맞춰 스캔합니다.

3
창을 터치하면 음성파일을 선택할 수 있는 화면이 나옵니다.

4
원하는 음성 자료를 터치해서 학습을 시작합니다.

ː 길벗이지톡 홈페이지에서 자료 받는 법 ː

1
길벗이지톡 홈페이지(www.gilbut.co.kr) 검색창에서
《엄마 아빠 영어 공부 무작정 따라하기》를 검색합니다.

2
검색 후 해당 도서를 클릭합니다.

3
해당 도서 페이지에서 자료실을 클릭합니다.

4
다운로드 아이콘을 클릭해 자료를 받거나, 재생 버튼을
클릭해 바로 들을 수 있습니다.
[구매 인증이나 로그인이 필요없습니다.]

엄마 아빠 영어 공부 무작정 따라하기

휴대용
워크북

주은경(로라쌤) 지음

길벗
이지:톡

휴대용 워크북 활용법

엄마 아빠 영어 공부 무작정 따라하기

가볍게 들고 다니면서 공부할 수 있는 훈련용 소책자입니다. 틈날 때, 누군가를 기다릴 때, 출퇴근할 때 자투리 시간을 적극 활용해 보세요. 매일매일의 습관이 여러분의 탄탄한 영어 기초를 완성할 것입니다. 소책자로 공부할 때도 꼭 mp3파일을 들으면서 공부하세요!

이렇게 활용하세요!

STEP 1 **영어 실력 확인하기**

학습 내용을 얼마나 잘 활용할 수 있는지 확인해 보세요. 발음 파트에서는 발음기호를 가린 채 영어를 읽어보세요. 회화 파트에서는 우리말을 영어로 바꿔 말해봅니다. 문법과 리딩도 얼마나 이해했는지 여러분이 진짜 말하고 읽을 수 있는지 확인하세요.

STEP 2 **헷갈리는 내용 복습하기**

연습하다가 헷갈리거나 막히는 부분이 나오면 당황하지 말고 워크북에 표시된 본책 페이지를 펼치세요. 설명을 다시 한 번 꼼꼼히 읽으면서 내용을 이해하고 넘어가세요.

STEP 3 **듣고 따라 하며 정리하기**

워크북도 mp3파일을 들으면서 큰 소리로 따라 합니다. 눈으로 대충 쓱 보고 넘어가지 말고 귀로 듣고 입으로 말해보아야 나의 영어 실력이 완성됩니다.

알파벳부터 새로고침
영어발음 A to Z

A부터 Z까지 알파벳이 영어단어에서 실제 어떤 소리가 나는지 확인해 보세요.
발음이 헷갈리는 단어가 있다면 본책으로 돌아가서 설명을 다시 읽어보세요.

강의 및 예문듣기

본책 p.020-023

A/a [애/아아/어오/에이]	B/b [브]	C/c [크/쓰]
apple 애플(쁠)[ǽpl]	basket 배스킽[bǽskit]	color 컬러ㄹ[kʌ́lər]
army 아아ㄹ미[ɑ́:rmi]		circus 쒀얼커스[sə́:rkəs]
all 어얼[ɔ:l]		
ace 에이스[eis]		

D/d [드]	E/e [에/이/어]	F/f [퓌]
date 데이ㅌ[deit]	exit 엑씨ㅌ[éksit]	fire 퐈이어ㄹ[faiər]
	emergency 이머얼쥔씨 [imə́:rdʒənsi]	

G [그]	H [흐]	I [아이/이]
girl 거얼[gə:rl]	home 호움[houm]	ice 아이ㅅ[ais]
		invite 인봐이ㅌ[inváit]

J [즈]	K [크]	L [러]
jelly 쮈리[dʒéli]	keep 키잎[ki:p]	laundry 러온드뤼[lɔ́:ndri]
	kick 킥[kik]	

M [므]	N [느]	O [오우/어오]
money 머니[mʌ́ni]	nail 네이얼[neil]	only 오운리[óunli]
		orange 어오륀쥐[ɔ́:rindʒ]

P [프]	**Q** [크]	**R** [뤄]
police 펄리이ㅅ[pəlíːs] people 피이플(쁠)[píːpl] help 헤엂ㅍ(ㅃ)[help]	quilt 크윌ㅌ[kwilt]	ramen 롸아먼[rάːmən]
S [스]	**T** [트]	**U** [어/이유우]
school 스쿠욹[skuːl]	temperature 템퍼뭐춰ㄹ [témpərətʃər]	umbrella 엄브뤨러 [ʌmbrélə] uniform 이유우너포엄 [júːnəfɔ̀ːrm]
V [붸]	**W** [웨/워/와]	**X** [즈/엑스/익쓰/이그즈]
vase 붸이스[veis]	wedding 웨딩[wédiŋ] was 워ㅈ[wəz] wise 와이ㅈ[waiz]	xylophone 자일러포운 [záiləfòun] extra 엑스트뤄[ékstrə] exciting 익싸이팅[iksáitiŋ] exam 이그잼[igzǽm]
Y [예/이]	**Z** [즈]	
yellow 엘로우[jélou] youthful 이유우쓰펄[júːθfəl] ield 이이얼ㄷ[jiːld]	zoo 즈우[zuː]	

5

오해 없는 소통을 위해
헷갈리는 발음 구분하기

p와 f, r과 l 등 헷갈리는 영어 발음, 얼마나 정확하게 구분할 수 있나요?
여전히 헷갈리는 발음이 있다면 본책으로 돌아가서 설명을 다시 읽어보세요.

강의 및 예문듣기

본책 p.026-029

❶ [p]와 [f] 발음 구분하기

pen	펜[pen]	fan	풰앤[fæn]
pine	파인[pain]	fine	퐈인[fain]
possible	파써(쓰)블[pǽsəbl]	feasible	퓌이저(즈)블[fíːzəbl]

❷ [b]와 [v] 발음 구분하기

berry	베뤼[béri]	very	붸뤼[véri]
bury	베뤼[béri]	vary	붸(어)뤼[véəri]
bun	번[bʌn]	van	붸앤[væn]

❸ [r]과 [l] 발음 구분하기

raw	뤄오[rɔ:]	**l**aw	러오[lɔ:]
rash	뤄애쉬[ræʃ]	**l**ash	래애쉬[læʃ]
royal	뤄오이얼[rɔ́iəl]	**l**oyal	러오이얼[lɔ́iəl]

❹ [d]와 [ð] 발음 구분하기

dough	도우[dou]	**th**ough	도우[ðou]
ri**d**e	롸이ㄷ[raid]	wri**th**e	롸이ㄷ[raið]
den	덴[den]	**th**en	덴[ðen]

❺ [s]와 [ʃ] 발음 구분하기

sell	셀[sel]	shell	쉘[ʃel]
sea	씨이[si:]	she	쉬이[ʃi:]
trace	트레이 ㅆ[treis]	trash	트래쉬[træʃ]

[s] 발음

[S]

[ʃ] 발음

[ʃ]

❻ [ʤ]와 [z] 발음 구분하기

jest	줴스ㅌ[dʒest]	zest	(즈)제스ㅌ[zest]
June	주운[dʒu:n]	zoom	(즈)주움[zu:m]
Jenny	줴니[dʒéni]	zenith	(즈)지이니ㅆ[zí:niθ]

[ʤ] 발음

[dʒ]

[z] 발음

[z]

❼ [e]와 [æ] 발음 구분하기

bed	베ㄷ[bed]	**bad**	배애ㄷ[bæd]
ten	텐[ten]	**tan**	태앤[tæn]
bend	벤ㄷ[bend]	**band**	배앤ㄷ[bænd]

❽ [ɔ]와 [ʌ] 발음 구분하기

bought	버오ㅌ[bɔːt]	**but**	벋[bʌt]
boss	버오ㅆ[bɔːs]	**bus**	버ㅅ[bʌs]
caller	커올럴[kɔ́ːlər]	**color**	컬럴[kʌlər]

03

발음의 길이도 중요해
장모음과 이중모음

강의 및 예문듣기

live와 leave처럼 발음의 길이로 전혀 다른 의미가 될 수 있어요.
발음의 길이 구분이 헷갈린다면 본책으로 돌아가서 설명을 다시 읽어보세요.

본책 p.032-035

❶ 장모음 [i:] 발음하기

① 단모음 [i]와 장모음 [i:] 비교하기

단모음 [i]		장모음 [i:]	
fill	필[fil]	feel	퓌이얼[fi:l]
live	리ㅂ[liv]	leave	리이ㅂ[li:v]
shit	쉩[ʃit]	sheet	쉬이ㅌ[ʃi:t]
bitch	비취[bitʃ]	beach	비이취[bi:tʃ]
hip	힢[hip]	heap	히잎[hi:p]

② 장모음 [i:] 발음 더 연습하기

each	이이취[i:tʃ]	three	뜨뤼이[θri:]
east	이이스ㅌ[i:st]	see	씨이[si:]

❷ 장모음 [u:] 발음하기

1 -oo-가 [u:]로 발음되는 단어

too	투우[tu:]	soon	쑤운[su:n]
mood	무우ㄷ[mu:d]	boot	부우ㅌ[bu:t]
spoon	스뿌운[spu:n]	stool	스뚜울[stu:l]

2 -ou-가 [u:]로 발음되는 단어

group	그루우ㅍ[gru:p]	soup	수우ㅍ[su:p]

3 -ue가 [u:]로 발음되는 단어

true	트루우[tru:]	glue	글루우[glu:]

4 -ew가 [u:]로 발음되는 단어

chew	츄우[ʧu:]	crew	크루우[kru:]

5 -u-가 [ju:] 또는 [u:]로 발음되는 단어

cute	큐우ㅌ[kju:t]	huge	휴우ㅈ[hju:dʒ]
stupid	스뚜우피ㄷ[stjú:pid]	student	스뚜우던ㅌ[stju:dnt]
duty	듀우디(리)[djú:ti]	ruby	루우비[rú:bi]

❸ 이중모음 [ou] 발음하기

1 [ou]와 [au] 발음 비교하기

이중모음 [ou]		이중모음 [au]	
show	쇼우[ʃou]	shout	샤우ㅌ[ʃaut]
hose	호우ㅈ[houz]	house	하우ㅅ[haus]
mote	모우ㅌ[mout]	mouth	마우ㄸ(ㅆ)[mauθ]
grow	그로우[grou]	ground	그라운ㄷ[graund]

2 [ou]와 [ɔ:] 발음 구분하기

이중모음 [ou]		장모음 [ɔ:]	
so	쏘우[sou]	saw	써오[sɔ:]
boat	보우ㅌ[bout]	bought	버오ㅌ[bɔ:t]

3 이중모음 [ou] 발음 더 연습하기

old	오울ㄷ[ould]	owe	오우[ou]
cold	코울ㄷ[kould]	fold	포울ㄷ[fould]
road	로우ㄷ[roud]	goat	고우ㅌ[gout]
coach	코우취[kouʃ]	coat	코우ㅌ[kout]
dough	도우[dou]	though	도우[ðou]
know	노우[nou]	throw	뜨로우[θrou]

❹ 이중모음 [ai] 발음하기

1 단모음 [i]와 이중모음 [ai] 비교하기

단모음 [i]		이중모음 [ai]: 단어가 -e로 끝날 때	
bit	비ㅌ[bit]	**bite**	바이ㄷ[bait]
strip	스트맆[strip]	**stripe**	스트라잎[straip]
tip	팊[tip]	**type**	타잎[taip]
pip	핖[pip]	**pipe**	파잎[paip]

2 이중모음 [ai] 발음 더 연습하기

kind	카인ㄷ[kaind]	**find**	퐈인ㄷ[faind]
sign	싸인[sain]	**sigh**	싸이[sai]
sight	싸이ㅌ[sait]	**fright**	프라이ㅌ[frait]
tiny	타이니[táini]	**final**	퐈이늘[fáinl]
ice	아이ㅅ[ais]	**ripe**	롸잎[raip]
pie	파이[pai]	**die**	다이[dai]
style	스따이얼[stail]	**typo**	타이포우[táipou]
right	롸이ㅌ[rait]	**tight**	타이ㅌ[tait]
cry	크라이[krai]	**cycle**	싸이글[sáikl]

강약 조절은 필수
단어 강세 살려서 말하기

강의 및 예문듣기

우리말과 달리 영어는 강세가 있고 강약 조절을 확실히 해야 정확한 발음이 표현됩니다.
영어 강세가 헷갈린다면 본책으로 돌아가서 설명을 다시 읽어보세요.

본책 p.040-043

❶ 강세의 기본 규칙

1 1음절 단어

heart	하알ㅌ[haːrt]	**wolf**	워울ㅍ[wulf]
world	워얼ㄷ[wəːrld]	**mess**	메ㅆ[mes]
near	니을[niər]	**fish**	퓌쉬[fiʃ]

2 2음절 단어

napkin	내앺킨[nǽpkin]	**review**	뤼뷔유우[rivjúː]
ticket	티킽[tíkit]	**nineteen**	나인티인[nàintíːn]
basket	배스킽[bǽskit]	**career**	커뤼어ㄹ[kəríər]

3 3음절 단어

basketball	배스킽버올 [bǽskitbɔ̀ːl]	**fantastic**	팬태스틱 [fæntǽstik]
banana	버내너 [bənǽnə]	**amazing**	어메이징 [əméiziŋ]
technical	테크니컬 [téknikəl]	**minimum**	미니멈 [mínəməm]

② 강세에 따라 의미나 품사가 달라지는 단어들

앞 모음에 강세를 주면		뒤 모음에 강세를 주면	
record	뤡컬ㄷ [rékərd]	record	뤼커올ㄷ [rikɔ́:rd]
resume	뤠쥬메이[rézumèi]	resume	리쥬움[rizú:m]
desert	데절ㅌ [dézərt]	desert	디저얼ㅌ [dizə́:rt]
present	프뤠즌ㅌ [préznt]	present	프리젠ㅌ [prizént]
object	압직ㅌ [ábdʒikt, ób-]	object	업쥑ㅌ [əbdʒékt]

③ -ly로 끝나는 단어

quietly	크와이엍을리 [kwáiətli]	generally	줴너뤌리 [dʒénərəli]
mainly	메인리 [méinli]	immediately	이미이디엍을리 [imí:diətli]
lovely	러블리[lʌ́vli]	friendly	프뤤들리[fréndli]
manly	매앤리[mǽnli]	orderly	어오덜리[ɔ́:rdərli]

④ -ic(s)/-ical로 끝나는 단어

① 명사 뒤에 -ic(s)/-ical이 붙은 경우

economy	이카너미 [ikánəmi]	economics	이커나믹ㅅ [ì:kənámiks]
economic	이커나믹[ì:kənámik]	economical	이커나미컬 [ì:kənámikəl]
poet	포우잍[póuit]	poetics	포우에틱ㅅ [pouétiks]
poetic	포우에틱[pouétik]	poetical	포우에티컬[pouétikəl]

15

-ic로 끝나는 단어가 명사인 경우

| critic | 크뤼틱[krítik] | critical | 크뤼티컬[krítikəl] |

❺ -tion/-sion으로 끝나는 단어

| creation | 크뤼에이션[kriéiʃən] | devotion | 디보우션[divóuʃən] |
| extension | 익스텐션[iksténʃən] | commission | 커미션[kəmíʃən] |

❻ -er/-ee로 끝나는 단어

1 동사 뒤에 -er/or, 명사나 형용사 뒤에 -ee가 붙은 경우

manage	매니지[mǽnidʒ]	manager	매니절[mǽnidʒər]
act	액ㅌ[ǽkt]	actor	액터ㄹ[ǽktər]
refuge	뤠퓨우ㅈ[réfjuːdʒ]	refugee	뤠퓨우지이[rèfjudʒíː]
absent	앱슨ㅌ[ǽbsənt]	absentee	앱슨티이[æbsəntíː]

2 동사 뒤에 -er 및 -ee가 붙은 경우

| employer | 임플로이얼[implɔ́iər] | employee | 임플로이이[implɔ́iiː] |
| interviewer | 인터뷰우얼 [íntərvjùːər] | interviewee | 인터뷰우이이 [intərvjuːíː] |

❼ -logy/-logist로 끝나는 단어

biology	바이알러지 [baiálədʒi]	biologist	바이알러지스ㅌ [baiálədʒist]
geology	지알러지 [dʒiálədʒi]	geologist	지알러지스ㅌ [dʒiálədʒist]
psychology	사이칼러지 [saikálədʒi]	psychologist	사이칼러지스ㅌ [saikálədʒist]

16

05

한 끗 차이가 중요
주의해야 할 발음

강의 및 예문듣기

미국 영어의 [t] 발음과 약하게 소리 나는 단어 끝소리는 주의가 필요합니다.
미묘한 발음 차이가 헷갈린다면 본책의 설명을 다시 한 번 읽어보세요.

본책 p.046-049

❶ [t] 발음: [ㅌ]

take	테이ㅋ[teik]	attach	어태취[ətǽtʃ]
tomorrow	터머오로우[təmɔ́:rou]	pretend	프뤼텐ㄷ[priténd]
twin	트윈[twin]	attack	어택[ətǽk]
trip	트륍[trip]	straight	스트뤠이ㅌ[streit]

❷ [t] 발음: [ㄷ]/[ㄹ]

water	워오럴[wɔ́:tər]	bottle	바를[bátl]
letter	레럴[létər]	little	리들/리를[lítl]
matter	메럴[mǽtər]	ability	어빌러디/어빌러리[əbíləti]

❸ [t] 발음: [ㅌ·(ㅇ)]

fitness	퓥·니ㅅ[fítnis]	button	벝·은[bʌ́tən]
partner	팥·으너ㄹ[pá:rtnər]	certain	써얼ㅌ·은[sə́:rtn]
Scotland	스캍·런ㄷ[skátlənd]	kitten	킽·은[kítn]

17

❹ [t] 발음: [ㄴ]

center	쎄너[séntər]	plenty	플래니[plénti]
winter	윈널[wíntər]	twenty	트웨니[twénti]
international	이너내셔널 [ìntərnǽʃənəl]	Internet	이너넽[íntərnet]

❺ [t] 발음: 묵음

listen	리슨[lísn]	Christmas	크뤼ㅅ머ㅅ[krísməs]
fasten	풰애슨[fǽsn]	whistle	위슬[hwísl]
moisten	모이슨[móisn]	mortgage	머올기쥐[mɔ́ːrgidʒ]

❻ 단어의 끝소리

cake	케이ㅋ[keik]	face	풰이ㅅ[feis]
offend	어풴ㄷ[əfénd]	child	챠이얼ㄷ[tʃaild]
predict	프뤼딕ㅌ[pridíkt]	chemist	케미스ㅌ[kémist]

❼ -(e)s로 끝나는 단어의 끝소리

books	붘ㅅ[buks]	laughs	래앺ㅅ[læfs]
words	워얼ㅈ[wəːrdz]	runs	뤈ㅈ[rʌnz]
races	뤠이시ㅈ[reisiz]	kisses	키씨ㅈ[kisiz]

❽ -ed로 끝나는 단어의 끝소리

called	커올ㄷ[kɔːld]	cleaned	클리인ㄷ[kliːnd]
helped	헬ㅍㅌ[helpt]	danced	댄ㅅㅌ[dænst]
wanted	원티ㄷ/워니ㄷ[wɑ́ntid]	needed	니이디ㄷ[niːdid]

영어의 리듬을 느껴라
문장 강세 살리기

영어는 단어는 물론이고 문장 안에서도 강약의 리듬이 있습니다.
연습해도 여전히 강세가 헷갈린다면 본책의 설명을 다시 한 번 읽어보세요.

강의 및 예문듣기

본책 p.052-055

❶ 연음: 자음으로 끝나는 단어와 모음으로 시작하는 단어가 만났을 때

pick up	피컵	**catch up**	캐첩
kind of	카인덮	**out of**	아우렆
need it	니이딭	**about it**	어바우맅

❷ 연음: [t]/[d]로 끝나는 단어와 you가 만났을 때

Don't you	돈츄	**want you**	원츄
Did you	디쥬	**need you**	니이쥬

Don't you worry.

I need you.

Did you do your homework?

❸ 연음: 같거나 비슷한 소리의 자음과 자음이 만났을 때(1)

good day	굳・데이	**pet toy**	펱・토이
big game	빅・게임	**phone number**	포운넘벌

19

❹ 연음: 같거나 비슷한 소리의 자음과 자음이 만났을 때(2)

test date	테스(ㅌ)데이ㅌ	pink carpet	핑(ㅋ)카알핕
cancer remedy	캔서(ㄹ)뤠머디	enough for	이너(ㅍ)포얼
need to	니이투	last night	래애스니잍

❺ 문장 강세: 일반적인 경우

 My sȯn didn't dȯ his hȯmework.

I read a book on flowers.
He's allergic to nuts.
Do you want some coffee?

❻ 문장 강세: 말하는 사람이 특별히 강조하고 싶은 말이 있는 경우

 YOU said that, not me.

He loves COFFEE.
HE loves coffee?

I watched a MOVIE last night.
I watched a movie LAST NIGHT.

❼ 인토네이션

1 의문문 (질문을 하는 경우)

Are you free tomorrow ↗?

He seems taller ↘, right ↗?

2 평서문 (일반적인 문장)

I'm not free tomorrow ↘.

He seems taller than before ↘.

3 나열 (여러 단어나 의미덩어리를 나열하는 경우)

I have to go to the bank ↗, do some grocery shopping ↗ and also clean the house tomorrow ↘.

We had rice ↗, kimchi ↗, soup ↗ and pork for lunch ↘.

4 인토네이션에 따라 뉘앙스가 달라지는 경우

Okay ↗?   Okay ↘.   Okay →!

Sorry ↗?   Sorry ↘.

Come on →!   Come on ↘.

07

소통의 첫걸음
의견 물어보기

패턴을 활용해서 아이의 의견을 물어보는 다양한 질문을 영어로 말해보세요.
헷갈리는 문장이 있다면 본책의 설명과 예문을 다시 한 번 확인합니다.

강의 및 예문듣기

본책 p.062-065

① How was ~? ~ 어땠어?

How was school?　　　　　　　　　(오늘) 학교 어땠어?

🎤 오늘 하루 어땠어?

🎤 영화 어땠어?

🎤 수학 수업 어땠어?

② Do you like ~? ~ 좋아? ~ 마음에 들어?

Do you like these sneakers?　　　　이 운동화 맘에 드니?

🎤 이 영화 좋니?

🎤 새 선생님 좋아?

🎤 새 장난감 맘에 들어?

③ Do you want to ~? ~할래? ~하고 싶니?

Do you want to play outside?　　　밖에서 놀래?

🎤 축구할래?

🎤 책 읽을래?

🎤 뭐 좀 먹을래?

❹ What do you want to ~? 뭐 ~할래? 뭐 ~하고 싶어?

 What do you want to **do**?   뭐 하고 싶어?

🎤 아침으로 뭐 먹을래?

🎤 저녁 먹고 뭐 보고 싶어?

🎤 이번 주말에 뭐 하고 싶어?

❺ Do you think ~? ~라고 생각해? ~인 거 같니?

 Do you think **it's interesting**?   재미있니?

🎤 이 책 재미있니?

🎤 네가 옳다고 생각해?

🎤 오늘 비가 올 거 같아?

❻ Why do you think ~? 왜 ~라고 생각해?

 Why do think **it was her fault**?   왜 그 애 잘못이었다고 생각해?

🎤 왜 걔가 나빴다/틀렸다고 생각해?

🎤 왜 비가 올 거라고 생각해?

🎤 왜 그렇게 생각해?

❼ Did you have ~? ~했어?

 Did you have **fun**?   즐겁게 보냈니?

🎤 점심 먹었어?

🎤 좋은 시간 보냈니?

🎤 문제가 있었니?

아이에 대한 존중
부탁하기

패턴을 활용해서 아이에게 다정하게 영어로 부탁하는 표현을 말해보세요.
헷갈리는 문장이 있다면 본책의 설명과 예문을 다시 한 번 확인합니다.

강의 및 예문듣기

본책 p.068-071

❶ Can you ~? ~ (좀) 해줄래?

Can you help me, please?   엄마 좀 도와줄래?

🎤 장난감 좀 치워줄래?

🎤 불 좀 꺼줄래?

🎤 그 컵 좀 갖다 줄래?

❷ Can you get me ~? ~ (좀) 갖다 줄래?

Can you get me some tissue?   아빠 티슈 좀 갖다 줄래?

🎤 물 한 잔 갖다 줄래?

🎤 펜 좀 갖다 줄래?

🎤 리모컨 좀 갖다 줄래?

❸ Could you ~? ~ (좀) 해줄 수 있을까?

Could you come here and help me?
이리 와서 엄마 좀 도와줄 수 있을까?

🎤 TV 좀 꺼줄 수 있을까?

🎤 소리 좀 줄여줄 수 있을까?

🎤 설거지 좀 해줄 수 있을까?

❹ Would you ~? ~ (좀) 할래?

Would you speak a little louder?
조금만 더 큰 소리로 말해줄래?

🎤 네 방 좀 치울래?

🎤 상 차리는 거 좀 도와줄래?

🎤 이거 우리끼리 비밀로 해줄래?

❺ Do you think you can/could~? ~ (좀) 할 수 있겠니?

Do you think you could listen to me for now?
잠시 엄마 말 좀 들어줄 수 있겠니?

🎤 친구들한테 말 좀 예쁘게 할 수 있겠니?

🎤 저녁 먹기 전에 숙제/공부 다 할 수 있겠니?

🎤 게임하는 시간 좀 줄일 수 있겠니?

❻ I was hoping to ~ ~할까 했는데

I was hoping to spend the evening with you.
너와 저녁 시간을 같이 보낼까 했는데.

🎤 너랑 쇼핑 갈까 했는데.

🎤 너랑 영화 볼까 했는데.

🎤 너랑 같이 공부할까 했는데.

❼ I was wondering if you could ~ 혹시 ~ (좀) 해줄 수 있을까?

I was wondering if you could help me clean the house.
혹시 집 청소 좀 도와줄 수 있을까?

🎤 혹시 설거지 좀 해줄 수 있을까?

🎤 혹시 새 프로그램 설치하는 거 좀 도와줄 수 있을까?

🎤 혹시 같이 장보러 가줄 수 있을까?

09

아이와 의논하는 습관
제안하기

패턴을 활용해서 아이와 같이 의논하는 다양한 제안의 표현을 말해보세요.
헷갈리는 문장이 있다면 본책의 설명과 예문을 다시 한 번 확인합니다.

강의 및 예문듣기

본책 p.074-077

❶ Let's ~ (우리) ~하자

Let's go to the playground.　　　　　놀이터 가자.

🎙 피자 주문하자.

🎙 뉴스 보자.

🎙 나가서 달리기하자.

❷ Why don't we ~? (우리) ~할까?

Why don't we invite your friends over?
네 친구들 초대할까?

🎙 우리 이 책 읽을까?

🎙 나가서 줄넘기할까?

🎙 우리 간식 좀 먹을까?

❸ Shall we ~? (우리) ~할까?

Shall we clean up?　　　　　청소할까?

🎙 자러 들어갈까?

🎙 할머니한테 전화할까?

🎙 계단으로 갈까?

④ **Maybe we should ~** (우리) ~하는 게 좋을 거 같아

Maybe we should go home now.
이제 우리 집에 가는 게 좋을 거 같구나.

🔖 우리 우산 가져가는 게 좋을 거 같아.

🔖 오늘은 그냥 집에 있는 게 좋을 거 같아.

🔖 누구한테 물어보는 게 좋을 거 같아.

⑤ **I suggest you ~** ~하는 게 좋겠구나, ~하지 그래

I suggest you go to bed now.   이제 자러 가는 게 좋겠어.

🔖 이제 그만 뛰어다녔음 좋겠구나.

🔖 어질러놓은 건 치우지 그래.

🔖 놀기 전에 학습지부터 하지 그래.

⑥ **Why don't you ~?** ~하지 그래? ~하는 게 어때?

Why don't you go out and meet a friend?
나가서 친구를 만나는 게 어때?

🔖 아빠가 사준 책 읽어보지 그래?

🔖 네 생일날 친구들 초대하는 게 어때?

🔖 이 티셔츠랑 저 치마랑 입어보는 게 어때?

⑦ **How about ~?** ~는 어때? ~하는 거 어때?

How about a movie tonight?   오늘밤에 영화 한 편 어때?

🔖 오늘 저녁은 피자 어때?

🔖 산책 하러 가는 거 어때?

🔖 이번 주말에 수영장 가는 거 어때?

10

때로는 엄격하게
훈육하기

강의 및 예문듣기

본책 p.080-083

패턴을 활용해서 부드럽게 때론 엄하게 아이를 훈육하는 말을 영어로 해보세요.
헷갈리는 문장이 있다면 본책의 설명과 예문을 다시 한 번 확인합니다.

❶ You should ~ ~해야지, ~하렴

You should brush your teeth.
이 닦으렴.

🎙 손 씻으렴.

🎙 채소를 먹어야지.

🎙 저녁식사 전에 숙제 해야지.

❷ You shouldn't ~ ~하면 안 되지, ~하지 말렴

You shouldn't throw stones.
돌 던지면 안 돼.

🎙 입안에 음식 넣고 말하면 안 되지.

🎙 책 보면서 밥 먹지 말렴.

🎙 벽에 그림 그리면 안 돼.

❸ I want you to ~ (엄마는) 네가 ~를 했으면 좋겠어

I want you to clean your room.
(엄마는) 네가 네 방을 치웠으면 좋겠어.

🎙 (엄마는) 네가 책가방을 싸두면 좋겠어. (책가방 싸두려무나.)

🎙 (엄마는) 네가 젤리를 그만 먹었으면 좋겠어. (젤리 좀 그만 먹으렴.)

🎙 (엄마는) 네가 유튜브를 그만 봤으면 좋겠어. (유튜브 그만 좀 보려무나.)

④ It's wrong to ~ ~하는 것은 잘못된 거야

It's wrong to scream.　　　　　　　　소리지르는 건 잘못된 거야.

🖋 친구를 때리는 건 잘못된 거야.

🖋 길에 쓰레기를 버리는 건 잘못된 거야.

🖋 다른 사람들이 말할 때 끼어드는 건 잘못된 거야.

⑤ I'm going to be very sad if you ~ 네가 ~하면 엄마는 참 슬플 거야

I'm going to be very sad if you don't stop that.
네가 그걸 그만두지 않으면 엄마는 참 슬플 거야.

🖋 네가 계속 소리지르면 엄마는 참 슬플 거야.

🖋 네가 숙제를 하지 않는다면 엄마는 참 슬플 거야.

🖋 네가 말을 듣지 않는다면 엄마는 참 슬플 거야.

⑥ You'd better ~ ~해, ~하는 게 좋을 거야 (안 그럼 혼날 줄 알아)

You'd better stop running around.
그만 뛰어다녀. (안 그럼 혼난다.)

🖋 이제 TV 끄는 게 좋을 거야.

🖋 소리 그만 지르는 게 좋을 거야.

🖋 휴대폰 내려놔.

⑦ You'd better not ~ ~하지 마 (하면 혼날 줄 알아)

You'd better not be late.　　　　　　늦지 마. (늦으면 혼난다.)

🖋 바닥에 물 쏟지 마.

🖋 숙제 미루지 마.

🖋 문 쾅 닫지 마.

11

아낌없이 말해야 할
칭찬 · 격려하기

강의 및 예문듣기

패턴을 활용해서 아이를 칭찬하고 격려하는 말을 영어로 해보세요.
헷갈리는 문장이 있다면 본책의 설명과 예문을 다시 한 번 확인합니다.

본책 p.086-089

❶ Good ~! 잘했어!

Good job!   잘했어!

🎤 잘했어!

🎤 잘했어!

🎤 잘했어! 착하구나!

❷ I'm ~ (아빠는) ~해

I'm impressed.   (아빠는) 깊은 인상을 받았어. (감동이야.)

🎤 (아빠는) 감동받았어.

🎤 네가 자랑스러워.

🎤 (아빠는) 정말 놀랐어.

❸ That's ~! (그거) ~한데!

That's neat!   멋진데!

🎤 완벽하구나!

🎤 탁월하네!

🎤 놀라운데! 끝내주는데!

④ **What a ~!** 이야, 정말 ~구나!

 What a beautiful drawing! 이야, 정말 아름다운 그림이구나!

🎤 이야, 정말 착한 아이구나!

🎤 이야, 정말 마음을 울리는 노래구나!

🎤 이야, 정말 흥미로운 이야기구나!

⑤ **I really like ~** ~가 정말 맘에 드는구나

 I really like your work. 네 작품 정말 마음에 드는구나.

🎤 네 그림 진짜 맘에 든다.

🎤 네 종이접기 정말 맘에 드는구나.

🎤 네가 한 게 정말 맘에 드는구나.

⑥ **Everything will ~** 다 ~할 거야

 Everything will be fine. 다 잘될 거야.

🎤 다 잘 해결될 거야.

🎤 다 괜찮아질 거야.

🎤 다 예전으로 돌아갈 거야.

⑦ **Don't ~** ~하지 마

 Don't worry. 걱정하지 마.

🎤 당황하지 마.

🎤 스트레스 받지 마.

🎤 애 태우지 마.

12

엄마 아빠가 먼저

감사 · 사과하기

패턴을 활용해서 아이에게 감사하고 사과하는 말을 영어로 해보세요.
헷갈리는 문장이 있다면 본책의 설명과 예문을 다시 한 번 확인합니다.

강의 및 예문듣기

본책 p.092-095

❶ I'm so glad ~ ~라니 정말 기쁘네/다행이네

I'm so glad to hear you say that.
네가 그렇게 말해주니 정말 기쁘네.

✎ 네가 노력하는 모습을 보니 정말 기쁘네.

✎ 몸이 회복되고 있다니 정말 다행이다.

✎ 공부를 제시간에 다해놓다니 정말 기쁘구나.

❷ It's good to hear that you ~ (네가) ~라니 다행이구나/좋구나

It's good to hear that you are feeling better.
몸이 회복되고 있다니 다행이구나.

✎ 친구와 화해했다니 다행이구나.

✎ 시험을 (이전보다) 더 잘 봤다니 좋구나.

✎ 새 선생님이 마음에 든다니 다행이구나.

❸ Thank you for ~ ~해줘서 고마워

Thank you for listening to me.   엄마 말 들어줘서 고마워.

✎ 시간 내줘서 고마워.

✎ 숙제 해줘서 고마워.

✎ 엄마한테 말해줘서 고마워.

❹ It's very kind of you to ~ ~하다니 정말 고맙구나/착하구나

It's very kind of you to let your friends play with your toys.
친구들에게 장난감을 가지고 놀 수 있게 해주다니 정말 고맙구나/착하구나.

🖊 방 청소를 하다니 정말 고맙구나.

🖊 (남)동생과 놀아주다니 정말 고맙구나.

🖊 (여)동생과 같이 장난감 갖고 놀다니 고맙구나.

❺ I'm sorry for ~ ~해서 미안해

I'm sorry for being late.　　　　　　　늦어서 미안해.

🖊 널 슬프게 해서 미안해.

🖊 네 말을 안 들어줘서 미안해.

🖊 네 누나 편을 들어서 미안해.

❻ I apologize for ~ ~해서 미안하구나

I apologize for making you cry.　　　　울려서 미안하구나.

🖊 우리 약속을 못 지켜서 미안하다.

🖊 네 마음을 상하게 해서 미안하구나.

🖊 이번 주말에 일해서 미안하다.

❼ I'm sorry to hear that you ~ (네가) ~라니 안타깝구나

I'm sorry to hear that you didn't make it.
네가 해내지 못했다니 안타깝구나.

🖊 친구와 싸웠다니 안타깝구나.

🖊 상을 타지 못했다니 안됐구나.

🖊 몸이 아프다니 안타깝구나.

33

13

7:00 AM
일어나서 등원하기까지

아침에 아이를 깨워 등원시키기까지 나누게 될 대화를 영어로 말해보세요.
헷갈리는 문장이 있다면 본책의 설명과 예문을 다시 한 번 확인합니다.

강의 및 예문듣기

본책 p.100-103

---

① 아이 깨우기

엄마	아들	
1 아침 해가 밝았어, 귀욤아.	Mom, I'm sleepy.	2
3 5분 후에 올게.	Thanks, Mom.	4
	5분후	
5 얘야, 이제 일어날 때 됐다.	Okay. What time is it?	6
7 지금 안 일어나면 늦을 거 같은데.	I can't open my eyes.	8
9 일어나!	Alright, I'm up.	10

② 아침인사하기

아빠	딸	
1 좋은 아침이다, 얘야.	Good morning, Daddy.	2
3 잘 잤니?	I had a weird dream.	4
5 무슨 꿈이었는데?	I dreamt about dinosaurs.	6
7 신났겠구나.	It was exciting.	8
9 학교 가서 친구들에게 꿈 얘기 해주면 되겠네.	That's a great idea. I will!	10

❸ 아침 먹고 등원 준비하기

엄마	아들
1 아침 뭐 먹고 싶니?	Can I have cereal and some fruits? 2
3 어서 와. 아침 준비 다 됐어.	Wow, it looks delicious. Thanks, Mom. 4
5 이 닦고 세수하고 오렴.	Can you help me, please? 6
7 가방은 다 챙겼지?	I'm all set and ready. 8
9 양말을 안 신었잖니!	Oops. I'll put them on now. 10

❹ 등원 시키기

아빠	딸
1 서두르자. 우리 늦겠어.	I'm coming, Dad. Wait up. 2
3 빠트린 거 없지?	Yes, I'm good to go. 4
5 1층 좀 눌러줄래?	I just did. 6
7 친구들과 잘 지내고 선생님 말씀도 잘 들어.	I'm always good. 8
9 이따 보자.	Good bye. 10

11:00 AM
엄마의 일상

아이가 등원한 후 일상에서 만나게 될 다양한 상황을 영어로 말해보세요.
헷갈리는 문장이 있다면 본책의 설명과 예문을 다시 한 번 확인합니다.

강의 및 예문듣기

본책 p.106-109

❶ 장보기

	엄마	직원	
1	실례지만, 딸기는 어디에 있나요?	Go straight down the aisle and it's on your right.	2
3	감사합니다. 오늘 추가 할인 제품이 있나요?	Yes. We have 20% extra discount on cheese today.	4
5	잘됐네요. 혹시 이거 배달돼요?	Sure. Your membership number, please?	6
7	1234입니다.	Is your address ABC apartment 101-111?	8
9	네. 언제쯤 배달을 받을 수 있을까요?	We are quite busy today, so maybe in 2 hours.	10

❷ 친구 만나기1

	엄마	친구	
1	안녕! 이렇게 보니까 너무 좋다.	Hi! It's been ages. How have you been?	2
3	잘 지내지. 너는?	Good good. You haven't changed a bit.	4
5	너도. 진짜 좋아 보인다!	Shall we order? What do you want to have?	6
7	여기 뭐가 유명한지 인터넷 좀 볼게.	That's a good idea.	8
9	이 블로거가 여기 시금치 피자를 추천하네.	That sounds good. Let's get that one.	10

36

❸ 친구 만나기2

엄마	친구
1 가족들은 잘 지내?	We're all doing well. Your son must be big now. 2
3 이제 9살이야. 시간 진짜 빨라.	Tell me about it. My daughter will be in middle school soon. 4
5 벌써? 너 그 애 임신했을 때가 아직도 생생한데.	It seems like yesterday, right? 6
7 그러게. 우리는 하나도 안 늙은 거 같은데.	But our body tells us a different story. 8
9 그 얘기는 하지 말자. 요즘은 소화도 잘 안 돼.	We need to exercise and take care of ourselves. 10

❹ 헤어샵 방문하기

디자이너	엄마
1 How can I help you today?	헤어스타일을 좀 바꾸고 싶어요. 2
3 What do you have in mind?	조금 자르고 파마를 할까 싶기도? 4
5 Sure. I'll show you some pictures. Would you pick one?	전 여기 이 스타일이 좋은 것 같아요. 6
7 Good choice. I think you will look good with this hairstyle.	염색도 같이 해야 할까요? 8
9 Coloring your hair will take more time.	그건 다음에 해야겠네요. 10

37

15

2:00 PM
함께 하는 일상

아이와 함께 하는 일상에서 나누게 될 다양한 대화를 영어로 말해보세요.
헷갈리는 문장이 있다면 본책의 설명과 예문을 다시 한 번 확인합니다.

강의 및 예문듣기

본책 p.112-115

학습일   월   일

❶ 아이와 병원 가기

의사 / 아빠

1	Please take a seat. What's the matter today?	저희 아들이 콧물이 나고 기침을 조금 해요. 2
3	When did these symptoms start?	이틀 정도 된 거 같아요. 4
5	Is his mucus yellow or white?	아직은 흰색이에요. 6
7	Could you hold up his T-shirt?	(아들에게) 오래 안 걸릴 거야. 8
9	Drink plenty of fluids and come back in 3 days.	감사합니다. 선생님. 10

❷ 학원 가기

선생님 / 엄마

1	Welcome to ABC academy.	실례합니다. 저희 아들 영어수업을 알아보려고요. 2
3	You came to the right place. How old is he?	8살이에요. 4
5	Has he received any English education?	제가 영어책 읽어주고 영어로 된 영화를 보여줬어요. 6
7	Would you like to take a placement test?	좋아요. 언제 테스트 보러 오면 될까요? 8
9	When is the most convenient time for you?	목요일 오후 3시 어떠세요? 10

38

❸ 은행업무 보기

 은행직원   아빠

1   Good morning, sir.
How can I help you?   아들 유치원용으로 계좌를 새로 만들어야 해요.   2

3   Can I have your identification,
please?   운전면허증도 되나요?   4

5   Sure. Can you write your name
on the screen?   화면의 박스 말씀하시는 거죠?   6

7   Yes, sir. You can write your
name and put your signature.   했어요.   8

9   Here is your new account.
Do you want online access?   네. 그러면 좋을 것 같아요.   10

❹ 식당 가기

웨이터   엄마

1   Can I take your order?   (여기는) 뭐가 맛있나요?   2

3   Our tomato pasta is the best
seller.   좋아요. 그거랑 이 샐러드 주세요.   4

5   What about drinks?   찬물 한 잔과 오렌지 주스 주세요.   6

7   Of course. Anything else?   어린이용 수저랑 냅킨 좀 갖다 주시겠어요?   8

9   Coming right up.   감사합니다.   10

16

4:00 PM
아이와 오후시간 보내기

오후에 하교[하원]한 아이와 나누게 되는 대화들을 영어로 말해보세요.
헷갈리는 문장이 있다면 본책의 설명과 예문을 다시 한 번 확인합니다.

강의 및 예문듣기

본책 p.118-121

❶ 하원시키기

👩 엄마	👦 아들
1 오늘 학교생활 어땠어?	It was awesome. I made a new friend. **2**
3 잘됐네. 말썽을 피우지는 않았지?	Of course not. I'm a good student. **4**
5 점심은 뭐 먹었니? 맛있었어?	We had pork cutlet. It was delicious. **6**
7 배고프니? 간식거리 다른 거 좀 줄까?	Nope. I'm still stuffed from lunch. **8**
9 양말 벗어서 빨래통에 넣어.	Can you wash my pants as well? I spilled milk on them today. **10**

❷ 놀이터 가기

👨 아빠	👧 딸
1 우리 나가서 놀까?	I'd love to. Let's go to the playground. **2**
3 킥보드 가지고 갈까? 자전거 가지고 갈까?	I want to take my remote control car. **4**
5 그래. 건전지 갈아야 하는지 확인하자.	Dad, we changed them yesterday. **6**
7 아, 맞다. 신발 신고 마스크도 잊지 말고.	Can I wear my sandals? **8**
9 아직 밖은 추워. 운동화를 신으렴.	Okay, if you insist. I'll wear my grey sneakers. **10**

❸ 저녁 먹이기

👩 엄마	👦 아들
1 민아, 저녁 준비 다 됐어.	Okay, Mom. I'm coming. 2
3 포크 줄까? 젓가락 줄까?	I feel like using a fork today. 4
5 밥 다 먹고 일어나야지.	But I'm bored. 6
7 김치 더 줄까?	No, thank you. It's a little bit spicy. 8
9 입에 음식 든 채로 말하지 마.	I'm sorry. 10

❹ 알림장 확인하기

👨 아빠	👧 딸
1 알림장 좀 보여줄래?	It's in my bag. 2
3 오늘 숙제가 뭐야?	I have to read the history textbook. 4
5 수학 시험이 언제지?	I think it's on Friday. 6
7 시험 준비는 다 했어?	I need to go over the equations. 8
9 보자. 준비물 목록 가지고 왔어?	Oops, I left it at school. 10

17

8:30 PM
아이 재우기

강의 및 예문듣기

하루를 마무리하며 잠자리에 들기 전 아이와 나누게 될 대화를 영어로 말해보세요.
헷갈리는 문장이 있다면 본책의 설명과 예문을 다시 한 번 확인합니다.

본책 p.124-127

① 씻기기

	엄마		아들
1	이리 와서 옷 벗을래?	It's time for my bath already? I'm not done playing.	2
3	벌써 저녁 8시야. 이제 목욕해야지.	Okay. Can I play a little more after my bath?	4
5	알았어. 얼른 욕실로 들어와.	Alright.	6
7	물은 어때? 뜨거워? 차가워?	Nope. It's the right temperature.	8
9	눈 감아. 머리 감겨줄게.	I hate this part. Please be quick.	10

② 이 닦기

	아빠		딸
1	치약 짜줄게.	Just a little, please.	2
3	어금니까지 닦는 거 알지?	It's difficult. I can't reach my molars.	4
5	입 헹구렴.	I did. Can I go now?	6
7	아니야. 한 번 더 닦아야 해.	Again? Why?	8
9	오늘 젤리 먹었잖아. 오늘은 더 꼼꼼하게 닦자.	Ahh, must I?	10

❸ 책 읽어주기

	아빠		딸	
1	오늘밤에 읽고 싶은 책 3권 골라볼래?		I want to read these three.	2
3	식물에 대한 이 책은 어때?		Nope, we already read it several times.	4
5	알겠어. 네가 고른 이거 3권 읽자.		Thank you, Dad. You are the best.	6
7	침대에서 읽을까?		Yes, I'd love that.	8
9	아빠 옆에 와서 누워.		Please read me this book about dinosaurs.	10

❹ 굿나잇 인사해주기

	엄마		아들	
1	이리 와. 이불 덮어줄게.		It's already time for bed?	2
3	크려면 잘 자야지.		Alright. Can I do one last thing before bed?	4
5	알았어. 근데 금방 와야 해.		I need to organize the blocks. Okay, I'm ready for bed now.	6
7	오늘 좋은 하루 보냈어?		Yes, I had a pleasant day.	8
9	잘 자고 좋은 꿈 꾸렴.		Good night, Mom.	10

18

동사만 알면 영어의 절반 완성

be동사, 일반동사

강의 및 예문듣기

동사가 빠진 문장은 존재할 수 없어요. 영어 동사의 종류와 용법을 정리해보고
혹시 헷갈리는 부분이 있다면 본책의 설명을 다시 한 번 읽어보세요.

본책 p.134-137

---

❶ 일반동사

My son (get / gets) up early in the morning.
우리 아들은 아침 일찍 일어납니다.

He (read / reads) many books.
그 애는 책 많이 읽어요.

주어의 움직임을 나타내는 동사로, 주어에 따라 조금씩 형태가 달라집니다. 3인칭 단수(She,
He, It)가 현재형으로 쓰일 때는 동사원형 뒤에 -(e)s가 붙습니다.

I sleep.	나는 잔다.	You study.	너는 공부한다.
He runs.	그 남자는 달린다.	She reads.	그 여자는 읽는다.
We eat.	우리는 밥 먹는다.	They drink.	그 사람들은 마신다.

❷ 일반동사의 의문문

(Do / Does) your son get up early in the morning?
그 집 아들은 아침 일찍 일어나나요?

(Do / Does) he read many books?
그 애는 책 많이 읽어요?

일반동사의 의문문은 do를 앞에 붙입니다. 주어가 3인칭 단수(She, He, It)일 때는 does를 붙
이고 주어 뒤의 동사는 동사원형으로 바꿔줍니다.

Do you study?   너 공부하니?

Does he run?   그는 달리나요?

Does she like apples?	그 여자 사과 좋아해요?	
Do we eat lunch at 12:00?	우리 점심 12시에 먹나요?	
Do they drink milk every day?	그들은 매일 우유 마시나요?	

일반동사 의문문이 과거형일 때는 Did ~? 뒤에 주어와 동사원형이 옵니다. 3인칭 단수가 주어인 경우에도 동일합니다.

Did you study?	너 공부했어?
Did he go to school?	그는 학교에 갔니?

❸ be동사

 I (am / is) tired now.   나는 지금 피곤해요.
My son (be / is) 10 years old.   우리 아들은 열 살입니다.

be동사는 주어의 상태나 기분, 외모를 표현할 때 쓰는 동사입니다.

I was tired.	나는 피곤했어요. [상태]
I am excited.	나는 기대돼요. [기분]
I am short.	나는 키가 작아요. [외모]

be동사는 주어나 시제에 따라서 다양한 모양으로 바뀝니다.

주어	현재	과거	미래
I	am	was	am going to / will
You	are	were	are going to / will
She/He/It	is	was	is going to / will
We	are	were	are going to / will
They	are	were	are going to / will

❹ be동사의 의문문

(Is / <u>Are</u>) you tired now? 너 지금 피곤해?

(<u>Is</u> / Are) your son 10 years old? 네 아들 열 살이야?

be동사의 의문문을 만들 때는 주어와 be동사의 순서만 바꾸면 됩니다.

I am short. 나는 키가 작아.
➡ Am I short? 나 키 작아?

She is hungry. 그녀는 배가 고파.
➡ Is she hungry? 그녀가 배고파?

They are sleepy. 쟤들은 졸려.
➡ Are they sleepy? 쟤들 졸려?

19

언제라고? 오늘? 어제? 내일?
기본 시제

영어의 시제에 대해 꼭 알아야 할 핵심사항을 예문과 함께 정리했습니다.
혹시 헷갈리는 부분이 있다면 본책의 설명을 다시 한 번 읽어보세요.

강의 및 예문듣기

본책 p.140-143

❶ 현재 시제: 사실 또는 변함없는 일을 말할 때

You (are / were) so pretty.
너는 너무 예뻐.

Seoul is the capital of South Korea.
서울은 대한민국의 수도입니다.

The sun rises from the east and sets in the west.
태양은 동쪽에서 떠서 서쪽으로 집니다.

My father works at a car company.
저희 아빠는 자동차 회사에서 일하십니다.

❷ 현재 시제: 반복적이거나 습관적인 것을 말할 때

My son (wake / wakes) up at 6:30 in the morning.
저희 아들은 아침 6시 30분에 일어나요.

My son goes to his art class on Wednesdays.
우리 아들은 수요일마다 미술 수업에 가요.

My daughter comes home late most evenings.
우리 딸은 저녁에 대부분 늦게 집에 와요.

I don't drink coffee in the evening.
저는 저녁에는 커피를 마시지 않아요.

❸ 현재 시제: 확실히 정해진 미래를 말할 때

The movie (start / <u>starts</u>) at 7:00.
영화는 7시에 시작해.

The concert starts this Sunday at 6 p.m.
콘서트는 이번 주 일요일 오후 6시에 시작합니다.

The train for Busan leaves soon.
부산행 열차가 곧 출발합니다.

The train leaves Seoul at 3:00 and arrives in Busan at 6:20.
열차는 3시에 서울을 떠나 6시 20분 부산에 도착합니다.

❹ 현재진행 시제

I (read / <u>am reading</u>) this book right now.
저는 지금 이 책을 읽고 있어요.

지금 진행되고 있는 일은 〈be동사 + 일반동사ing〉 형태의 현재진행 시제를 사용합니다.

I'm studying English grammar.　　나는 영어 문법을 공부하고 있어요.

My son is taking a shower.　　아들은 샤워하고 있어.

They are talking to each other.　　그들은 대화하고 있어.

❺ 과거 시제

I already (have / <u>had</u>) lunch.
이미 점심을 먹었어요.

I bought a new laptop yesterday.
저 어제 새 노트북 샀어요.

My husband went to watch a movie.
남편은 영화를 보러 갔어요.

My son ran towards the gate and fell on his nose.
아들이 문을 향해 뛰어가다가 넘어져서 코를 다쳤어요.

⑥ 미래 시제

 I (travel / will travel / am going to travel) around the world.
전 세계를 여행할 거예요.

① will을 사용하는 경우

Stop nagging me, Mom. I will study now. [말하는 순간 즉흥적으로 하는 계획]
잔소리 좀 그만하세요. 이제 공부할게요.

I will not accept your offer. [거절]
제안을 거절하겠습니다.

I won't let you down. [약속, 다짐]
실망시키지 않겠습니다.

Will you call me later? [부탁]
이따가 전화 줄래요?

I think it will rain today. [의견을 토대로 한 예측]
오늘 비가 올 거 같은데.

The sun will rise tomorrow. [미래에도 적용되는 사실]
내일도 해는 뜰 거예요.

② be going to를 사용하는 경우

I'm going to travel next year. [이미 정해놓은 미래 계획]
내년에 여행할 거예요.

It's going to rain soon. The sky is very cloudy, and it's getting chilly.
[논리적이고 이유 있는 예측]
곧 비가 올 거예요. 구름도 많고 쌀쌀해지고 있어요.

자연스러운 회화의 치트키
구동사 (동사 + 부사)

강의 및 예문듣기

영어회화를 자연스럽게 하고 싶다면 구동사 표현을 다양하게 알면 좋습니다.
혹시 헷갈리는 문장이 있다면 본책의 설명을 다시 한 번 읽어보세요.

본책 p.146-149

① 목적어가 필요한 구동사

Please (take off your shoes / take your shoes off).
신발을 벗어주세요.

I'll (pick up him / pick him up).
내가 그 사람을 (차로) 데려올게요.

We have to put off the deadline.
= We have to put the deadline off.
우리 마감을 연기해야 해요.

We have to put it off.
우리 그거 연기해야 해요.

Did you make out what I said?
내가 한 말 확실히 이해했어?

Did you make it out?
(그거) 확실히 이해했어?

② 목적어가 필요 없는 구동사

He didn't show up (the meeting / at the meeting).
그는 회의에 나타나지 않았어요.

Girls like to dress up for school.
여자애들은 학교 갈 때 쫙 빼입는 것을 좋아해요.

This medicine wears off after 4 hours.
이 약은 4시간 후면 효과가 사라집니다.

Your daughter stood out among all the students.
너희 딸이 전체 학생 중에 단연 눈에 띄더라.

The movie comes out next week.
그 영화는 다음 주에 개봉됩니다.

It's just impossible to work out every day.
매일 운동하는 건 불가능해요.

wake up은 '잠에서 깨다, 일어나다'는 뜻으로 쓰일 때는 목적어가 필요 없고, '~를 깨우다'라는 의미로 쓰일 때는 목적어가 필요합니다.

He woke up late in the morning.
그는 아침에 늦게 일어났어.

Can you wake me up at 6 in the morning?
아침 6시에 나 좀 깨워줄 수 있어?

❸ 자주 쓰는 give 관련 구동사

The new store is (giving / **giving out**) free samples.
새로 생긴 가게가 무료 샘플을 나눠준대요.

I like to give away my kids' old clothes.
저는 애들 예전 옷들을 그냥 주는 걸 좋아해요.

My husband gave up smoking.
남편은 담배를 끊었어요.

Did you give back the umbrella?
우산 다시 돌려줬어?

❹ 자주 쓰는 hand 관련 구동사

When should I (hand / <u>hand in</u>) this application?
이 신청서를 언제 제출해야 하나요?

The teacher handed out these application forms.
선생님이 이 신청서를 나눠 주셨어요.

Jane handed over the paper to me.
제인이 이 서류를 나한테 넘겨줬어요.

My older sister used to hand down her clothes to me.
예전에는 언니가 나한테 옷을 물려줬었지.

❺ 자주 쓰는 look 관련 구동사

Can you (look / <u>look after</u>) your little sister?
여동생을 돌봐줄래?

I'll look into it and tell you later.
내가 살펴보고 나중에 얘기해 줄게요.

My son is looking for his toy.
우리 아들이 장난감을 찾고 있어요.

Look up some good restaurants on the Internet.
인터넷으로 맛집 좀 검색해봐.

⑥ 자주 쓰는 turn 관련 구동사

 It's time to (turn / turn in).
이제 잘 시간이야.

My daughter turned down his offer.
우리 딸이 그의 제안을 거절했어요.

Could you turn on the television?
TV 좀 켜줄래?

You need to turn off your computer.
너, 컴퓨터 꺼야 해.

동화책 주인공 찾기

명사 그리고 전치사

명사와 전치사를 이해하는 것이 리딩을 위한 영문법의 기본입니다.
혹시 헷갈리는 내용이 있다면 본책의 설명을 다시 한 번 읽어보세요.

강의 및 예문듣기

본책 p.154-157

① 명사 Noun

A few boys were playing tag.
남자아이들 몇 명이 술래잡기를 하고 있었어요.

세상에 있는 사물의 이름을 지칭하는 단어가 명사입니다. 명사는 문장에서 주어, 보어, 목적
어 자리에 올 수 있습니다. 주어는 동사 앞에, 보어나 목적어는 동사 뒤에 옵니다.

A little bird whispered to me.
　　　　주어

작은 새 한 마리가 내게 속삭였어요.

The bird is my friend.
　　주어　　　　　보어

그 새는 내 친구예요.

I love the little cute bird.
　　　　　　　　　목적어

난 그 작고 귀여운 새를 사랑해요.

② 고유명사 Proper Noun

BTS is a South Korean boy band.
방탄소년단은 대한민국의 보이밴드입니다.

사람 이름, 나라 이름, 회사 이름 등 하나밖에 없는 존재를 칭하는 이름을 고유명사라고 합니
다. 고유명사는 보통 대문자로 시작합니다.

Barak Obama was born on August 4, 1961.
버락 오바마는 1961년 8월 4일에 태어났습니다.

The capital of South Korea is Seoul.
한국의 수도는 서울입니다.

I watched *Avengers* last Saturday.
지난주 토요일에 〈어벤져스〉를 봤어.

❸ 대명사 Pronoun

Laura is an English teacher. (Laura / She) is a mother of a 6-year-old son.

로라는 영어 선생님입니다. 그녀는 6살 남자아이의 엄마입니다.

명사를 대체해서 사용할 수 있는 단어를 대명사라고 합니다. 대명사는 주어와 목적어 어떤 자리에 쓰느냐에 따라 형태가 바뀔 수 있습니다.

주어	I missed you.	나는 당신이 그리웠어요.
목적어	Did you miss me?	당신은 내가 그리웠나요?
주어	Did you give the letter?	당신은 편지를 줬나요?
목적어	Did I give you the letter?	제가 당신에게 편지를 줬던가요?
주어	He is going to be late.	그는 늦을 거예요.
목적어	I will make him wait.	나는 그를 기다리게 할 거예요.
주어	It is very big.	이것은 크네요.
목적어	Let me carry it for you.	내가 이것을 대신 들어드릴게요.

❹ 전치사 Preposition

A few boys were playing tag (to / in) the backyard.

남자아이들 몇 명이 뒷마당에서 술래잡기를 하고 있었어요.

전치사는 명사 앞에 쓰이며 〈전치사 + 명사〉 형태로 '언제(때)', '어디서(장소)' 등에 해당하는 무궁무진한 표현들을 만들 수 있습니다.

The prince didn't see her at the party.	왕자는 파티에서 그녀를 못 봤어요.
The shop is on the next street.	가게는 다음 거리에 있어요.
Korea is beautiful in spring.	한국은 봄이 아름다워요.
The elf gave his dirty socks to Larry.	요정은 래리에게 더러운 양말을 줬어요.

22

여유로운 리딩의 치트키
형용사, 부사

이야기에 생동감을 불어넣는 형용사와 부사는 영어 리딩의 치트키입니다.
혹시 헷갈리는 내용이 있다면 본책의 설명을 다시 한 번 읽어보세요.

강의 및 예문듣기

본책 p.160-163

❶ 형용사 Adjective

Korea has 4 seasons.   한국은 4계절이 있어요.
Korea has 4 distinct and beautiful seasons.
한국은 뚜렷하게 구분되며 아름다운 4계절이 있어요.

형용사는 명사를 꾸며주는 말입니다. 명사 앞에 쓰거나, be동사 뒤에서 주어의 상태와 상황,
외형을 묘사합니다. 형용사가 명사 앞에 올 때는 '~한', '~된' 등의 의미로 쓰이며, be동사 다
음에 나오면 '~하다, ~(한 상태)이다'란 의미로 쓰입니다.

1 앞에서 명사를 꾸밀 때

I want to live in a big house.   나는 큰 집에서 살고 싶어요.

My son solved a difficult math question.   우리 아들이 어려운 수학 문제를 풀었어요.

2 be동사 뒤에 나올 때

I am young.   나는 젊다.

My son is tall.   우리 아들은 키가 크다.

Cooking is hard.   요리는 힘들다.

❷ 비교급 Comparative

The boy next door is (tall / taller) than my son.
옆집 아이가 우리 아이보다 키가 더 커.

비교급은 말 그대로 다른 것과 비교해서 '더 ~한'이라는 의미로 쓰입니다. 비교급에는 규칙과
불규칙이 있습니다. 규칙 형용사는 보통 1, 2음절일 때 형용사 뒤에 -er을, 3음절 이상일 때
는 형용사 앞에 more를 씁니다.

1 규칙 형용사

Canadian winters are colder than Korea.
캐나다의 겨울이 한국보다 더 추워요.

This math problem is more difficult.
이 수학 문제가 더 어렵네요.

I don't know why I'm more tired today.
오늘 왜 더 피곤한지 모르겠어요.

2 불규칙 형용사

형용사	비교급	형용사	비교급
good 좋은	better 더 좋은	bad 나쁜	worse 더 나쁜
little 적은	less 더 적은	much 많은	more 더 많은

This workbook looks better.
이 책이 더 좋은 것 같아.

❸ 최상급 Superlative

My daughter is (taller / the tallest) in her class.
우리 딸은 반에서 제일 키가 커요.

최상급은 다른 어떤 중에서도 '최고로/제일 ~한'이라는 의미입니다. 비교급과 마찬가지로 보통 1, 2음절일 때는 형용사 뒤에 -est를, 3음절 이상일 때는 형용사 앞에 most를 씁니다. 단, 최상급은 앞에 관사 the를 붙여줍니다.

1 규칙 형용사

Jacky was the smallest but smartest in her class.
재키는 자기 반에서 덩치는 제일 작았지만 제일 똑똑했어요.

Kimchi is the most famous Korean food.
김치는 가장 유명한 한국 음식입니다.

2 불규칙 형용사

형용사	비교급	최상급
good 좋은	**better** 더 좋은	**best** 제일 좋은, 최고의
bad 나쁜	**worse** 더 나쁜	**worst** 제일 나쁜, 최악의
little 적은	**less** 더 적은	**least** 제일 적은
much 많은	**more** 더 많은	**most** 제일 많은
far 먼	**farther/further** 더 먼	**farthest/furthest** 제일 먼

Mr. Lee gave the best presentation.

미스터 리가 발표를 제일 잘했어요.

Cooking is my least favorite thing to do.

요리는 내가 제일 하기 싫은 일이에요.

4 부사 Adverb

 My son eats slowly. He takes forever to eat. I have to feed him.

우리 아들은 천천히 먹어요. 먹는 데 한참이 걸려요. 먹여줘야 합니다.

부사는 동사를 꾸미는 단어입니다. 동사뿐 아니라 형용사나 다른 부사를 꾸밀 수도 있죠.

My husband drives carefully.

우리 남편은 운전을 조심히 해요.

My son plays with his robots passionately.

우리 아들은 로봇을 갖고 아주 열을 내며 놀아요.

They need to walk fast to get there before sunset.

그들은 해지기 전에 그곳에 가기 위해 빨리 걸어야 했어요.

The tree was surprisingly tall.

그 나무는 놀라울 정도로 키가 컸습니다.

동사의 변신에 당황하지 않기
동명사, to부정사, 분사

동명사, to부정사, 분사 등 동사의 변신을 알면 리딩이 쉬워집니다.
혹시 헷갈리는 내용이 있다면 본책의 설명을 다시 한 번 읽어보세요.

강의 및 예문듣기

본책 p.166-169

❶ 동사에서 명사로 변신하기: 동명사

The boy said, "Stop lying to me!"
남자아이는 말했어요, "나한테 거짓말하는 것 좀 멈춰! (거짓말 좀 그만해!)"

영어는 동사에 -ing를 붙여 '~하는 것', '~하기'라는 뜻의 명사로 사용할 수 있는데, 이를 동명사라고 합니다.

My doctor said that walking is the best exercise.
우리 의사선생님이 걷기가 가장 좋은 운동이라고 하셨어요.

Swimming makes me tired and hungry.
수영하는 것은 저를 피곤하고 배고프게 만들어요. (수영하면 피곤하고 배고파져요.)

His favorite hobby was studying.
그가 가장 좋아하는 취미는 공부하기였죠.

Just sleeping on the couch is what the man does on weekends.
그저 소파에서 자는 것이 그 남자가 주말에 하는 일입니다. (주말이면 남자는 소파에서 잠만 잡니다.)

❷ 동사에서 명사로 변신하기: to부정사

The girl loved to spend her time in the woods.
여자아이는 숲에서 시간을 보내는 것을 아주 좋아했어요.

동사원형 앞에 to를 붙여 명사로 사용하는 것을 to부정사라고 합니다.

She liked to walk around the neighborhood.
그 여자아이는 동네를 걷는 것을 좋아했죠.

Do you want to swim in the ocean?
바다에서 수영하기를 원하니? (바다에서 수영하고 싶어?)

I need you to study the multiplication table.
나는 네가 구구단 공부하는 것을 필요로 해. (구구단 공부해.)

I decided to sleep before midnight.
자정 전에 잠을 자기로 결정했어. (자정 전에 잘 거야.)

❸ 동사에서 형용사로 변신하기: 과거분사

 Mary was nervous when she found the broken wand.
메리는 부러진 요술 지팡이를 발견하고 불안했어요.

영어는 동사에 -ed를 붙여 '~된'이란 뜻의 형용사로 사용할 수 있는데 이를 과거분사라고 합니다. 형용사이기 때문에 명사 앞에 오거나 be동사 뒤에 쓰면 됩니다. 과거분사에는 broken, given과 같이 -ed가 아닌 다른 형태로 바뀌는 경우도 있습니다.

I saw a frightened boy on the street.
겁먹은 남자아이를 길에서 봤어요.

My son's teacher gave me a folded paper.
저희 아들 선생님이 접힌 종이를 주셨어요.

I don't want to raise a spoiled kid.
버릇없는 아이로 키우기는 싫어요.

Jane wore a broken hairpin.
제인은 망가진 머리핀을 했어요.

Please finish your given task.
주어진 일을 다 하렴.

4 동사에서 형용사로 변신하기: 현재분사

 The monster had several amazing powers.
괴물은 몇 가지 놀라운 능력을 갖고 있었어요.

동사에 -ing를 붙여 '~하는'이란 뜻의 형용사로 쓸 수 있는데 이것이 현재분사입니다. 형용사니까 명사 앞에 오거나 be동사 뒤에 쓰면 됩니다.

I'm a working mom.
저는 일하는 엄마입니다.

Don't try to catch a flying bird.
날아가는 새를 잡으려고 하지 마.

This is an interesting movie.
재미있는 영화네요.

What a touching song!
감동적인 노래예요!

It was such a long and boring flight.
길고 지루한 비행이었죠.

24

언제 어디서
배경을 설명하는 표현들

배경 묘사 표현에 유의하면서 다음 문장을 우리말로 해석해 보세요.
읽다가 의미가 헷갈리는 문장이 있다면 본책의 설명을 다시 확인하세요.

강의 및 예문듣기

본책 p.176-177

---

❶ 어느 시대 time period

Once upon a time, there were two beautiful princesses.
옛날 옛적에 아름다운 공주님이 두 명 있었어요.

Long ago, there was a monster harassing people.

A long, long time ago, there was a magic tree with magic apples.

A long time ago, there was a kingdom cursed by a witch.

---

❷ 하루 중 어느 때 time of the day

A man knocked on our door early in the morning.
한 남자가 아침 일찍 우리 집 문을 두드렸어요.

There was a loud sound in the middle of the night.

Tim goes to a mysterious spot in the early afternoon.

The werewolf turns back to a handsome prince at dawn.
📖
....

❸ 시골 풍경 **the countryside**

It was quiet and calm in the country.
조용하고 차분한 시골이었어요.

There are many butterflies and dragonflies in the countryside.
📖
....

Towering trees in the forest were overwhelming.
📖
....

The greens and blues of the lakeside view were soothing.
📖
....

❹ 도시 풍경 **the city**

The hustle and bustle of the city **awakened the children.**
도시의 분주함이 아이들을 깨웠어요.

The grey concrete was cold and rigid.
📖
....

The rush hour traffic jam startled me.
📖
....

Neon lights brightened the city the entire night.
📖
....

누가
주인공을 설명하는 표현들

외모와 성격 묘사 표현에 유의하면서 다음 문장을 우리말로 해석해 보세요.
읽다가 의미가 헷갈리는 문장이 있다면 본책의 설명을 다시 확인하세요.

강의 및 예문듣기

본책 p.180-181

❶ 머리 스타일 **hairstyle**

Her blonde hair was silky and thick.
그녀의 금빛 머리는 부드럽고 숱이 많았어요.

Jennifer had long and curly hair.

Catherine's mother braided her hair every morning.

Rachel hated it when her fringe grew long.

❷ 얼굴 **face**

His eyes sparkled with curiosity.
그의 눈은 호기심으로 반짝였어요.

His cute little dimples made me smile.

Alex blushed when the handsome prince entered the room.

The witch had a long face as her plan didn't work.

📖

----

❸ 체형/인상 **body/image**

Hercules was muscular and athletic.
헤라클레스는 근육질에 탄탄한 몸을 가졌어요.

The little chubby angels sang a beautiful song.

📖

The short and stout man chased after a dog.

📖

Her breathtaking beauty was all it took for her to get her way.

📖

----

❹ 성격 **personality**

The king was demanding, selfish and short-tempered.
왕은 까다롭고 이기적이었으며 성질을 곧잘 부렸어요.

The friendly witch's generosity confused the little ones.

📖

The lazy elf forgot to grant the little boy's wish.

📖

The grumpy old Scrooge was very stingy.

📖

26

~했대요
행동을 설명하는 표현들

행동 묘사 표현에 유의하면서 다음 문장을 우리말로 해석해 보세요.
읽다가 의미가 헷갈리는 문장이 있다면 본책의 설명을 다시 확인하세요.

강의 및 예문듣기

본책 p.184-185

❶ 말했다 said

The witch said, "The curse can only be broken by a true love's kiss."

마녀가 말했어요. "이 저주는 진정한 사랑의 입맞춤으로만 깨질 거야."

Tom's little brother yelled, "Stop touching my toys!"

Their stepmother snapped, "Be quiet!"

A little bird whispered, "Shh! The monsters are looking for you."

❷ 갔다 went

Elizabeth went to the beach for the first time.

엘리자베스는 난생 처음 바닷가에 갔어요.

The children headed towards the sparkling magic tree.

The prince rushed out the door after fighting with the king.

The fairy dashed out the window when the father came into the room.

📖

❸ 쳐다봤다 **looked at**

The old man with a long beard looked at the clock on the wall for a long time.

턱수염이 긴 영감이 벽시계를 오랫동안 쳐다보았어요.

Jane looked at him and waited for his answer.

📖

Mrs. Maudie stared at the boy stomping on her flowers.

📖

Mother gazed at the picture and smiled.

📖

❹ 집안일을 했다 **did the household chores**

Joseph made his bed for the first time, and he was proud of himself.

죠셉은 처음으로 침대를 정리하고 매우 뿌듯해 했어요.

Mowing the lawn is not an easy chore.

📖

Jonny was out running an errand for his grandmother.

📖

My sister and I had to clear the table after dinner every day.

📖

기분이 어땠어요
감정을 설명하는 표현들

감정 묘사 표현에 유의하면서 다음 문장을 우리말로 해석해 보세요.
읽다가 의미가 헷갈리는 문장이 있다면 본책의 설명을 다시 확인하세요.

강의 및 예문듣기

본책 p.188-189

❶ 기쁨 happy

She was overjoyed and couldn't hide her happiness.
그녀는 너무 기뻐서 행복을 감출 수 없었어요.

She was thrilled with her granddaughter's visit.
📖

Paul was excited about the upcoming family trip.
📖

Kim's heart was filled with joy when she opened her Christmas present.
📖

❷ 슬픔 sad

His heart broke when his team lost the game.
팀이 경기에 져서 그는 마음이 아팠어요.

James mourned over his dead dog for months.
📖

She was feeling down because her favorite TV show was cancelled.
📖

When the movie ended, the tears rolled down her cheeks.

❸ 놀람 surprised

The huge monster transformed into a tiny mouse within a second and the cat was shocked.
거대한 괴물이 순식간에 작은 쥐로 변하자 고양이는 너무 놀랐어요.

The door slammed shut and the sound startled Tom.

She was taken aback when she received the letter.

When Santa Clause finally appeared through the chimney, James became speechless.

❹ 화남 angry

The gatekeeper would have fits whenever someone entered the magic land without permission.
허락 없이 마법의 땅에 들어오는 이에게 문지기는 발끈하곤 했지요.

The witch was cross when she found the broken vase.

Bart was upset because he couldn't save the little birds in the cage.

The queen was furious when she found out that the prince came to rescue the locked-up princess.

28 1단계 어린이집 4-5세 수준
의성어 위주의 동화

영어 의성어에 신경 쓰면서 다음 문장을 우리말로 해석해 보세요.
읽다가 의미가 헷갈리는 문장이 있다면 본책의 설명을 다시 확인하세요.

강의 및 예문듣기

본책 p.194-196

❶ woof-woof 멍멍

A dog sitting by the barn goes "woof-woof".
외양간 옆에 앉아 있는 개는 "멍멍" 해요.

The big dog next to the door cried "bow-wow".

📖 ....

The puppy went "ruff-ruff", but it wasn't loud enough.

📖 ....

The wolf in the zoo went "howl" and scared the guards.

📖 ....

❷ cock-a-doodle-doo 꼬꼬댁

A rooster walking around the roof goes "cock-a-doodle-doo".
지붕을 거닐고 있는 수탉은 "꼬끼오" 해요.

The old hen went "cluck-cluck" around the barn.

📖 ....

The birds in the cage went "coo-coo".

📖 ....

Did you hear the rooster going *"cock-a-doodle-doo"* this morning?

📖

---

3 hiss 쉬익

A snake slithering behind the house goes *"hiss-hiss"*.
집 뒤를 기어 다니는 뱀은 "쉬익 쉬익" 해요.

The colorful snake went *"sssss"* with his tongue sticking out.

📖

The rattlesnake goes *"rattle-rattle"* and scares the small animals.

📖

The snake went *"hiss"* and the frog went *"ribbit"*.

📖

---

4 hee-haw 히이 힝

An old and wise donkey goes *"hee-haw"*.
늙고 지혜로운 당나귀는 "히이 힝" 하죠.

The horse went *"neigh"* to get food from the farmer.

📖

Tom heard *"moo"* from a cow on his way home.

📖

The angry donkey went *"hee-haw"*.

📖

---

⑤ oink 꿀꿀

Pigs in the puddle go "oink-oink".
물웅덩이에 있는 돼지들은 "꿀꿀" 하죠.

The pig went "oink-oink" to show that he is happy.

The old pig went "snort, snort" in the barn.

The piglets were hungry, so they went "grunt, grunt"
to the rancher.

⑥ chirp 짹짹

And the sparrow goes "chirp-chirp".
그리고 참새는 "짹짹"거려요.

The chicks went "tweet-tweet" walking behind the mother.

The sparrows went "chirp, chirp" to find a mate.

The crows sitting on the tree go "caw-caw".

2단계 유치원 6-7세 수준
동사 위주의 동화

영어 동사에 신경 쓰면서 다음 문장을 우리말로 해석해 보세요.
읽다가 의미가 헷갈리는 문장이 있다면 본책의 설명을 다시 확인하세요.

강의 및 예문듣기
본책 p.200-203

---

① **have** 가지고 있다

 I have five senses.　　　　　　　나는 5가지 감각이 있어요.

The dog has cute habits.
📖
....

The boy had a lot of questions.
📖
....

The magical land has a long summer season.
📖
....

---

② **see** 보다

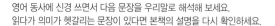 **I see with my eyes.**　　　　　　　두 눈으로 봐요.

The princess saw a beautiful butterfly in the garden.
📖
....

Look at the palace over there.
📖
....

John watched a movie last night.

📖

❸ see A -ing A가 ~하는 것을 보다

I can see yellow butterflies dancing in the sky.
노랑나비가 하늘에서 춤 추는 것을 볼 수 있죠.

Jack saw a witch flying on a broom.

📖

Tom saw his mother crossing the street this morning.

📖

The children were terrified when they saw the monster approaching them.

📖

❹ smell 냄새를 맡다, 냄새가 나다

I smell with my nose.   코로 냄새를 맡아요.

I can smell something fishy.

📖

The boy could smell a smelly skunk.

📖

The magic potion smells funky.

📖

❺ hear 듣다

I hear with my ears.   귀로 들어요.

Mark heard weird voices in the middle of the night.
📖

Alice heard that there is a ball.
📖

Harry usually listens to music when he jogs.
📖

❻ hear A -ing A가 ~하는 것을 듣다

I can hear birds chirping.
새가 짹짹거리는 소리를 들을 수 있죠.

John often hears the angels talking.
📖

The squirrels heard the birds plotting against them.
📖

Jane listened to the birds singing.
📖

❼ taste 맛보다, 맛이 나다

 I taste with my mouth.   입으로 맛을 봐요.

The lasagna tasted good.
📖

This salad tastes a bit off.
📖

The cat in the pink dress tasted the steak and liked it very much.
📖

❽ touch 만지다

 I touch with my hands.   손으로 만져요.

Joseph touched the cold floor.
📖

Mother touched Jane's forehead with her magic wand.
📖

The knight touched the crystal ball.
📖

강의 및 예문듣기

본책 p.208-211

30

3단계 초등학교 8세 이상 수준

형용사 위주의 동화

영어 형용사에 신경 쓰면서 다음 문장을 우리말로 해석해 보세요.
읽다가 의미가 헷갈리는 문장이 있다면 본책의 설명을 다시 확인하세요.

---

❶ gorgeous 아주 멋진, 아름다운

 Once upon a time, there was a gorgeous girl, and her name was Anna.
옛날 옛날에 애나라는 아름다운 여자아이가 있었어요.

Mirror, Mirror, who is the most gorgeous girl in the world?

📖 _____

Tom saw a gorgeous girl on his way to school.

📖 _____

The princess was graceful and lovely.

📖 _____

---

❷ mysterious 신비로운, 불가사의한

One day, she went to the mysterious land of India.
어느 날 그녀는 인도라는 불가사의한 나라에 갔어요.

The witch put a mysterious spell on the frog.

📖 _____

A mysterious man approached the princess.

📖 _____

The kingdom was filled with curious plants.

❸ amazed 놀란, 경탄한

She was amazed by India.
그녀는 인도에 놀라워했죠.

The prince was amazed by the girl's beauty.

The dragon's song was amazing.

The performance was amazing.

❹ bare 벌거벗은, 맨

Indians ate with their bare hands instead of spoons.
인도사람들은 숟가락이 아닌 맨손으로 음식을 먹었어요.

The mountains are bare.

Jane was barefoot.

John liked to walk barefoot.

⑤ elaborate 정교한, 공을 들인

Indian women decorated their hands with elaborate flower patterns, and it was called mehendi.

인도 여자들은 메헨디라고 부르는 정교한 꽃모양의 패턴으로 손을 꾸몄어요.

The artist painted an elaborate picture.

The party decoration was elaborate.

The palace was elaborate.

⑥ stunning 놀랄 만큼 아름다운[멋진]

The Indians had a stunning wedding ceremony that lasted for many days.

이런 인도인들은 놀랄 만큼 아름다운 결혼식을 몇 날 며칠 계속했죠.

The princess looked stunning in her new dress.

Sarah looked stunning with her new hat.

The lake was stunning.

❼ mesmerized 매료된, 매혹된

Anna was mesmerized **by Indian culture.**
애나는 인도의 문화에 매료되었답니다.

He was mesmerized by her performance.

The king was mesmerized by the dancer.

John was mesmerized by Amy's voice.

❽ charming 매력적인, 멋진

And Anna promised herself that she would marry a charming **Indian man one day.**
그리고 애나는 언젠가는 멋진 인도인과 결혼하겠다고 자기자신과 약속을 했답니다.

The prince met a charming young girl at the party.

He was a charming man.

It seems like she finally found her prince charming.

엄마 아빠
영어 공부
무작정
따라하기

주은경(로라쌤) 지음

엄마 아빠 영어 공부 무작정 따라하기

The Cakewalk Series - English Study for Mom & Dad

초판 발행 · 2021년 11월 20일

지은이 · 주은경(로라쌤)
발행인 · 이종원
발행처 · (주)도서출판 길벗
브랜드 · 길벗이지톡
출판사 등록일 · 1990년 12월 24일
주소 · 서울시 마포구 월드컵로 10길 56(서교동)
대표 전화 · 02)332-0931 | **팩스** · 02)338-0388
홈페이지 · www.gilbut.co.kr | **이메일** · eztok@gilbut.co.kr

기획 및 책임편집 · 임명진(jinny4u@gilbut.co.kr) | **표지디자인** · 황애라 | **제작** · 이준호, 손일순, 이진혁
마케팅 · 이수미, 장봉석, 최소영 | **영업관리** · 김명자, 심선숙 | **독자지원** · 윤정아

본문디자인 및 전산편집 · 이현해 | **편집진행 및 교정교열** · 강윤혜 |
본문 일러스트 · 최정을 | **표지 일러스트** · 삼식이
녹음편집 · 와이알미디어 | **CTP 출력 및 인쇄** · 금강인쇄 | **제본** · 금강제본

ISBN 979-11-6521-740-2 (03740) (길벗 도서번호 301090)
ⓒ 주은경, 2021

정가 15,000원

독자의 1초까지 아껴주는 정성 길벗출판사

(주)도서출판 길벗 | IT실용서, IT/일반 수험서, IT전문서, 경제경영서, 취미실용서, 건강실용서, 자녀교육서
더퀘스트 | 인문교양서, 비즈니스서
길벗이지톡 | 어학단행본, 어학수험서
길벗스쿨 | 국어학습서, 수학학습서, 유아학습서, 어학학습서, 어린이교양서, 교과서

페이스북 · www.facebook.com/gilbuteztok
네이버 포스트 · http://post.naver.com/gilbuteztok
유튜브 · https://www.youtube.com/gilbuteztok

김현옥 | 이윤정(7세) 엄마

진짜 엄마 아빠에게 필요한 게 뭔지 아는 책!

머리말부터 너무 공감이 가고 감동적이었어요. 저자분이 7살 아이의 엄마이자 영어 선생님이라서 그런지 엄마 아빠에게 진짜 필요한 게 무엇인지, 어떤 걸 알려줘야 하는지 정확하게 알고 있는 것 같아요. 책에 있는 설명과 예문들이 참 공감이 가고 제가 평소 궁금했던 내용이라서 읽으면서 무릎을 치면서 감탄하곤 했습니다.

오성제 | 김주원(9세) 엄마

영어 발음-회화-문법-리딩 고민을 한 번에 해결!

아이가 영어를 시작하면서 저도 영어를 공부해야겠다는 생각이 들었어요. 하지만 영어 공부를 놓은 지 오래되어서 발음, 회화, 문법 뭐부터 시작해야 할지 막막하더군요. 총체적인 난국이었죠. 그런 저에게 이 책은 최고의 기초 영어 선생님이었습니다. 발음부터 회화-문법-리딩까지 차근차근 정리해주니까 영어 고민이 한꺼번에 해결되었습니다.

최선영 | 이하준(7세) 엄마

대치동 영어 선생님의 특급 영어 과외!

평소 로라쌤에게 아이 영어교육에 대해 상담을 하곤 했어요. 영어를 그냥 사교육에 맡기기보다는 아이에게 뭔가 도움이 될 방법을 찾고 있었거든요. 로라쌤이 같은 엄마로서 공감해줬고 책을 쓰면서 기획 단계부터 제 의견을 많이 묻고 적극적으로 반영해 주었어요. 책 받아보고 '역시!' 하고 감탄했습니다! 로라쌤이 옆에서 직접 과외해주는 것 같아요.

임거인 | 임라인(5세) 아빠

아빠표 영어 나도 한번 도전해볼까?

아빠표 영어 해보고 싶은데 시간도 없고 영어 기초가 부족해서 고민하고 있었던 저에게 이 책의 베타테스터 기회가 찾아온 건 행운이었습니다. 알파벳 ABC는 알아도 영어단어를 읽을 때는 자신이 없었거든요. 발음 파트를 읽고 나니까 이제 좀 감을 잡겠습니다. 매일 학습 분량도 부담 없고 한 달 꾸준히 하면 영어의 기본기가 잡힐 것 같아요. 저만 몰래 보고 싶은 책입니다!^^

박혜경 | 백아윤(8세) 엄마

아이에게 영어 하는 엄마 모습을 보여줄래요~

우리 둘째가 요즘 영어에 관심을 보이는데 엄마가 가만히 있을 순 없어 베타테스터에 지원했어요. 숙제도 있고 오랜만에 공부하려니까 힘들기도 했지만, 무료한 일상의 활력이 되네요. 무엇보다 영어 공부하는 엄마의 모습에 아이도 흥미를 갖고 함께하고 싶어 합니다. 로라쌤 말처럼 부모가 먼저 본보기가 되어야 하네요.

아낌없는 조언과 소중한 의견을 주셨던 모든 베타테스터분께 감사드립니다.

엄마 아빠의, 엄마 아빠에 의한,
엄마 아빠를 위한 영어책

저는 엄마입니다.

안녕하세요? 로라쌤입니다. 저는 영어강사로, 13년간 초등학생부터 직장인까지 다양한 분들에게 영어를 가르쳤습니다. 그리고 7년 전 '주원이 엄마'가 되었습니다. 엄마가 된다는 건 행복한 축복인 동시에 무거운 책임이 지어지는 일이었습니다. 갓난아기 때는 잘 먹이고 잘 재우는 것이 숙제입니다. 아이가 조금 더 크니 잘 놀아주는 게 중요해졌습니다. 함께 놀면서 다양한 경험을 쌓게 하는 일은 생각보다 어려운 과제였습니다.

이제 아이가 유치원에 가고 초등학교에 가게 되니 아이 공부에 대한 고민이 시작되었습니다. 예체능도 경험하게 해주고 주요 과목 예습도 시키고 싶어요. 무엇보다 영어를 최대한 쉽고 즐겁게 가르쳐주고픈 욕심이 생깁니다. 영어를 가르치는 일을 직업으로 삼고 있는 저이지만, 저 역시 제 아이에게 영어를 가르치는 일은 처음입니다. 엄마로서의 영어교육은 저에게도 하루하루가 새로운 도전입니다.

엄마 아빠의 영어 고민을 함께 해결하고 싶었습니다.

"내가 영어를 못해서 우리 아이도 못 할까 걱정됩니다."
"아이가 나중에 '아빠, 이거 뭐라고 읽어?', '엄마, 영어 발음 구려' 하면 어쩌죠?"
"엄마표 아빠표 영어 하고 싶은데 영어를 놓은 지 오래라서 막막합니다.
영어 공부, 뭐부터 시작하면 되죠?"

저의 직업 때문인지 주변의 엄마 아빠들이 영어교육 관련 상담을 참 많이 합니다. 그중에는 엄마 아빠 본인의 영어 공부에 대해 고민하는 목소리도 적지 않습니다. 저도 아이 키우는 입장에서, 영어 교육인으로서 엄마 아빠에게 도움을 드릴 방법을 고민했습니다. 그리고 영어 유치원이나 영어 학원 등 본격적인 영어 사교육을 하기 전에, 엄마표/아빠표 영어 공부를 시작하기 전에 엄마 아빠가 영어의 기초를 다질 수 있는 책을 쓰기로 결심했습니다.

시중에 엄마표 영어책은 이미 많습니다. 그런데 대부분 엄마와 아이의 영어 대화에 집중되어 있었습니다. 좋은 내용이지만 아이의 적극적인 호응이 없다면, 엄마 아빠의 영어 기초가 없다면 현실적으로 활용이 쉽지 않아 보였습니다. 그럼 엄마 아빠의 영어책은 어떤 책이어야 할까요? 엄마 아빠가 왜 영어를 공부하고 싶은지, 정확히 어떤 부분에서 어려움을 겪는지 알기 위해 저의 지인들과 학생들, 그리고 출판사의 도움을 받아서 100명 이상의 엄마 아빠들에게 직접 물어봤습니다.

소중한 우리 아이의 영어교육에 도움을 주고픈 마음, 아이 앞에서 당당하게 영어를 하고 싶은 엄마 아빠의 마음을 누구보다 잘 이해합니다. 엄마 아빠가 영어 선생님이 될 것도 아닌데 욕심내서 너무 많은 내용을 담으면 부담스러울 수 있습니다. 그렇다고 겉핥기식인 공부로는 실질적인 도움이 될 수 없지요. 그래서 엄마 아빠가 자신 있게 영어를 말할 수 있도록 발음의 기초와 실생활에서 쓸 수 있는 회화표현들을 꼼꼼히 정리했습니다. 그리고 영어의 규칙인 문법을 이해하고 영어 동화책의 단골표현을 익혀서 아이에게 엄마 아빠의 목소리로 영어를 읽어줄 수 있도록 했습니다. 영어 앞에서 주눅 들지 않고 당당한 엄마 아빠가 될 수 있도록, 엄마 아빠표 영어에 도전할 기본기를 다질 수 있도록 저의 영어교육 경험과 엄마의 진심을 담아 이 책을 썼습니다.

엄마 아빠의 영어 공부는 달라야 합니다.

그동안 다양한 연령층의 학생들을 가르치면서 영어 공부에 대한 고민을 매일 해왔습니다. 학생 개개인의 성향이 다르고 배우는 방법도 다르며 학습효과 또한 차이가 있었습니다. 육아에 정답이 없듯 영어교육에도 정답은 없습니다. 하지만 조금 더 바르고 지혜로운 길은 분명 있습니다. 그리고 소중한 내 아이의 영어교육을 그러한 길로 이끌기 위해 우리 엄마 아빠의 노력도 필요합니다.

아이의 영어 실력은 비싼 사교육의 전유물이 아닙니다. 엄마 아빠가 집에서 영어 공부의 좋은 본보기가 되어 주세요. 꼭 완벽한 영어를 구사할 필요는 없습니다. 영어가 지겨운 공부나 두려움의 대상이 아니라 '즐거운 의사소통의 매개체'임을 엄마 아빠가 아이에게 직접 보여주세요. 우리말처럼 영어를 자연스럽게 접할 수 있도록 준비해 주세요. 엄마 아빠표 영어라고 꼭 엄마 아빠가 영어 선생님처럼 영어를 잘할 필요는 없습니다. 어차피 나중에 아이가 학교에 가면, 영어 학원에 다니면 '학습으로써 영어를 공부할 기회'는 얼마든지 있습니다. 그때까지 아이가 영어에 대한 거부감을 느끼지 않고 호기심을 갖고 편안히 접근하도록 돕는 일이 엄마 아빠가 영어를 공부하는 진짜 목적입니다.

우리 함께 영어가 준비된 엄마 아빠가 되어 봐요.

아들과 매일 학습지를 하면서 신기한 경험을 했습니다. 매일 10분 남짓의 공부로 아이의 실력이 쑥쑥 향상되는 경험이었죠. 고작 10분이 과연 효과가 있을까 했는데 유연하고 빠른 흡수력을 장착한 어린아이의 두뇌로는 충분한 학습효과를 보여주었습니다. 엄마 아빠가 하루에 단 10분이라도 영어를 사용해 준다면 차곡차곡 쌓여 앞으로 내 아이의 영어 공부에 큰 자양분이 될 것입니다.

아이의 영어 공부에 효율을 높이려면 엄마 아빠도 준비가 필요합니다. 우선, 영어발음을 준비하세요. ABC(에이 비 씨)는 알아도 영단어의 알파벳 발음은 헷갈릴 수 있잖아요. 발음이 나쁘다고 영어를 못 하는 건 아니지만 의사소통에는 문제가 생길 수 있습니다. 영어회화는 어떤가요? 영어 노출시킨다고 무조건 DVD나 패드만 쥐어 주지 말고 아이와 생활 속에서 티키타카 영어로 대화해보는 건 어떨까요? 영문법도 챙겨야죠. 이왕 영어 할 거 콩글리시 Konglish(한국식으로 잘못 발음되거나 문법에 맞지 않게 사용하는 영어)보다는 규칙에 맞게 말하면 좋잖아요. 올바른 영어 문장을 만드는 문법의 기초만 가볍게 잡고 가세요. 영어리딩도 욕심내 볼까요? 아이에게 엄마 아빠의 다정한 목소리로 영어책을 읽어주는 거 어떠세요?

이 책에는 준비된 엄마 아빠를 위한 영어발음, 영어회화, 영문법, 영어리딩의 기초가 빠짐없이 정리되어 있습니다. 아이가 영어를 즐기는 모습이 보고 싶다면 엄마 아빠부터 영어를 좋아하고 즐기는 모습을 보여주세요.

외국인을 보면 아이의 등을 떠밀면서
"너한테 들인 돈이 얼만데 영어 좀 해봐!"라고 윽박지르는 부모가 아니라
웃으면서 먼저 외국인과 대화하는 모습을 보여주는 엄마 아빠가 되시길,
아이가 영어 숙제 질문을 하면 외면하는 부모가 아니라
함께 고민하고 도와주는 엄마 아빠가 되시길,
드라마를 보면서 공부하라고 잔소리하는 부모가 아니라
함께 공부하며 본보기가 되는 엄마 아빠가 되시길.

저도, 제 남편도 그런 지혜로운 엄마 아빠가 되기를 바라며
영어 공부에 진심인 대한민국의 엄마 아빠들과 함께하겠습니다.

로라쌤 드림

 육아에 정답은 없듯이 영어교육에도 정답은 없습니다.

다만 조금 더 바른길, 지혜로운 길이 있을 뿐이지요.

영어에 자신이 없다고요? 어디서부터 시작해야 할지 막막하다고요?

걱정하지 마세요. 여러분 혼자만의 고민이 아닙니다.

이 책과 함께 엄마 아빠의 근거 있는 영어 자신감을 만들어 보세요.

500만 명의 독자가 선택한 〈무작정 따라하기〉 시리즈는 모든 원고를 독자의 눈에 맞춰 자세하고 친절한 해설로 풀어냈습니다. 또한 저자 음성강의, 예문 mp3 파일 무료 다운로드, '무작정 따라하기' 애플리케이션, 길벗 독자지원팀 운영 등 더 편하고 쉽게 공부할 수 있도록 아낌없는 서비스를 제공합니다.

1
음성강의

모든 과에 저자 음성강의를 넣었습니다. QR코드를 스캔해 핵심 내용을 먼저 들어 보세요.

2
본책

쉽고 편하게 배울 수 있도록 단계별로 구성했으며 자세하고 친절한 설명으로 풀어냈습니다.

5
홈페이지

공부를 하다 궁금한 점이 생기면 언제든지 홈페이지에 질문을 올리세요. 저자와 길벗 독자지원팀이 신속하게 답변해 드립니다.

3
예문 mp3

홈페이지에서 mp3파일을 무료로 다운 받을 수 있습니다. 듣고 따라하다 보면 저절로 말을 할 수 있게 됩니다.

4
소책자

출퇴근 시간에 지하철이나 버스에서 편하게 공부할 수 있도록 훈련용 소책자를 준비했습니다.

일단 책을 펼치긴 했는데 어떻게 공부를 시작해야 할지 막막하다고요? 그래서 준비했습니다. 무료로 들을 수 있는 저자의 친절한 음성강의와 베테랑 원어민 성우가 녹음한 mp3파일이 있으면 혼자 공부해도 어렵지 않습니다.

음성강의 / mp3파일 활용법

과마다 배울 내용을 워밍업하고 어떻게 공부해야 하는지 조언도 들을 수 있는 저자 음성강의와 원어민 녹음 mp3파일을 제공합니다. 음성강의와 mp3파일은 본책의 QR코드를 스캔하거나 홈페이지에서 무료로 다운로드할 수 있습니다.

❶ QR코드로 확인하기

스마트폰에 QR코드 스캐너 어플을 설치한 후, 각 과 상단의 QR코드를 스캔해 주세요. 저자의 음성강의와 mp3파일을 골라서 바로 들을 수 있습니다.

❷ 홈페이지에서 다운로드 받기

음성강의와 mp3파일을 항상 가지고 다니며 듣고 싶다면 파일을 다운로드 받으세요. 길벗 홈페이지(www. gilbut.co.kr)에서 도서명을 검색한 후 해당 도서의 자료실을 클릭하면 mp3파일을 내려받을 수 있습니다.

이 책에는 영어교육 전문가인 저자 로라쌤의 '음성강의 mp3'와
원어민의 정확한 발음으로 녹음한 '영어예문 mp3'가 준비되어 있습니다.

강의 mp3 강의 들으며 배울 내용 확인하기

영어에 진심인 엄마 아빠를 위해 대치동 일타 영어강사 로라쌤이 준비한 특급 영어 오리엔테이션! 각 과에서 다룰 내용을 요점만 쏙쏙 정리했습니다. 본격적인 학습을 시작하기 전 강의를 들으며 배울 내용에 대한 감을 잡아보세요.

예문 mp3 원어민의 정확한 발음을 듣고 따라하기

책에 수록된 모든 예문과 대화는 영어 원어민의 음성으로 녹음되어 있습니다(실제 말하기 속도인 normal speed로 녹음). 공부할 때는 눈으로만 읽고 끝내지 마세요. 반드시 mp3파일을 듣고 입으로 따라 말하면서 훈련하세요.

부록 mp3 언제 어디서나 연습하기

휴대용 워크북을 들고 다니면서 자투리 시간이 날 때마다 틈틈이 훈련하세요. 하루 5분의 짧은 훈련만으로도 여러분의 영어 실력은 분명 달라집니다.

전체
마당

우리 아이 영어 사교육과 엄마표/아빠표 영어를 시작하기 한 달 전, 엄마 아빠의 영어 기본기를
탄탄하게 다질 수 있도록 영어 말하기/읽기의 핵심 영역인 영어발음/영어회화/영문법/영어리딩
을 4개 마당, 30일의 학습으로 구성했습니다.

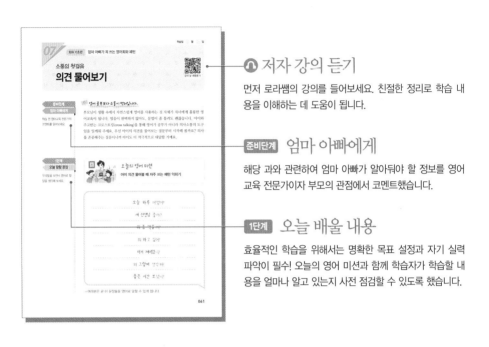

🎧 저자 강의 듣기

먼저 로라쌤의 강의를 들어보세요. 친절한 정리로 학습 내
용을 이해하는 데 도움이 됩니다.

준비단계 엄마 아빠에게

해당 과와 관련하여 엄마 아빠가 알아둬야 할 정보를 영어
교육 전문가이자 부모의 관점에서 코멘트했습니다.

1단계 오늘 배울 내용

효율적인 학습을 위해서는 명확한 목표 설정과 자기 실력
파악이 필수! 오늘의 영어 미션과 함께 학습자가 학습할 내
용을 얼마나 알고 있는지 사전 점검할 수 있도록 했습니다.

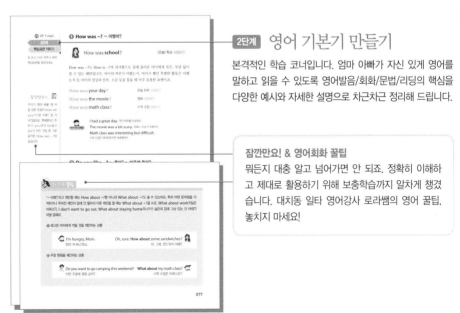

2단계 영어 기본기 만들기

본격적인 학습 코너입니다. 엄마 아빠가 자신 있게 영어를
말하고 읽을 수 있도록 영어발음/회화/문법/리딩의 핵심을
다양한 예시와 자세한 설명으로 차근차근 정리해 드립니다.

잠깐만요! & 영어회화 꿀팁
뭐든지 대충 알고 넘어가면 안 되죠. 정확히 이해하
고 제대로 활용하기 위해 보충학습까지 알차게 챙겼
습니다. 대치동 일타 영어강사 로라쌤의 영어 꿀팁,
놓치지 마세요!

각 과에서는 **준비단계**(학습 전 엄마 아빠를 위한 영어교육 전문가의 코멘트) → **1단계**(오늘의 학습 목표와 셀프 체크) → **2단계**(자세한 설명과 함께 본격 학습) → **3단계**(연습문제를 풀면서 정리)의 체계적인 4단계 훈련으로 엄마 아빠의 영어 기초를 완성합니다.

3단계 연습하기

학습한 영어발음/회화/문법/리딩을 잘 이해했는지, 실전에 서 얼마나 활용할 수 있는지 연습문제를 통해 확인하세요. 눈으로 보면 다 아는 내용이고 할 수 있을 것 같지만, 실제 로 풀어보면 헷갈릴 수 있습니다. 헷갈리거나 틀린 문제는 2단계로 돌아가서 해당 내용을 다시 한 번 복습해 주세요.

휴대용 워크북 : 바쁜 엄마 아빠들이 언제 어디서든 부담 없이 꺼내어 복습할 수 있도록 작고 휴대하기 간편한 소책자를 준비했습니다.

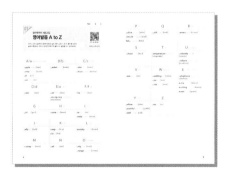

본책의 주요 표현과 핵심사항을 엄선해 복습용으로 만든 부록으로, 본책과 동일한 30일 학습 구성입니 다. 매일 한 과씩 복습해도 좋고(30일 학습) 하루는 본책, 다음날은 소책자 하루씩 번갈아 공부하는 방법 (60일 학습)도 추천합니다. 부록 mp3파일도 있으니 까 눈으로만 훑어보지 말고 입으로 따라 하면서 적극 적으로 훈련해 주세요.

첫째마당 : 정확한 발음으로 영어 자신감 충전!
엄마 아빠를 위한 영어발음 무작정 따라하기

둘째마당 : 내 아이에게 24시간 영어환경 선물!
엄마 아빠를 위한 영어회화 무작정 따라하기

엄마 아빠를 위한
영어발음 무작정 따라하기

첫째 마디

•

발음 기초편

영어발음 기초 다지기

01

알파벳부터 새로고침
영어발음 A to Z

강의 및 예문듣기

준비단계
엄마 아빠에게

학습 전 영어교육 전문가의
코멘트를 읽어보세요.

알파벳부터 정확하게 발음해 보세요.

한글을 배울 때 '가나다'부터 시작하듯 영어도 알파벳 ABC부터 공부합니다. 영어
는 한글처럼 소리를 나타내는 글자입니다. 알파벳마다 고유의 소리가 있고 함께 모
이면 다양한 소리로 바뀌기도 합니다. 알파벳 각 소리와 규칙(파닉스)을 이해하면
영어를 정확히 읽는 데 도움이 됩니다. 알파벳의 소리를 잘 알아두면 "엄마, 이거
어떻게 읽나요?"라는 아이의 질문에도 자신 있게 대답할 수 있게 됩니다.

1단계
오늘 배울 발음

표시한 알파벳에 유의하면
서 발음해 보세요.

오늘의 영어 미션

알파벳 A부터 Z까지 정확한 발음 익히기

apple	**a**ce
color	**c**ircus
e**x**it	**e**mergency
ice	**i**nvite
only	**o**range
wise	**x**ylophone

→ 여러분은 곧 이 단어들을 정확히 발음할 수 있게 됩니다.

019

❶ 알파벳 자음과 모음

A B C D E F G H I J K L M N O P Q R S T U V W X Y Z

a b c d e f g h i j k l m n o p q r s t u v w x y z

알파벳에도 자음과 모음이 있어요. 영어의 모음은 우리말 '아, 에, 이, 오, 우' 소리가 나는 알파벳 a, e, i, o, u입니다. 이를 제외한 나머지 알파벳은 모두 자음이에요. w와 y는 모음과 자음의 중간쯤이라 반모음/반자음이라 부르기도 합니다. 영어의 발음이 어려운 이유는 한 알파벳이 하나의 소리만 나는 게 아니기 때문입니다. 알파벳의 조합에 따라 다양한 소리로 바뀔 수 있어요. 그래서 ABC를 읽을 수 있더라도 단어의 정확한 발음은 연습이 필요합니다.

❷ 알파벳 순서대로 발음하기

알파벳이 단어에서 어떻게 발음되는지 확인해 볼까요? 특히 우리에게 헷갈리는 발음은 뒤에서 복습할 테니 한꺼번에 외우려 하지 말고 '알파벳이 이런 소리가 나는구나!' 정도로 넘어가시면 됩니다.

> 우리말 발음기호는 참고만 하고 정확한 발음은 mp3파일의 원어민 발음으로 확인하세요. 영어에는 [으] 발음이 없기 때문에 자음이 단독으로 있을 땐 [ㅂ], [ㅋ], [ㄷ]처럼 표기하는 게 정확하지만, 편의에 따라 [브], [크], [드]로 표기하기도 했습니다. 하지만 실제 발음할 때는 입모양과 발음요령만 정확히 따르면 자연스럽게 [으] 안 들어간 영어 자음 발음이 나옵니다.

[æ] 발음

양볼에 보조개가 살짝 생길
정도로 입을 벌려 '에'

A/a [애/아아/어오/에이]	**B/b** [브]	**C/c** [크/쓰]
apple 애플(쁠)[ǽpl] 사과	**b**asket 배스킽[bǽskit] 바구니	**c**olor 컬러 ㄹ[kʌ́lər] 색
army 아아 ㄹ 미[áːrmi] 군대		**c**ircus 쓈얼커스[sə́ːrkəs] 서커스
all 어올[ɔːl] 모두		
ace 에이스[eis] 고수		

a 발음은 [æ애], [ɑː아아], [ɔː어오], [ei에이] 4가지입니다. [æ애]는 우리말 '아' 할 때처럼 입을 벌린 상태에서 보조개가 살짝 생길 정도로 턱을 좀 더 밑으로 내린 다음 우리말 '에' 소리를 내보세요. [ɔː어오]는 편의상 [어오]라고 표기했지만, 사실 우리말에 없는 발음입니다. 입은 [æ] 발음과 동일하게 해주되 그 상태에서 '오' 소리를 길게 내보세요. b 발음은 윗입술과 아랫입술을 살짝 말아 넣었다가 공기를 내보내면서 [ㅂ] 소리를 내보세요. c 발음은 [크]와 [쓰]가 있습니다. [크]를 발음할 때는 턱을 당기고 목구멍을 열어주세요. 술 마시고 캬~ 하듯이요.

윗니를 아랫입술에 얹고 바
람을 훅 뿜으며 [ㅍ]

D/d [드]	E/e [에/이/어]	F/f [풔]
date 데이ㅌ [deit] 날짜	**exit** 엑씨ㅌ [éksit] 출구	**fire** 퐈이어ㄹ [faiər] 불
	emergency 이머얼줜씨 [imə́:rdʒənsi] 응급, 비상	

d 발음은 혀끝을 입천장 볼록한 부분에 대고 목을 울려 [ㄷ] 소리를 냅니다. e 발음
은 [에]와 [이], [어]가 있습니다. [에]는 e에 강세가 있을 때로 '에게~' 할 때처럼
힘주어 발음하고, [이]는 입을 많이 벌린 상태에서 힘을 안 주고 '이' 하면 됩니다.
[어]는 e에 강세가 있을 때는 힘주어 '어' 하고 좀 길게 발음하고, 강세가 없을 때는
있는 듯 없는 듯 '어' 또는 '으' 정도로 약하게 발음하면 됩니다. f 발음은 윗니를 아
랫입술에 대고 [ㅍ] 소리를 내면 아랫입술이 저절로 빠지며 바람이 셉니다. 우리 귀
에 [풔]에 가깝게 들리죠.

G [그]	H [흐]	I [아이/이]
girl 거얼 [gə:rl] 여자아이	**home** 호움 [houm] 집	**ice** 아이ㅅ [ais] 얼음
		invite 인봐이ㅌ [inváit] 초대, 초대하다

g 발음은 턱을 아래로 내리고 목 안 깊숙한 곳에서 힘주어 내는 [그] 소리입니다.
h 발음은 입천장에 혀를 대지 않고 [흐] 하고 바람을 내보내는 소리입니다. i 발음
은 [아이]와 [이]인데, 영어의 [이] 발음은 우리말 '이'처럼 입에 힘을 빼고 자연스럽
게 옆으로 벌려 '이' 하면 됩니다.

혀끝을 앞니 뒤에 꽉 대고
'얼' 하면서 밀어내며 발음

J [즈]	K [크]	L [러]
jelly 쥋리 [dʒéli] 젤리	**keep** 키잎 [ki:p] 유지하다	**laundry** 러온드뤼 [lɔ́:ndri] 빨래
	kick 킥 [kik] 차다	

j 발음은 우리말 [즈]보다 강한 느낌입니다. 입술을 앞으로 쭉 내밀고 혀끝을 [s] 발
음 때보다 조금 더 입 안쪽으로 당긴 상태에서 바람을 내보내면 되죠. k 발음은 우
리말 [크]와 비슷해서 부담 없이 발음할 수 있어요. k가 뒤에 나오면 받침소리가 됩
니다. l 발음은 혀끝을 윗니 뒤에 꽉 대고 밀면서 내는 소리입니다.

[ɔ] 발음

입술을 [æ] 발음과 동일하게 해서 '오' 소리

M [므]	N [느]	O [오우/어오]
money 머니[mʌ́ni] 돈	**n**ail 네이얼[neil] 손톱	**o**nly 오운리[óunli] 유일한 **o**range 어오륀쥐 [ɔ́:rindʒ] 오렌지

m 발음은 입술을 살짝 말아 넣고 콧등을 울려서 [므]라고 합니다. n 발음은 혀를 입천장에 대고 콧등을 울려 [느] 하고 소리를 냅니다. o 발음은 [ou오우]와 [ɔ:어오] 2가지입니다. 영어에는 [오]라는 홑소리 발음은 없어요. [오우]가 맞는데 이때 '오'와 '우'를 나눠서 발음하지 않고 미끄럼틀을 타듯 높은 음에서 낮은 음으로 자연스럽게 하나로 연결해야 합니다.

[r] 발음

혀를 입천장에 닿지 않게 안쪽으로 구부려 [뤄]

P [프]	Q [크]	R [뤄]
police 펄리이ㅅ[pəlí:s] 경찰 **p**eople 피이플(쁠)[pí:pl] 사람들 hel**p** 헤얼ㅍ(쁘)[help] 돕다	**q**uilt 크월ㅌ[kwilt] 이불	**r**amen 롸아먼[rá:mən] 라면

p 발음은 우리말 '프'와 비슷한데 입술을 좀 더 안으로 말아 넣어야 합니다. p 발음이 뒤에 있는 경우 [쁘]에 가깝게 들리기도 하죠. q 발음은 [크]인데 단어일 때는 u와 연결된 qu의 형태로만 쓰입니다. qu는 [퀴]가 아니라 [크위]라고 발음합니다. 우리는 '퀵서비스', '퀼트', 원어민은 quick[크윅], quilt[크월ㅌ]라고 발음하죠. r 발음은 혀를 목구멍 안쪽으로 동그랗게 말아 넣은 채 소리 내는 발음입니다.

[ʌ] 발음

'어'에서 시작해 턱을 아래로 내려서 '아'

S [스]	T [트]	U [어/이유우]
school 스쿠울[sku:l] 학교	**t**emperature 템퍼뤄춰ㄹ[témpərətʃər] 온도	**u**mbrella 엄브뤨러 [ʌmbrélə] 우산 **u**niform 이유우너포엄 [jú:nəfɔ̀:rm] 제복

s 발음은 혀가 입천장에 닿을 듯한(닿지는 않음) 위치에서 바람을 내보면서 나는 [스] 소리입니다. [스]보다는 [쓰]에 가깝게 소리 나는 경우가 많습니다. t 발음은 입천장 볼록한 부분에 혀끝을 댔다가 떼면서 바람을 내보내면 나는 소리입니다.
u 발음은 [ʌ어]와 [ju:이유우] 2가지 소리가 납니다. [ʌ어]는 '아'와 '어'의 중간소리로 '어'에서 시작해 턱을 내려 '아'에 가깝게 발음하면 됩니다.

윗니를 아랫입술에 얹고
성대를 울려서 [ㅂ]

V [뷔]	**W** [웨/위/와]	**X** [즈/엑스/익쓰/이그즈]
vase 붸이스[veis] 꽃병	**wedding** 웨딩[wédiŋ] 결혼식	**xylophone** 자일러포운 [záiləfòun] 실로폰
	was 워즈[wəz] am, is의 과거형	**extra** 엑스트뤄 [ékstrə] 추가의
	wise 와이즈[waiz] 지혜로운	**exciting** 익싸이팅 [iksáitiŋ] 신나는
		exam 이그잼 [igzǽm] 시험

v 발음은 윗니를 아랫입술에 대고 [ㅂ] 소리를 내면 아랫입술이 저절로 빠지며 바람이 셉니다. 우리 귀에 [뷔]에 가깝게 들리죠. f 발음과 입모양은 비슷한데 성대와 아랫입술이 울려야 합니다. 발음할 때 목에 손을 대고 목이 울리는지 확인해 보세요. w 발음은 we-, wa-, wi-와 같이 다른 모음과 붙어야 소리가 납니다. 반모음, 반자음이라고 부릅니다. x 발음은 단어 맨 앞에서는 xylophone, xylitol(자일러터올[záilətò:l] 자일리톨)처럼 [z] 소리가 납니다. ex- 형태로 쓰이는 경우가 많은데, 이때는 ex-를 묶어 [엑스/익쓰/이그즈] 정도로 발음합니다.

Y [예/이]	**Z** [즈]
yellow 옐로우[jélou] 노란색	**zoo** 즈우[zu:] 동물원
youthful 이유우쓰펄[jú:θfəl] 젊은	
yield 이이얼ㄷ[ji:ld] 수확(량)	

y 발음기호는 [j]인데 [dʒ즈] 소리가 나는 알파벳 j와 헷갈리지 않게 유의하세요. 우리말의 '이'와 같은 소리로 y도 w와 마찬가지로 다른 모음과 어울려 소리가 납니다. z 발음은 [즈]인데 우리말 '즈'와 달리 혀가 입천장에 닿지 않고 혀의 진동이 강한 소리입니다. 물론 성대도 울려야 하죠. 휴대폰의 진동음을 떠올리면 이해가 쉽습니다.

앞에서 배운 발음을 확실하
게 연습해 보세요.

Let's Speak! 👄 다음 단어를 읽어보고 mp3파일의 발음과 비교해 보세요.

❶ 알파벳 **a** 발음 연습

🎙   apple   ace   army

❷ 알파벳 **c** 발음 연습

🎙   color   circus

❸ 알파벳 **f** 발음 연습

🎙   fire   fan

❹ 알파벳 **e** 발음 연습

🎙   exit   emergency

❺ 알파벳 **i** 발음 연습

🎙   ice   invite

❻ 알파벳 **o** 발음 연습

🎙   only   orange

❼ 알파벳 **u** 발음 연습

🎙   umbrella   uniform

❽ 알파벳 **v**와 **w** 발음 연습

🎙   vase   wise

❾ 알파벳 **x** 발음 연습

🎙   xylophone   extra

❿ 알파벳 **y** 발음 연습

🎙   youthful   yield

오해 없는 소통을 위해
헷갈리는 발음 구분하기

강의 및 예문듣기

준비단계
엄마 아빠에게

학습 전 영어교육 전문가의
코멘트를 읽어보세요.

🎵 **정확한 발음으로 오해없이 소통하세요.**

우리가 영어를 배우는 이유는 영어로 자유롭게 의사소통을 하기 위해서입니다. 그런데 발음을 헷갈려서 내 말이 상대에게 전혀 엉뚱한 의미로 전달된다면 어떨까요?

　Koreans eat **rice**. 한국인들은 **쌀**을 먹어요.
　Koreans eat **lice**. 한국인들은 **이(벌레)**를 먹어요.

rice(쌀)와 lice(머릿니), r과 l 발음의 한 끗 차이로 전혀 다른 의미가 되었죠. 이번 과에서 헷갈리는 발음을 연습해 보세요.

1단계
오늘 배울 발음

표시한 알파벳에 유의하면
서 발음해 보세요.

오늘의 영어 미션

헷갈리는 발음 구분하여 듣고 말하기

pine	**f**ine
berry	**v**ery
raw	**l**aw
dough	**th**ough
sell	**sh**ell
jest	**z**est

→ 여러분은 곧 이 단어들을 정확히 발음할 수 있게 됩니다.

❶ [p]와 [f] 발음 구분하기

[p] 발음은 입술이 만나면서 나는 소리입니다. 우리말 '프'와 비슷한데 입술을 좀 더
안으로 말아 넣었다가 공기를 내보내면서 [ㅍ] 소리를 내면 됩니다. [f] 발음은 윗
니를 아랫입술에 대고 [ㅍ] 소리를 내면 아랫입술이 저절로 빠지며 바람이 셉니다.
우리 귀에 [풔]에 가깝게 들리죠.

pen 펜	펜[pen]	**fan** 선풍기	풰앤[fæn]
pine 솔, 소나무	파인[pain]	**fine** 좋은, 괜찮은	퐈인[fain]
possible 가능한	파써(쓰)블[pásəbl]	**feasible** 실현 가능한	퓌이저(즈)블 [fíːzəbl]

[p] 발음

[f] 발음

❷ [b]와 [v] 발음 구분하기

우리말 '브' 소리와 유사한 [b] 발음은 입술을 안쪽으로 살짝 말아 넣었다가 공기를
내보내면서 성대를 울려 [ㅂ] 소리를 냅니다. [v] 발음도 f처럼 윗니를 아랫입술에
얹고 공기를 세게 훅 내보낼 때 나는 소리입니다. 다만, 윗니를 아랫입술에 대고 성
대를 울려 [ㅂ] 소리를 내야 하죠.

berry 베리	베뤼[béri]	**very** 매우	붸뤼[véri]
bury (땅에) 묻다	베뤼[béri]	**vary** 다르다	붸(어)뤼[véəri]
bun (빵) 번	번[bʌn]	**van** (승합차) 밴	붸앤[væn]

[b] 발음

[v] 발음

❸ [r]과 [l] 발음 구분하기

[r] 발음은 혀를 목구멍 안쪽으로 동그랗게 말아 넣은 채 소리 내는 발음입니다. 우리말의 '뤄'에 가까운 소리가 나죠. [l] 발음은 혀끝을 윗니 뒤에 꽉 대고 밀면서 내는 소리입니다. 우리말의 '얼'에 가까운 소리가 나죠.

raw 날것의	뤄오[rɔː]	**l**aw 법	러오[lɔː]
rash 피부 발진	뤄애쉬[ræʃ]	**l**ash 후려치다	래애쉬[læʃ]
royal 왕족의	뤄오이얼[rɔ́iəl]	**l**oyal 충성스런	러오이얼[lɔ́iəl]

[r] 발음

[l] 발음

th[θ] 발음

윗니와 아랫니 사이에 혀를 살짝 물었다가 빼면서 [ㅅ] 하면 됩니다. [ð]와 달리 목청이 울리지 않습니다.

❹ [d]와 [ð] 발음 구분하기

[d] 발음은 혀끝을 입천장 볼록한 부분에 대고 성대를 울려 [ㄷ] 소리를 냅니다. 우리말 '드'보다 더 깊고 낮은 소리가 납니다. th 발음 중 하나인 [ð] 발음은 우리말에 없는 발음입니다. 윗니와 아랫니 사이에 혀를 살짝 물었다가 빼면서 성대를 울려 [ㄷ] 하면 됩니다.

dough 밀가루 반죽	도우[dou]	**th**ough 그래도	도우[ðou]
ri**d**e 타다	롸이ㄷ[raid]	wri**th**e 몸을 뒤틀다	롸이ㄷ[raið]
den 굴	덴[den]	**th**en 그때	덴[ðen]

[d] 발음

[ð] 발음

잠깐만요~

[ʃ] 발음은 sh로 시작하거나 끝나는 단어에서 흔히 접할 수 있는 발음이죠.

❺ [s]와 [ʃ] 발음 구분하기

[s] 발음은 혀가 윗니 약간 뒤 입천장에 닿을 듯한(닿지는 않음) 위치에서 바람을 내보내면 나는 소리입니다. '쓰'에 가까운 [스] 소리가 납니다. [ʃ] 발음은 입술을 앞으로 쭉 내밀고 혀끝을 [s]보다 조금 더 입 안쪽으로 당긴 상태에서 바람을 내보내면 됩니다. 우리말의 '슈'에 가까운 소리가 나죠.

sell 팔다	셀[sel]	**shell** 껍질	쉘[ʃel]
sea 바다	씨이[si:]	**she** 그녀	쉬이[ʃi:]
trace 추적하다	트뤠이ㅆ[treis]	**trash** 쓰레기	트래쉬[træʃ]

[s] 발음

[ʃ] 발음

❻ [ʤ]와 [z] 발음 구분하기

[z] 발음은 혀의 위치를 [s] 발음과 동일하게 해준 상태에서 혀에 진동이 느껴질 정도로 성대만 울려주면 됩니다. j로 시작되는 단어에서 흔히 접할 수 있는 [ʤ] 발음은 입술 모양과 혀의 위치를 [ʃ]와 동일하게 해준 상태에서 성대만 울리면 되죠.

jest 농담	줴스ㅌ[dʒest]	**zest** 열의	(즈)제스ㅌ[zest]
June 6월	주운[dʒu:n]	**zoom** 붕 하고 지나가다	(즈)주움[zu:m]
Jenny (이름) 제니	줴니[dʒéni]	**zenith** 정점	(즈)지이니ㅆ [zí:niθ]

[ʤ] 발음

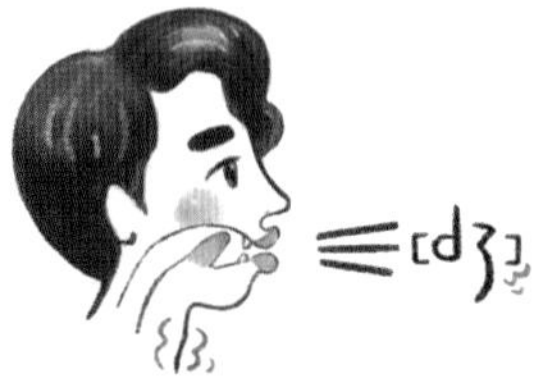

[z] 발음

❼ [e]와 [æ] 발음 구분하기

[e] 발음은 '에게~' 할 때처럼 '에'를 힘주어 발음합니다. 알파벳 e에 강세가 있을 때 이렇게 발음됩니다. [æ] 발음은 알파벳 a 발음의 하나로 우리말 '아'할 때처럼 입을 벌린 상태에서 보조개가 살짝 생길 정도로 턱을 좀 더 밑으로 내린 다음 우리 말 '에' 소리를 내보세요. 마치 장모음처럼 소리가 좀 길게 빠지는 경향이 있습니다.

bed 침대	베ㄷ[bed]	**bad** 나쁜	배애ㄷ[bæd]
ten (숫자) 10	텐[ten]	**tan** 태우다	태앤[tæn]
bend 구부리다	벤ㄷ[bend]	**band** 밴드, 악단	배앤ㄷ[bænd]

[e] 발음

[æ] 발음

❽ [ɔ]와 [ʌ] 발음 구분하기

[ɔ] 발음은 우리말에 없는 발음으로 '오'와 '어'와 '아'의 그 어디쯤에 있는 소리입니다. 입모양은 [æ] 발음과 동일하게 해주되 그 상태에서 우리말 '오' 소리를 내면 됩니다. [ʌ] 발음도 우리말에 없는 소리로 '어'에서 시작해서 턱을 내려 '아'에 가깝게 발음하면 됩니다.

bought 샀다	버오ㅌ[bɔ:t]	**but** 그러나	벋[bʌt]
boss (직장) 상사	버오ㅆ[bɔ:s]	**bus** 버스	버ㅅ[bʌs]
caller 전화 건 사람	커오럴[kɔ́:lər]	**color** 색깔	컬럴[kʌlər]

[ɔ] 발음

[ʌ] 발음

잠깐만요~

그야말로 우리말의 '어'에 가까운 소리인 [ə] 발음 은 약모음입니다. color 에서 강세 없는 뒤의 -o- 가 바로 [ə]로 소리 나죠. possible의 -i-도 마찬가 지고요. 하도 약하다 보니 우리말의 '으'에 가깝게 소리 나는 경우도 많답니다.

앞에서 배운 발음을 확실하게 연습해 보세요

Let's Speak! 👄 헷갈리는 발음에 유의해 다음 문장들을 읽어보세요.

❶ [s]와 [ʃ] 발음 구분하기

🎙 She sells seashells by the seashore.

❷ [t]와 [θ] 발음 구분하기

🎙 Tom threw Tim three thumbtacks.

❸ [p]와 [f] 발음 구분하기

🎙 Give papa a cup of proper coffee in a copper coffee cup.

❹ [r]과 [l] 발음 구분하기

🎙 I looked right at Larry's rally and left in a rush.

❺ [b]와 [v] 발음 구분하기

🎙 Betty loves the velvet vest best.

❻ [ʤ]와 [z] 발음 구분하기

🎙 Johnson drank juice in the zenith zone at a jazz bar.

❼ [e]와 [æ] 발음 구분하기

🎙 My pet had ten jackets decorated in jelly designs.

❽ [ɔ]와 [ʌ] 발음 구분하기

🎙 My boss bought a bus, and he was upset with the caller.

⊙ mp3파일을 듣고 따라 하며 발음을 확인하세요.

03

발음의 길이도 중요해
장모음과 이중모음

강의 및 예문듣기

준비단계
엄마 아빠에게

학습 전 영어교육 전문가의
코멘트를 읽어보세요.

 많이 듣고 따라 하며 장모음과 이중모음 발음에 익숙해지세요.

[liv 리브] 하면 live(살다)가 되고, [li:v 리이브] 하면 leave(떠나다, 출발하다)가 돼요.

I live in Korea. 난 한국에 **살아요.**

I'm **leaving** Korea. 난 한국을 **떠나요.**

처음에는 원어민의 발음을 아무리 들어도 live와 leave의 차이가 크게 안 느껴질 수도 있어요. 하지만 자꾸 듣고 따라 하며 그 리듬에 익숙해지다 보면 자연스럽게 미묘한 차이에 스며들게 됩니다. 이번 과에서는 소리를 조금 길게 빼는 장모음과 이중모음의 발음을 연습해 보세요.

1단계
오늘 배울 발음

표시한 알파벳에 유의하면서 발음해 보세요.

 오늘의 영어 미션

장모음과 이중모음의 발음에 익숙해지기

live	leave
shit	sheet
good	mood
show	shout
so	saw
strip	stripe

→ 여러분은 곧 이 단어들을 정확히 발음할 수 있게 됩니다.

설명을 잘 보고 헷갈리는 발음들을 구분해 보세요.

잠깐만요~

단모음 [i]는 보통 톤으로 우리말 '이' 할 때와 동일한 입모양으로 자연스럽게 소리 내면 됩니다.

❶ 장모음 [i:] 발음하기

장모음 [i:]는 길게 발음하는 [이이] 소리입니다. 단어 속에서 주로 알파벳 e, ee, ea로 표현되는데 혀가 입안에서 위쪽 공간에 뜬 상태로 입술을 양 옆으로 좌악 늘려 ([i] 발음할 때보다 더) '이이' 소리를 냅니다. 마치 미끄럼틀을 타듯 높은 음으로 시작해 자연스럽게 내려주는 식으로 길게 빼주세요. 길게 소리 내야 하는데 짧게 소리 내면 욕이 되는 단어도 있으니까 mp3파일을 들으며 단모음 [i]와 장모음 [i:]의 미묘한 차이를 잘 듣고 반복해 따라 해보세요.

1 단모음 [i]와 장모음 [i:] 비교하기

단모음 [i]		장모음 [i:]	
fill 채우다	퓔[fil]	**feel** 느끼다	퓌이얼[fi:l]
live 살다	리ㅂ[liv]	**leave** 떠나다, 출발하다	라이ㅂ[li:v]
shit (속어) 제기랄	쉿[ʃit]	**sheet** 종이 한 장, 침대 시트	쉬이ㅌ[ʃi:t]
bitch (속어) 나쁜 X	비취[bitʃ]	**beach** 해변, 바닷가	비이취[bi:tʃ]
hip 엉덩이	힢[hip]	**heap** 무더기	히잎[hi:p]

2 장모음 [i:] 발음 더 연습하기

each 각각, 각자의	이이취[i:tʃ]	**three** (숫자) 3	뜨뤼이[θri:]
east 동쪽, 동부	이이스ㅌ[i:st]	**see** 보다	씨이[si:]

여담으로, 로라쌤이 어렸을 때 의도하지 않았는데 욕을 했다면서 선생님한테 혼났던 적이 있었어요. 바로 장모음 단모음을 구별하지 못해서 상대방이 오해를 했던 거였죠. 특히 종이 한 장을 의미하는 sheet[쉬이ㅌ]와 '빌어먹을'이란 욕을 뜻하는 shit[쉿], 그리고 해변을 의미하는 beach[비이취]와 '나쁜 X'을 의미하는 욕인 bitch[비취]는 특별히 더 신경 써서 장모음과 단모음을 구별해 주세요.

❷ 장모음 [u:] 발음하기

영어의 모음 '우'는 대부분 장모음 [u:]로 길게 [우우] 하고 발음합니다. 입술을 동그랗게 모아 앞으로 내밀며 [우우] 하고 길게 빼주세요. 알파벳 -u-뿐 아니라 -oo-, -ou-, -ue, -ew 등의 모음 조합이 [우우]로 발음되죠. -u-는 [ju:], 즉 [이유유] 정도로 길게 발음되는 경우도 많습니다. mp3파일을 들으며 장모음 [u:] 발음에 익숙해지세요.

1 -oo-가 [u:]로 발음되는 단어

too 너무	투우[tu:]	soon 곧	쑤운[su:n]
mood 기분	무우ㄷ[mu:d]	boot 부츠	부우ㅌ[bu:t]
spoon 숟가락	스뿌운[spu:n]	stool 의자	스뚜울[stu:l]

★ spoon과 stool처럼 자음 s와 모음 사이에 오는 p와 t는 각각 [ㅃ]과 [ㄸ]에 가까운 된소리로 발음되는 경우가 많습니다.

2 -ou-가 [u:]로 발음되는 단어

group 그룹	그루우ㅍ[gru:p]	soup 수프	수우ㅍ[su:p]

3 -ue가 [u:]로 발음되는 단어

true 사실인	트루우[tru:]	glue 풀	글루우[glu:]

4 -ew가 [u:]로 발음되는 단어

chew 씹다	츄우[tʃu:]	crew 선원	크루우[kru:]

5 -u-가 [ju:] 또는 [u:]로 발음되는 단어

cute 귀여운	큐우ㅌ[kju:t]	huge 거대한	휴우ㅈ[hju:dʒ]
stupid 어리석은	스뚜우피ㄷ[stjú:pid]	student 학생	스뚜우던ㅌ[stju:dnt]
duty 의무	듀우디(리)[djú:ti]	ruby (보석) 루비	루우비[rú:bi]

★ cute에서 -e를 빼면 '베다, 자르다'는 뜻의 cut[kʌt 컽]이 되고, huge에서 -e를 빼면 '껴안다, 포옹하다'는 뜻의 hug[hʌg 허ㄱ]가 됩니다.

잠깐만요~

good[gud 굳]의 -oo-는 단모음 [u]로 소리 납니다.

잠깐만요~

duty[듀우티]는 [듀우디] 또는 [듀우리] 정도로 [t] 발음을 부드럽게 바꾸는 경우가 많은데요. 이에 대해서는 다음 과에서 다룹니다.

❸ 이중모음 [ou] 발음하기

영어에 [o]라는 홑소리 발음은 없습니다. 이런 경우 보통 [ou]의 이중모음으로 발음되죠. 따라서 성의 없이 [오] 하고 끝내지 말고 [오우]라고 소리를 길게 빼주며 발음하는 습관을 들이세요. o, -oa-, -ou-, -ow 등의 철자가 포함된 경우 [ou]로 발음될 수 있습니다. 먼저 [au아우] 발음과 비교해서 연습해 본 다음, 헷갈리는 발음인 [ɔ:]와도 비교해 연습해보죠.

① [ou]와 [au] 발음 비교하기

이중모음 [ou]		이중모음 [au]	
show 보여주다	쇼우[ʃou]	**shout** 소리지르다	샤우ㅌ[ʃaut]
hose 호스	호우ㅈ[houz]	**house** 집	하우ㅅ[haus]
mote 티끌	모우ㅌ[mout]	**mouth** 입	마우ㄸ(ㅆ)[mauθ]
grow 자라다	그로우[grou]	**ground** 땅	그라운ㄷ[graund]

② [ou]와 [ɔ:] 발음 구분하기

이중모음 [ou]		장모음 [ɔ:]	
so 정말, 너무	쏘우[sou]	**saw** 봤다	써오[sɔ:]
boat 배	보우ㅌ[bout]	**bought** 샀다	버오ㅌ[bɔ:t]

③ 이중모음 [ou] 발음 더 연습하기

old 나이든, 늙은	오울ㄷ[ould]	**owe** 빚지다	오우[ou]
cold 추운	코울ㄷ[kould]	**fold** 접다	포울ㄷ[fould]
road 길	로우ㄷ[roud]	**goat** 염소	고우ㅌ[gout]
coach 코치	코우취[kouʃ]	**coat** 외투	코우ㅌ[kout]
dough 반죽	도우[dou]	**though** 그래도	도우[ðou]
know 알다	노우[nou]	**throw** 던지다	뜨로우[θrou]

노파심에 덧붙이자면, 두 개의 소리가 이어져 나오는 이중모음은 잘 들리지 않더라도 입모양을 움직이면서 두 개의 소리를 자연스럽게 연결시키면 됩니다. 두 개의 모음소리를 따로 따로 낸다는 느낌보다는 부드럽게 이어서 자연스럽게 발음하는 것이 중요합니다.

❹ 이중모음 [ai] 발음하기

이중모음 [ai]는 [아]로 시작해 [이]로 부드럽게 이어주면 됩니다. 주로 철자 -i-와 -y-가 이중모음 [ai]로 발음되는 경우가 많은데요. -i-는 단모음 [i]로 발음되는 경우도 많으니까, 먼저 단모음 [i]로 소리 나는 단어와 비교해 철자를 눈으로 확인해 가며 연습해 보세요.

▮ 단모음 [i]와 이중모음 [ai] 비교하기

단모음 [i]		이중모음 [ai]: 단어가 -e로 끝날 때	
bit 조금, 약간	비ㅌ[bit]	**bite** 베어 물다	바이ㅌ[bait]
strip 옷을 벗다	스트맆[strip]	**stripe** 줄무늬	스트라잎[straip]
tip 팁, 정보	팊[tip]	**type** 유형, 종류	타잎[taip]
pip (과일의) 씨	핖[pip]	**pipe** 관	파잎[paip]

★ bit에서 끝에 -e가 붙어 bite가 되면 발음과 의미가 다른 단어가 되지요.

▮ 이중모음 [ai] 발음 더 연습하기

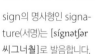
잠깐만요~

sign의 명사형인 signature(서명)는 [sígnətʃər 씨그너춰]로 발음합니다.

kind 종류, 친절한	카인ㄷ[kaind]	**find** 찾다	퐈인ㄷ[faind]
sign 징후, 서명하다	싸인[sain]	**sigh** 한숨을 쉬다	싸이[sai]
sight 시력, 시야	싸이ㅌ[sait]	**fright** 놀람, 두려움	프롸이ㅌ[frait]
tiny 아주 작은, 조금	타이니[táini]	**final** 마지막의	퐈이늘[fáinl]
ice 얼음	아이ㅅ[ais]	**ripe** 익은, 숙성된	롸잎[raip]
pie 파이	파이[pai]	**die** 죽다	다이[dai]
style 방식, 스타일	스따이얼[stail]	**typo** 오타	타이포우[táipou]
right 오른쪽, 옳은	롸이ㅌ[rait]	**tight** 빡빡한	타이ㅌ[tait]
cry 울다	크롸이[krai]	**cycle** 사이클	싸이클[sáikl]

Let's Speak! 👄 앞에서 배운 발음에 유의해 다음 문장들을 읽어보세요.

❶ Let's go to the beach.

해변에 가자.

❷ I must leave at 10 a.m.

오전 10시에 떠나야 해요.

good [gud굳]

❸ My son is in a good mood.

우리 아들이 기분이 좋네요.

swallow 삼키다

❹ Please chew your food before you swallow.

음식을 꼭꼭 씹어서 삼키렴.

❺ Don't shout at me.

나한테 소리치지 마.

seasick 뱃멀미의

❻ I always get seasick when I'm on a boat.

배를 타면 항상 멀미를 해요.

striped 줄무늬 있는

❼ I like that striped shirt.

저 줄무늬 셔츠가 마음에 드네요.

eyesight 시력

❽ Don't watch TV so close. It's bad for your eyesight.

TV 너무 가까이서 보지 마. 눈 나빠져.

❾ Are these apples ripe?

이 사과들 익었나요?

❿ Can you peel these bananas for me?

이 바나나 껍질 좀 까줄래?

◑ mp3파일을 듣고 따라 하며 발음을 확인하세요.

036

궁금해요

엄마 아빠 100명에게 물어봤어요

우리 아이 영어교육 FAQ ❶

Q 영어 공부, 언제부터 시작하는 게 좋을까요?

영어교육에 정답은 없습니다. 남들과 비교하지 말고 조급해하지 말고 우리 아이가 즐겁게 영어를 접할 수 있도록 엄마 아빠가 도와주세요.

A 미국의 저명한 언어학자 노암 촘스키(Noam Chomsky) 교수에 따르면, 우리 뇌 속에는 언어를 습득할 수 있도록 도와주는 LAD(Language Acquisition Device)라는 언어 습득 장치가 있다고 합니다. 이 LAD는 2차 성징기에 기능을 상실하기 때문에 2차 성징 이전에 영어 공부를 시작하는 것이 좋다고 알려져 있습니다. 저 역시 적어도 9-10세 이전에 영어에 노출되기를 추천합니다.

아이마다 학습 능력이 다르기 때문에 꼭 이때 시작해야 한다기보다는 아이가 영어를 거부감 느끼지 않고 받아드릴 수 있을 때 시작하는 것이 좋습니다. 영어가 스트레스가 아니라 즐거움이 될 수 있도록 엄마 아빠가 집에서 자연스럽게 영어를 노출시켜주는 것이 도움이 됩니다.

초등 저학년 이후 시작해도 늦은 것은 아닙니다. 물론 초반에는 영어유치원이나 학원을 통해서 일찍 영어를 접한 아이들이 아무래도 발음이 좋고 회화에도 자신감을 보일 수 있습니다. 하지만 고학년이 되고 점차 시간이 지나면 단어와 문법을 익히고 영작과 리딩까지 지속적인 인풋이 뒷받침되어야 영어를 자신있게 구사할 수 있습니다. 영어는 언어이기에 영어교육은 마라톤입니다. 천천히 가더라도 꾸준하고 즐겁게 영어를 접하도록 해야 합니다.

그리고 영어에 집중하느라 모국어인 우리말 교육을 소홀히 해선 안 됩니다. 모국어는 아이의 인지능력과 사고력에 큰 영향을 미치기 때문에 많은 언어학자들이 외국어를 배울 때 모국어 구사능력을 강조하고 있습니다. 국어를 잘해야 외국어도 잘할 수 있다는 거 잊지 마세요.

둘째 마디

·

발음 실전편

영어발음 완성하기

04

강약 조절은 필수

단어 강세 살려서 말하기

강의 및 예문듣기

준비단계

엄마 아빠에게

학습 전 영어교육 전문가의
코멘트를 읽어보세요.

영어에는 단어에 강세가 있습니다.

표준 한국어에는 강세가 없습니다. 그렇기 때문에 우리에게 영어 강세는 다소 부담
이 될 수 있죠. 우선 영어는 단어에 강세가 있습니다. 강약 조절을 해야만 정확한
발음이 표현되죠. 하지만 다행히 여기에는 기본적인 규칙이 있습니다. 이 원리를
이해하면 영어발음에 접근하기가 쉬워집니다. 모든 규칙에는 예외가 있는 법이지
만, 일단 기본 원리를 먼저 이해해두면 예외적인 경우를 흡수하기도 수월해집니다.

1단계

오늘 배울 발음

영어단어 강세에 유의하면
서 발음해 보세요.

오늘의 영어 미션

강세를 제대로 살려 영어단어 발음하기

present	present
mainly	manly
economic	economical
creation	extension
employer	employee
geology	geologist

→ 여러분은 곧 이 단어들을 정확히 발음할 수 있게 됩니다.

잠깐만요~

음절이란 모음소리를 의미해요. heart의 -ea-처럼 모음이 2개 같이 사용돼도 하나의 모음소리를 내면 음절 하나로 계산합니다.

❶ 강세의 기본 규칙

한 영어단어에서 제1강세는 한 번만 옵니다. 그리고 강세는 늘 모음에 있죠. 1음절 단어(자음들과 모음소리 하나로 이루어진 단어)의 경우에는 하나뿐인 모음소리에 강세가 오기 때문에 나름 쉬운 발음입니다. 음절이 2개 이상일 경우에는 강하게 발음하는 모음이 있고 약하게 발음하는 모음이 생기죠. 하지만 이것도 강하게 발음하는 모음만 잘 지켜주면 나머지 모음은 자연스럽게 약하게 나오기 때문에 강세모음이 무엇인가만 정확히 파악해서 입에 익혀두면 됩니다.

▨ 1음절 단어

heart 심장	하알ㅌ[haːrt]	**wolf** 늑대	워울ㅍ[wulf]
world 세계	워얼ㄷ[wəːrld]	**mess** 엉망인 상태	메쓰[mes]
near 가까운	니을[niər]	**fish** 물고기	퓌쉬[fiʃ]

▨ 2음절 단어

napkin 냅킨	내앺킨[nǽpkin]	**review** 복습하다	뤼뷔유우[rivjúː]
ticket 표, 입장권	티킽[tíkit]	**nineteen** 19	나인티인[nàintíːn]
basket 바구니	배스킽[bǽskit]	**career** 커리어	커뤼어ㄹ[kəríər]

▨ 3음절 단어

basketball 농구	배스킽버올 [bǽskitbɔ̀ːl]	**fantastic** 환상적인	팬태스틱 [fæntǽstik]
banana 바나나	버내너 [bənǽnə]	**amazing** 놀라운	어메이징 [əméiziŋ]
technical 기술의	테크니컬 [téknikəl]	**minimum** 최저의	미니멈 [mínəməm]

❷ 강세에 따라 의미나 품사가 달라지는 단어들

영어단어들 중에는 명사도 되고 동사도 되는 단어들이 꽤 많아요. 이런 단어들 중에는 철자는 똑같지만 발음의 강세가 달라지는 경우들이 있죠. 특히 2음절 단어의 경우, 명사일 때는 앞 모음에, 동사일 때는 뒤 모음에 강세를 넣어 말하는 경우들이 있습니다. 강세를 받는 모음은 조금 더 높은 음으로 강하고 길게 발음합니다. 강세를 받지 않는 모음은 상대적으로 [i]나 [ə]로 약화되어 짧게 발음되죠.

잠깐만요~

엄밀하게 말하면 object는 명사일 때와 동사일 때 강세가 달라지지만, 잘 구분하지 않고 쓰는 원어민들이 많습니다.

앞 모음에 강세를 주면		뒤 모음에 강세를 주면	
record 기록	뤡컬ㄷ[rékərd]	**record** 기록하다	뤼커올ㄷ[rikɔ́:rd]
resume 이력서	뤠쥬메이[rézumèi]	**resume** 다시 시작하다	뤼쥬움[rizú:m]
desert 사막	데절ㅌ[dézərt]	**desert** 버리다	디저얼ㅌ[dizə́:rt]
present 현재, 선물	프레즌ㅌ[préznt]	**present** 발표하다	프리젠ㅌ[prizént]
object 물건, 대상	압직ㅌ [ábdʒikt, ób-]	**object** 반대하다	업쿼ㅌ [əbdʒékt]

★ '이력서'의 정확한 철자 표기는 résumé이지만, 일상생활에서는 그냥 resume로 쓰는 경우가 많습니다.

❸ -ly로 끝나는 단어

기본적으로 접두사나 접미사는 표시 기능이기 때문에 강세가 오지 않습니다. -ly는 부사나 형용사를 만드는 역할을 하는 접미사인데요. 일반적으로 quiet(조용한), general(일반적인) 같은 형용사 뒤에 -ly가 붙으면 부사가 됩니다. 또, love(사랑), friend(친구) 같은 명사 뒤에 -ly가 붙으면 형용사가 되죠. 접두사나 접미사에는 강세가 오지 않기 때문에 이런 경우, 원단어의 강세를 그대로 따르게 됩니다.

잠깐만요~

형용사 뒤에 -ly가 붙어 조금은 다른 뉘앙스의 형용사가 되기도 하고, 명사 뒤에 -ly가 붙어 형용사와 부사로 모두 쓰이는 경우도 있습니다. 어떤 경우이든 -ly에는 강세가 없죠.
lonely 외로운
hourly 한 시간마다의, 매시
yearly 매년의, 해마다

quietly 조용히	크와이엍을리 [kwáiətli]	**generally** 일반적으로	줴너럴리 [dʒénərəli]
mainly 주로, 대부분	메인리 [méinli]	**immediately** 즉시	이미어디엍을리 [imí:diətli]
lovely 사랑스러운	러블리[lʌ́vli]	**friendly** 친절한, 친화적인	프뤤들리[fréndli]
manly 남자다운	매앤리[mǽnli]	**orderly** 정돈된	어오덜리[ɔ́:rdərli]

❹ -ic(s)/-ical로 끝나는 단어

접미사 -ic는 명사 뒤에 붙으면 그 단어를 형용사(~한 성질의, ~적인)로 만드는 역할을 합니다. economic(경제의, 경제학상의)처럼 말이죠. 학문과 연관된 이런 단어는 -ic 뒤에 -s가 붙어 economics(경제학) 같은 파생어로도 확장됩니다. 또, critic(비평가)이나 music(음악)처럼 접미사 -ic는 명사를 만들기도 하죠. 그리고 어떤 경우든 -ic 뒤에 -al를 덧붙이면 보통 형용사가 됩니다. 이렇게 접미사 -ic(s)나 -ical로 끝나는 단어는 바로 앞의 모음에 강세가 온다는 특징이 있습니다.

▣ 명사 뒤에 -ic(s)/-ical이 붙은 경우

economy 경제(체제), 경기	이카너미 [ikánəmi]	**economics** 경제학	이커나믹 ㅅ [ì:kənámiks]
economic 경제(학상)의	이커나믹 [ì:kənámik]	**economical** 경제적인, 검소한	이커나미컬 [ì:kənámikəl]

poet 시인	포우잍[póuit]	**poetics** 시학, 시론	포우에틱 ㅅ [pouétiks]
poetic 시적인	포우에틱[pouétik]	**poetical** (형식이) 시적인	포우에티컬 [pouétikəl]

▣ -ic로 끝나는 단어가 명사인 경우

critic 비평가	크뤼틱[krítik]	**critical** 비평/비판적인	크뤼티컬[krítikəl]

잠깐만요~

economy, poet의 강세만 따로 신경 쓰고, -ic(s)/-ical로 끝나는 단어는 바로 앞 모음으로 강세가 이동한다는 사실만 이해하면 헷갈리지 않습니다. 강세가 이동하면 [카]로 강하게 발음되던 것이 [커]로 약화되거나, 약모음 [이]가 강모음 [에]로 바뀝니다.

❺ -tion/-sion으로 끝나는 단어

-tion/-sion은 동사에 붙어 동작이나 상태 또는 연관내용 등을 나타내는 추상명사를 만드는 접미사입니다. 이 접미사가 붙은 단어는 바로 앞 모음에 강세가 오죠.

creation 창조	크뤼에이션 [kriéiʃən]	**devotion** 헌신	디보우션 [divóuʃən]
extension 확대, 확장	익스텐션 [iksténʃən]	**commission** 수수료	커미션 [kəmíʃən]

❻ -er/-ee로 끝나는 단어

보통 동사에 -er이나 -or 접미사가 붙으면 그런 행위나 역할을 '하는 사람'을 가리키는 명사(manager, actor 등)가 되고, -ee 접미사가 붙으면 그런 행위를 '당하는 사람'을 의미하는 명사(employee 등)가 됩니다. 명사나 형용사에 -ee가 붙으면 '그런 상태에 있는 사람'을 의미하죠. 보통 접미사에는 강세가 오지 않기 때문에 -er/-or로 끝나는 단어는 동사일 때의 강세를 그대로 유지합니다. 하지만 접미사 -ee로 끝나는 단어의 경우에는 예외적으로 -ee에 강세가 온다는 점, 기억해 두세요.

1 동사 뒤에 -er/or, 명사나 형용사 뒤에 -ee가 붙은 경우

manage 관리하다	매니지[mǽnidʒ]	**ma**nager 관리자	매니절[mǽnidʒər]
act 행동/연기하다	액ㅌ[ækt]	**a**ctor 연기자, 배우	액터ㄹ[ǽktər]
refuge 피난	뤠퓨우ㅈ [réfju:dʒ]	**re**fugee 피난자, 난민	뤠퓨우지이 [rèfjudʒí:]
absent 결석한	앱슨ㅌ [ǽbsənt]	**a**bsentee 결석자, 부재자	앱슨티이 [æbsəntí:]

★ 강모음 [æ] 발음은 '애' 소리를 조금 길게 빼주는 느낌으로 강세를 주면 좋습니다.

2 동사 뒤에 -er 및 -ee가 붙은 경우

empl**o**yer 고용주, 사업주	임플로이얼 [implɔ́iər]	empl**o**yee 직원	임플로이이 [implɔ́ii:]
interviewer 면접관	인터뷰우얼 [íntərvjù:ər]	**i**nterviewee 면접자	인터뷰우이이 [intərvju:í:]

❼ -logy/-logist로 끝나는 단어

-logy는 '학문'을, -logist는 '학자'를 뜻하는 접미사입니다. 이들 접미사가 붙는 단어의 경우, 보통 바로 앞 모음에 강세가 오죠.

bi**o**logy 생물학	바이알러지 [baiálədʒi]	bi**o**logist 생물학자	바이알러지스ㅌ [baiálədʒist]
ge**o**logy 지질학	지알러지 [dʒiálədʒi]	ge**o**logist 지질학자	지알러지스ㅌ [dʒiálədʒist]
psych**o**logy 심리학	사이칼러지 [saikálədʒi]	psych**o**logist 심리학자	사이칼러지스ㅌ [saikálədʒist]

3단계
발음 완성하기

앞에서 배운 발음을 확실하게 연습해 보세요.

Let's Speak! 강세에 유의해 다음 단어 또는 문장을 읽어보세요.

① **1**음절/**2**음절/**3**음절 단어 연습

🎤 world　　　　nineteen　　　　banana

② **-ly**로 끝나는 단어 연습

🎤 immediately　　　orderly　　　friendly

③ 명사 뒤에 **-ic(s)/-ical**이 붙은 경우 연습

🎤 economy　economics　economic　economical

④ **-ic**로 끝나는 단어가 명사인 경우 연습

🎤 critic　　　　critical

⑤ **-tion/-sion**으로 끝나는 단어 연습

contribution 기여, 공헌

🎤 creation　　　contribution　　　extension

⑥ 동사 뒤에 **-er/-or**이 붙은 경우 연습

🎤 manage　　　manager

⑦ 명사나 형용사 뒤에 **-ee**가 붙은 경우 연습

🎤 refuge　　　refugee

⑧ 동사 뒤에 **-er** 및 **-ee**가 붙은 경우 연습

employ 고용하다

🎤 employ　　　employer　　　employee

⑨ **-logy/-logist/-logical**로 끝나는 단어 연습

🎤 psychology　　　psychologist　　　psychological

⑩ 강세에 따라 의미나 품사가 달라지는 단어 강세 문장 속에서 구분하기

🎤 I love the **presents** you gave me.

네가 준 선물들이 너무 마음에 들어.

🎤 It's my turn to **present**.

내가 발표할 차례야.

05

한 끗 차이가 중요
주의해야 할 발음

준비단계
엄마 아빠에게

학습 전 영어교육 전문가의
코멘트를 읽어보세요.

 미국사람들의 다양한 [t] 발음에 익숙해지세요.

미국영어에서 [t] 발음은 경우에 따라 water[워럴]처럼 [ㄷ]/[ㄹ]로 바뀌기도 하고,
plenty[플레니]처럼 발음이 사라지기도 합니다. 물론 내가 말할 때는 [t]의 [ㅌ] 소
리를 살려 말해도 상관없기 때문에 큰문제가 없지만 미국친구와 대화를 할 때는 이
걸 모르면 상대의 말을 못 알아들을 수가 있죠. 또, 영어단어의 끝소리는 약하게 소
리 나기 때문에 잘 안 들리는 경향이 있지만 원어민들은 웬만하면 끝소리도 다 발
음해 줍니다. 이번에는 곧이곧대로만 발음되지는 않는 미국영어의 [t] 발음과 약하
게 소리 나는 단어 끝소리에 도전해 보세요.

1단계
오늘 배울 발음

[t] 발음과 끝소리에 유의
하며 영어단어를 발음해 보
세요.

 **오늘의 영어 미션**

다양한 [t] 발음과 단어의 끝소리에 익숙해지기

wa**t**er	bo**tt**le
fi**t**ness	cer**t**ain
in**t**ernational	plen**t**y
fas**t**en	whis**t**le
laugh**s**	race**s**
help**ed**	want**ed**

→ 여러분은 곧 이 단어들을 정확히 발음할 수 있게 됩니다.

❶ [t] 발음: [ㅌ]

영어에서 [t] 발음은 크게 4가지로 구분할 수 있습니다. 먼저 [t]의 원 발음인 [ㅌ] 소리입니다. t-로 시작하는 단어나 [t] 발음이 강세모음과 결합한 경우에는 발음 변화 없이 [ㅌ] 소리 그대로 나죠. 또, st, str, tr처럼 모음 없이 자음이 연달아 사용되는 경우에도 [ㅌ] 소리 그대로 납니다.

take 취하다	테이ㅋ[teik]	**attach** 첨부하다	어태취[ətǽtʃ]
tomorrow 내일	터머오로우 [təmɔ́:rou]	**pretend** ~인 척하다	프뤼텐ㄷ[priténd]
twin 쌍둥이	트윈[twin]	**attack** 공격(하다)	어택[ətǽk]
trip 여행	트륍[trip]	**straight** 똑바로, 일직선으로	스트레이ㅌ[streit]

❷ [t] 발음: [ㄷ]/[ㄹ]

water처럼 알파벳 t가 모음 사이에 끼어 있거나, bottle처럼 t가 모음과 자음 l 또는 r 사이에 있을 경우에 [t] 발음은 [dㄷ] 또는 [rㄹ]로 부드럽게 발음하기도 합니다. 특히 미국영어에 나타나는 특징인데요. 영국에서는 이런 경우도 [t] 발음의 원 소리인 [ㅌ] 그대로 발음하죠.

water 물	워오럴[wɔ́:tər]	**bottle** 병	바를[bátl]
letter 편지	레럴[létər]	**little** 작은, 조금	리들/리를[lítl]
matter 문제	매럴[mǽtər]	**ability** 능력	어빌러디/어빌러리 [əbíləti]

잠깐만요~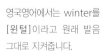

[t]를 윗니 안쪽 천장에 대고 [으] 발음을 넣지 않고 [ㅌ] 소리를 내면 자연스럽게 이런 현상이 나타납니다. (이 책에서는 편의상 우리말 '으'를 넣어 표기한 것뿐입니다.)

❸ [t] 발음: [ㅌ·(으)]

fitness처럼 첫 번째 음절(fit)이 t로 끝나고 두 번째 음절(ness)이 자음으로 시작되면 [핕]한 다음 [니스] 발음이 이어집니다(영어에는 [으] 발음이 없기 때문에 [퓌트]가 아니라 [핕]). 이렇게 소리를 이어주면 [핕·니스]처럼 마치 발음이 중간에 살짝 끊어졌다 이어지는 느낌이 나죠. -tton, -tain, -tten처럼 발음이 [t(ə)n]으로 끝나는 단어의 경우에도 [ㅌ·은]에 가깝게 소리가 살짝 끊어지는 느낌이 납니다.

fitness 건강상태	핕·니ㅅ[fítnis]	**button** 단추	벝·은[bʌ́tən]
partner 파트너	팥·으너ㄹ [pá:rtnər]	**certain** 어떤, 확실한	써얼ㅌ·은 [sə́:rtn]
Scotland 스코틀랜드	스캍·런ㄷ [skátlənd]	**kitten** 새끼 고양이	킽·은 [kítn]

❹ [t] 발음: [ㄴ]

잠깐만요~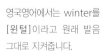

영국영어에서는 winter를 [윈털]이라고 원래 발음 그대로 지켜줍니다.

미국영어에서는 t가 n과 모음 사이에 올 경우 [t] 발음이 앞의 [n] 소리에 동화되는 경우를 종종 목격하게 됩니다. 즉 winter를 [윈털]이라고 발음하기도 하고 [위널]이라고 발음하기도 하죠. 이런 사실을 알지 못한 채 대화를 나누다 보면 winter라고 말하는데 winner라고 오해할 수 있습니다.

center 중심	쎄너[séntər]	**plenty** 충분한	플레니[plénti]
winter 겨울	위널[wíntər]	**twenty** 20	트웨니[twénti]
international 국제적인	이너내셔널 [intərnǽʃənəl]	**Internet** 인터넷	이너넽[íntərnet]

잠깐만요~ 📝

often(자주)은 [어옾튼]이
라고 [t] 발음을 하는 사람
들도 있고, [어옾은]/[어오
픈]으로 [t]를 발음하지 않
는 사람들도 있어요.

❺ [t] 발음: 묵음

알파벳 t가 애초에 묵음인 경우도 있습니다. 그런데 이런 경우도 잘 보면 특징이 있
어요. 주로 t가 자음소리 두 개 사이에 끼어 있을 때죠.

list**en** 듣다	리슨[lísn]	**Chris**t**mas** 크리스마스	크뤼ㅅ머ㅅ [krísməs]
fast**en** 매다	풰애슨[fǽsn]	**whis**t**le** 휘파람(을 불다)	위슬[hwísl]
moist**en** 축축해지다	모이슨[mɔ́isn]	**mor**t**gage** 주택담보 대출	머올기쥐 [mɔ́:rgidʒ]

잠깐만요~ 📝

단어 발음을 연습할 때는
끝소리를 약하지만 정확하
게 마무리 짓는 연습을 하
는 것이 좋습니다. 즉 첫째
마디에서 배운 요령 대로
끝소리에 해당되는 입모양
과 혀의 위치를 정확하게
해주라는 이야기입니다.

❻ 단어의 끝소리

단어는 보통 자음소리로 끝이 납니다. 여기에는 당연히 강세도 없고 결합하는 모음
소리도 없기에 소리가 자음으로 딱 끝나버리죠. 그러다 보니 소리가 약화될 수밖에
없습니다. 소리가 하도 약해서 문장 속에서 들으면 마치 발음을 안 하는 것처럼 들
리기도 하지만 원어민들은 특별한 경우를 제외하고는 끝소리를 약하지만 충실하게
내줍니다.

cak**e** 케이크	케이ㅋ[keik]	**fa**c**e** 얼굴	풰이ㅅ[feis]
offend 기분 상하게 하다	어풴ㄷ[əfénd]	**chil**d 아이, 어린이	챠이얼ㄷ[tʃaild]
predict 예측하다	프뤼딕ㅌ[pridíkt]	**chemis**t 화학자	케미스ㅌ[kémist]

❼ -(e)s로 끝나는 단어의 끝소리

영어는 명사에 -(e)s를 붙여 복수형임을 나타내고, 동사의 현재형에 -(e)s를 붙여 주어가 3인칭 단수임을 나타냅니다. 이때 -(e)s는 앞에 오는 소리에 따라 자연스럽게 [ㅅ] 또는 [ㅈ], [이ㅈ]로 발음됩니다. 물론 소리는 약화되지만 입모양과 혀의 위치는 정확하게 마무리해 주세요.

books 책들	북ㅅ[buks]	**laughs** 웃다	래앺ㅅ[læfs]
words 단어들	워얼ㅈ[wə:rdz]	**runs** 달리다	뤈ㅈ[rʌnz]
races 경주들	레이시ㅈ[reisiz]	**kisses** 뽀뽀(하다)	키씨ㅈ[kisiz]

❽ -ed로 끝나는 단어의 끝소리

영어의 동사는 불규칙 동사를 제외하고는 동사 뒤에 -ed를 붙여 과거형임을 나타냅니다. 이때 -ed는 앞에 오는 소리에 따라 자연스럽게 [ㄷ] 또는 [ㅌ], [이ㄷ]로 발음됩니다. 역시 소리는 약하게 나죠.

called 전화했다	커올ㄷ[kɔ:ld]	**cleaned** 청소했다	클리인ㄷ[kli:nd]
helped 도와줬다	헬ㅍㅌ[helpt]	**danced** 춤췄다	댄ㅅㅌ[dænst]
wanted 원했다	원티ㄷ/워니ㄷ [wántid]	**needed** 필요했다	니이디ㄷ[ni:did]

잠깐만요~ 📝

❼❽번의 -s나 -ed 발음은 문장 속에서 생략된 듯 들리거나 실제로 생략해 말하기도 합니다. 생략해도 문장의 맥락상 복수, 3인칭 단수 주어, 과거 문장이라는 사실 등은 자연스럽게 알 수 있거든요. 단, 단어 단독으로 발음할 때는 약하지만 정확하게 끝소리를 맺어주세요.

앞에서 배운 발음을 확실하
게 연습해 보세요.

잠깐만요~

letter[létər], latter
[lǽtər], ladder[lǽdər]
는 우리 귀에 모두 [레러]
혹은 [래러]처럼 들려서
사실 구분하기가 힘듭니다
(강세모음 [é]와 [ǽ]는 계
속 듣다 보면 구분될 거예
요). 일상생활에서는 대화
의 맥락을 통해 쉽게 이해
할 수 있습니다.

Let's Listen! 🎧 mp3파일을 잘 듣고 해당되는 단어를 고르세요.

❶
little	litter	riddle
적은, 조금	쓰레기	수수께끼

❷
bottle	button	batter	baton
병	단추	반죽	바통

❸
attach	attack	attain
첨부하다	공격하다	달성하다

❹
letter	latter	ladder
편지	후자의	사다리

❺
certain	curtain	circuit
어떤	커튼	순환로

❻
fasten	hasten	listen
매다	서두르다	듣다

❼
offend	attend	opened
기분 나쁘게 하다	참석하다	열었다

❽
laugh	laughed	laughs
웃다		

❾
help	helped	helps
도움, 돕다		

❿
twin	trill	thrill
쌍둥이	떨리는 목소리	설렘

Let's Speak! 👄 위 단어들을 mp3파일을 들으며 따라 읽어보세요.

◑ Let's Listen!의 정답은 p.216을 확인하세요.

06

영어의 리듬을 느껴라
문장 강세 살리기

강의 및 예문듣기

준비단계
엄마 아빠에게

학습 전 영어교육 전문가의
코멘트를 읽어보세요.

🌸 영어의 문장 강세와 리듬에 익숙해지세요.

영어에는 말에 리듬이 실립니다. 각 단어에도 강세가 있지만 문장 안에서도 강약의 리듬이 들어가기 때문이죠. 영어 특유의 리듬을 따라 연습을 하다 보면 영어가 점점 더 재미있어진답니다. 따라서 우리가 영어를 할 때는 마치 노래를 하듯 과장스럽게 하는 것이 좋아요. 본인이 느낄 때 좀 오버스러워야지 원어민들이 들을 때는 자연스럽다는 걸 꼭 기억해 주세요.

1단계
오늘 배울 발음

연음과 문장 리듬을 살려
말해보세요.

오늘의 영어 미션
연음과 영어문장 리듬에 익숙해지기

catch up	about it
Don't you	Did you
good day	phone number
test date	enough for

My son didn't do his homework.

Sorry ↗?   Sorry ↘.

→ 여러분은 곧 이 표현들의 연음과 문장 리듬을 잘 살려 말할 수 있게 됩니다.

2단계
발음 익히기

설명을 잘 보고 연음과 문장 리듬의 기본 원리에 익숙해지세요.

📝 **잠깐만요~**

out of은 연음되면서 out의 -t 소리가 [ㄹ]로 바뀝니다. 연음되는 소리에도 앞서 배운 단어 발음의 기본 원리가 이렇게 다 적용된답니다.

❶ 연음: 자음으로 끝나는 단어와 모음으로 시작하는 단어가 만났을 때

영어를 할 때는 단어 하나 하나를 딱딱 띄어서 말하지 않고 의미 단위별로 부드럽게 이어서 발음합니다. 특히 kind of[카인덮]처럼 자음으로 끝나는 단어가 모음으로 시작하는 단어와 만나면 마치 하나의 단어처럼 소리가 연음되죠. 물론 연음되어 한 단어처럼 들리는 표현에도 내용의 중요도에 따라 강약이 실립니다.

pick up 피업하다	피컵	**catch up** 따라잡다	캐첩
kind of 약간, 어느 정도	카인덮	**out of** ~ 중에, ~ 밖에	아우렆
need it 이것이 필요하다	니이딭	**about it** 그것을 먹이다	어바우맅

❷ 연음: [t]/[d]로 끝나는 단어와 you가 만났을 때

Don't you[돈츄], Did you[디쥬]처럼 자음소리가 [t]/[d]로 끝나는 단어와 반모음 y로 시작하는 단어가 만나면 [츄]/[쥬]로 연음해 말하기도 합니다. 물론 [도운ㅌ•유]/[디ㄷ•유]처럼 말하는 사람들도 있고요.

📝 **잠깐만요~**

지역이나 개인의 습관에 따라, 또 상황이나 말하는 속도에 따라 연음을 하기도 하지 않기도 합니다. 하지만 연음 소리에 익숙해져야 상대의 말을 알아듣기가 수월하죠.

Don't you	돈츄	**want you**	원츄
Did you	디쥬	**need you**	니이쥬

Don't you worry.　　　　　　걱정하지 마세요.

I need you.　　　　　　　　당신이 필요해요.

Did you do your homework?　숙제했어?

❸ 연음: 같거나 비슷한 소리의 자음과 자음이 만났을 때(1)

단어와 단어가 이어질 때 같거나 비슷한 소리의 자음과 자음이 이어지는 경우가 있습니다. good day나 phone number처럼 말이죠. 끝소리는 약하게 소리 나는 법이기 때문에 이런 경우라도 당연히 앞 단어의 끝소리는 약화되죠. 하지만 이 끝소리가 앞 모음과 결합하여 우리말의 받침처럼 소리 나는 경우, 발음은 모두 살아 있습니다.

good day 좋은 하루	굳 • 데이	**pet toy** 애완견 장난감	펱 • 토이
big game 큰 경기	빅 • 게임	**phone number** 전화번호	포운넘벌

❹ 연음: 같거나 비슷한 소리의 자음과 자음이 만났을 때(2)

단어와 단어가 이어질 때 같거나 비슷한 소리의 자음과 자음이 이어지는 경우, test date나 enough for처럼 앞 단어의 끝소리가 거의 생략되다시피 하는 경우가 있습니다. 즉 같은 자음 발음이 이어질 때 약한 앞의 자음은 발음하지 않는 경우이죠. [t]와 [d], [t]와 [n]처럼 발음이 나는 혀의 위치가 비슷한 자음이 이어지는 경우도 마찬가지입니다.

test date 테스트 날짜	테스(ㅌ)데이ㅌ	**pink carpet** 분홍색 카펫	핑(ㅋ)카알핕
cancer remedy 암 치료제	캔서(ㄹ)뤠머디	**enough for** ~에게 충분한	이너(ㅍ)포얼
need to ~할 필요가 있다	니이투	**last night** 어젯밤	래애스나잍

❺ 문장 강세: 일반적인 경우

 My son didn't do his homework.
아들이 숙제를 안 했어요.

잠깐만요~

영어는 단어에 강세가 있기 때문에 그 강세만 잘 지켜 문장을 읽어도 리듬이 생기는데, 문장 자체에도 강약이 있어서 더욱 리듬감이 생기죠.

영어 문장은 내용을 가지고 있는 단어들에 좀 더 힘을 실어 말합니다. 주로 명사, 동사, 형용사, 부사에 해당되는 단어들이죠. 반대로 기능적인 요소를 담당하는 조사, 관사, 전치사, 접속사는 강조하지 않습니다. 의문사와 대명사, be동사도 특별한 의도가 없다면 보통 강조하지 않죠.

I read a book on flowers. 꽃에 대한 책을 읽었어요.

He's allergic to nuts. 그는 견과류 알레르기가 있어요.

Do you want some coffee? 커피 좀 드릴까요?

❻ 문장 강세: 말하는 사람이 특별히 강조하고 싶은 말이 있는 경우

 YOU said that, not me. 네가 그렇게 말했잖아, 내가 아니라.

잠깐만요~

보통 글로 나타낼 때는 특별히 강조하는 단어를 대문자로 표기합니다. 이탤릭 처리까지 해주기도 하구요.

말하는 사람의 의도에 따라 강조되는 단어가 달라질 수 있어요. 시시비비를 정확히 가려야 하는 경우라든가, 상대에게 좀 더 어필하고 싶은 부분을 강조해서 말하는 거죠. 강조하고 싶은 단어를 조금 더 높은 음으로 강하고 느리게 발음하면 됩니다.

He loves COFFEE. 그는 커피를 좋아해요.

HE loves coffee? 그가 (정말) 커피를 좋아한다고요?

I watched a MOVIE last night.
어젯밤에 영화를 봤어.

I watched a movie LAST NIGHT.
어젯밤에 (기적적으로 시간이 나서) 영화를 봤어.

7 인토네이션

문장의 유형에 따라 인토네이션이 달라집니다. 의문문인지 평서문인지, 말이 끝났는지 안 끝났는지는 인토네이션에 따라서 구분이 되죠. 의문문일 경우에는 끝을 올려주고, 평서문일 경우에는 문장 끝을 내려줍니다. 또한 나열을 할 때는 마지막 단어를 제외하고 앞의 나열되는 단어들은 올려줍니다.

1 의문문 (질문을 하는 경우)

Are you free tomorrow ↗?　　　　내일 시간 있어요?

He seems taller ↘, right ↗?　　　재 키가 큰 거 같아, 그지?

2 평서문 (일반적인 문장)

I'm not free tomorrow ↘.　　　　　내일 시간 없어요.

He seems taller than before ↘.　　재 전보다 키가 큰 거 같아.

3 나열 (여러 단어나 의미덩어리를 나열하는 경우)

I have to go to the bank ↗, do some grocery shopping ↗ and also clean the house tomorrow ↘.

내일 나 은행도 가야 하고, 장도 봐야 하고 청소도 해야 해.

We had rice ↗, kimchi ↗, soup ↗ and pork for lunch ↘.

우리는 점심으로 밥, 김치, 국이랑 돼지고기 먹었어.

잠깐만요~ 📝

똑같은 문장 같은데 끝을 어떻게 처리하는지에 따라서 의미가 달라집니다. 끝을 올리면 의문문이 되고 내리면 평서문이 됩니다. 또, Come on! 같은 감탄문의 경우도 인토네이션에 따라 의미가 달라집니다.

4 인토네이션에 따라 뉘앙스가 달라지는 경우

Okay ↗?　　　　알겠어요? 이해했어요?

Okay ↘.　　　　알겠어요.

Okay →!　　　　알았다고요!

Sorry ↗?　　　　다시 한 번 말씀해 주시겠어요?

Sorry ↘.　　　　죄송합니다.

Come on →!　　덤빌 테면 덤벼봐! 그래 해보자!

Come on ↘.　　에이, 왜 그래. 그러지 마. / 무슨 소리야. 말도 안 돼.

Let's Listen! 🎧 mp3파일을 잘 듣고 주어진 문제를 풀어보세요.

Ⓐ 다음 문장을 듣고 빈칸을 채우세요.

❶ It took me a _____ to _____ to
the other _____ .

❷ Don't _____ about _____ .
You'll _____ fine.

❸ Did _____ watch the news last _____ ?

❹ Can _____ have your phone _____ ,
please?

❺ We need _____ bring the same _____
for _____ .

Ⓑ 다음 문장을 듣고 강조되는 단어들을 표시해 보세요.

❶ My husband comes home late on weekdays.

❷ I watched a movie on global warming.

❸ We're late. It's already 9!

Ⓒ 잘 듣고 주어진 문장이 의문문인지 평서문인지 구분해 보세요.

❶ 의문문 / 평서문

❷ 의문문 / 평서문

Let's Speak! 👄 위 문장들을 mp3파일을 들으며 따라 읽어보세요.

Ⓞ Let's Listen!의 정답은 p.216을 확인하세요.

궁금해요

엄마 아빠 100명에게 물어봤어요

우리 아이 영어교육 FAQ ❷

Q 내 발음이 안 좋은데 아이 앞에서 영어를 해도 될까요?

영어교육에 정답은 없습니다. 남들과 비교하지 말고 조급해하지 말고 우리 아이가 즐겁게 영어를 접할 수 있도록 엄마 아빠가 도와주세요.

A 언어는 의사소통(communication)을 위한 수단입니다. 정확한 발음은 상대방이 내 말의 의미를 이해하도록 도와주는 역할을 합니다. 한국에서는 북미발음을 선호하는 경향이 있지만 기본적인 발음만 지켜주면 굳이 북미(미국, 캐나다) 발음이 아니어도 괜찮습니다. 영어(English)는 엄밀히 따지면 영국의 언어입니다. 북미발음을 내가 완벽히 따라할 수 없다고 잘못된 발음이라고 낙담할 필요는 전혀 없습니다. p와 f 발음을 구분하고 r과 l 발음을 구분하듯이 정확하게 발음만 한다면 버터발음이 아니어도 좋아요. 세계 무대에서 인정 받고 있는 한국 가수와 배우는 물론, 반기문 전 UN사무총장, 세계를 감동시킨 수상소감을 한 윤여정 배우의 영어를 들어보면 버터리한 미국 영어가 아닌 한국식 발음의 영어를 하지만 의사소통에 문제가 없습니다.

물론 우리 아이들이 미디어나 원어민 선생님들의 노출로 북미발음을 자연스럽게 배우는 것은 매우 바람직한 현상입니다. 요즘 어린아이들은 우리 세대보다 발음이 좋죠. 그러나 영어 수준은 발음만 가지고 판단되는 것이 아니라 어휘력, 독해력 등 다양한 부분으로(궁극적으로는 이해력과 소통능력으로) 판단되기 때문에 엄마 아빠의 발음이 덜 느끼하다고 해서 아이 앞에서 기가 죽을 필요는 전혀! 절대로! 없습니다.

아이에게는 미디어도 틀어주고, 원어민 선생님의 영어도 들려주면서 엄마 아빠의 편안한 영어도 들려주세요. 학계에서는 영어를 Englishes라고 해서 다양한 발음을 인정해 줍니다. 인도영어, 호주영어, 싱가포르 영어 등 다 인정해 줍니다. 한국영어도 인정받고 있는 추세이고요. 엄마 아빠는 어휘력과 문법이 정확한, 또 버터리하지는 않더라도 나름 발음규칙을 지킨 정확한 발음으로 우리 아이에게 편안한 영어 사용의 표본을 보여주시면 됩니다.

엄마 아빠를 위한
영어회화 무작정 따라하기

첫째 마디 • **회화 기초편** | 엄마 아빠가 꼭 쓰는 영어회화 패턴
둘째 마디 • **회화 심화편** | 아침부터 밤까지 영어로 말해보기

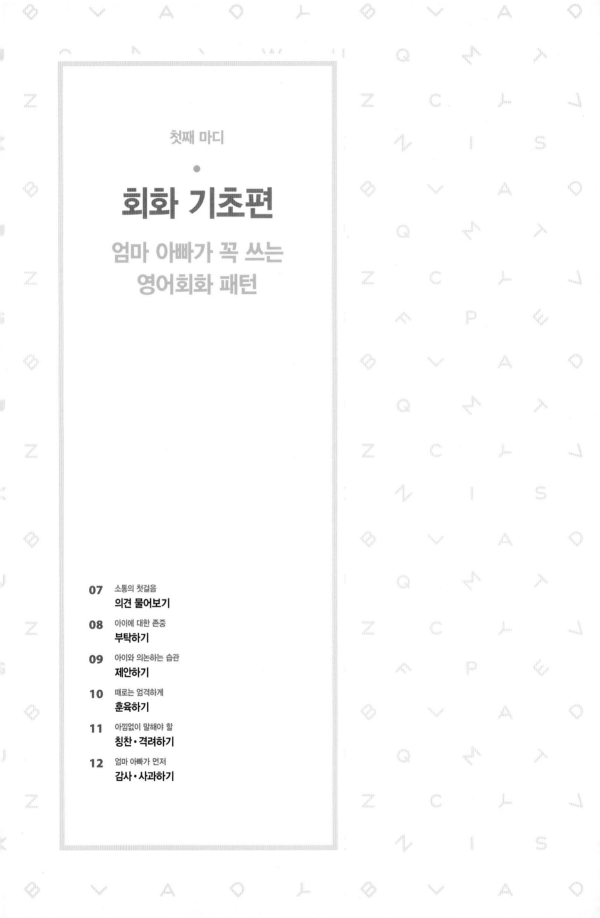

첫째 마디

•

회화 기초편

엄마 아빠가 꼭 쓰는
영어회화 패턴

07

소통의 첫걸음
의견 물어보기

강의 및 예문듣기

준비단계

엄마 아빠에게

학습 전 영어교육 전문가의
코멘트를 읽어보세요.

 영어 공부보다 소통이 먼저입니다.

부모님이 생활 속에서 자연스럽게 영어를 사용하는 것 자체가 자녀에게 훌륭한 영
어교육이 됩니다. 발음이 완벽하지 않아도, 문법이 좀 틀려도 괜찮습니다. 아이와
주고받는 크로스토킹(cross talking)을 통해 영어가 공부가 아니라 의사소통의 도구
임을 일깨워 주세요. 우선 아이의 의견을 물어보는 질문부터 시작해 볼까요? 의사
를 존중해주는 질문이니까 아이도 더 적극적으로 대답할 거예요.

1단계

오늘 말할 문장

우리말을 보면서 영어로 할
말을 생각해 보세요.

 **오늘의 영어 미션**

아이 의견 물어볼 때 자주 쓰는 패턴 익히기

오늘 하루 어땠어?

새 선생님 좋아?

뭐 좀 먹을래?

뭐 하고 싶어?

이거 재미있니?

왜 그렇게 생각해?

좋은 시간 보냈니?

→ 여러분은 곧 이 문장들을 영어로 말할 수 있게 됩니다.

잠깐만요~

우리가 영어 배울 때 처음 접한 문장이 How are you?(기분 어때? 잘 지내?)잖아요. 현재형이고 주어가 you라서 be동사 are가 쓰인 것일 뿐 기본 골격은 How was ~?와 같습니다.

① How was ~? ~ 어땠어?

 How was school?　　　　　　　　(오늘) 학교 어땠어?

How was ~?는 How is ~?의 과거형으로 집에 돌아온 아이에게 자주, 부담 없이 쓸 수 있는 패턴입니다. 아이의 하루가 어땠는지, 아이가 했던 특별한 활동은 어땠는지 등 아이의 일상과 안부, 소감 등을 물을 때 아주 유용한 표현이죠.

How was **your day?**　　　　오늘 하루 어땠어?
How was **the movie?**　　　영화 어땠어?
How was **math class?**　　　수학 수업 어땠어?

 아이의 대답

I had a great day. 멋진 하루를 보냈어요.
The movie was a bit scary. 영화는 조금 무서웠어요.
Math class was interesting but difficult.
수학 수업은 재미있었지만 어려웠어요.

② Do you like ~? ~ 좋아? ~ 마음에 들어?

 Do you like these sneakers?　　이 운동화 맘에 드니?

아이와 쇼핑하러 가서 아이의 맘에 드는 물건을 고를 때, 새 학기를 맞아 새 선생님이 좋은지 등, 아이의 마음을 읽고 싶을 때 요긴한 패턴입니다. Do you like 뒤에 다양한 명사를 넣어 활용해 보세요.

Do you like **this movie?**　　　이 영화 좋니?
Do you like **your new teacher?**　새 선생님 좋아?
Do you like **your new toy?**　　새 장난감 맘에 들어?

 아이의 대답

I like it very much. 참 좋아요. / 참 재미있어요.
Yes, I love him/her. 네. (새 선생님) 너무 좋아요.
I don't like it. 별루예요.

❸ Do you want to ~? ~할래? ~하고 싶니?

 Do you want to play outside?　　밖에서 놀래?

Do you want to ~?는 직역하면 '~하고 싶니?'인데요. 심심해 보이는 아이에게 구체적으로 놀거리를 제안할 때, 배고플 때가 됐다 싶을 때쯤 먹을거리나 간식거리를 제안할 때 쓰기 좋은 표현입니다. 뭔가 아이와 함께 했으면 하는 일이 있을 때도 이 패턴을 써보세요. 아이의 의견을 존중해 주겠다는 어감이 묻어나니까요.

Do you want to play soccer?　　축구할래?
Do you want to read a book?　　책 읽을래?
Do you want something to eat?　　뭐 좀 먹을래?

★ Do you want 뒤에는 이처럼 명사가 올 수도 있죠. 이때 to eat은 앞의 명사 something을 꾸며줍니다.

 아이의 대답
I'd love to. / I'd love that. 좋아요.
I don't feel like it. 그럴 기분이 아니에요.
Can I think about it? 잠깐 생각 좀 해봐도 돼요?

❹ What do you want to ~? 뭐 ~할래? 뭐 ~하고 싶어?

 What do you want to do?　　뭐 하고 싶어?

구체적인 내용을 제시하기보다 아이에게 전적으로 선택을 맡기고 싶을 때는 Do you want to ~? 패턴 앞에 What만 붙이면 됩니다. 아참, 그리고 이미 눈치 챘겠지만 to 뒤에는 동사원형을 말해주세요.

What do you want to have for breakfast? 아침으로 뭐 먹을래?
What do you want to watch after dinner? 저녁 먹고 뭐 보고 싶어?
What do you want to do this weekend? 이번 주말에 뭐 하고 싶어?

 아이의 대답
I want to have a bowl of cereal. 시리얼 (한 그릇) 먹고 싶어요.
I want to watch YouTube videos on a robot. 로봇 나오는 유튜브 영상 보고 싶어요.
I want to go camping. 캠핑 가고 싶어요.

❺ Do you think ~? ~라고 생각해? ~인 거 같니?

 Do you think **it's interesting?** 　　　재미있니?

Do you think ~?는 아이의 의견을 물어볼 때 매우 요긴한 패턴입니다. 그때그때 상황에 맞는 내용을 think 뒤에 문장 형태로 연결해주면 됩니다.

Do you think **this book is interesting?**　　이 책 재미있니?
Do you think **you're right?**　　네가 옳다고 생각해?
Do you think **it's going to rain today?**　　오늘 비가 올 거 같아?

아이의 대답

No, I don't think so. 아뇨, 안 그런 것 같아요. (↔ Yes, I think so. 네, 그런 것 같아요.)
Of course. I'm always right. 당연하죠. 전 항상 옳아요.
Yes, I think it's going to rain today. 네, 오늘 비가 올 것 같아요.

❻ Why do you think ~? 왜 ~라고 생각해?

 Why do think it was her fault?
왜 그 애 잘못이었다고 생각해?

아이의 생각이나 기분에 대해 어른의 잣대로 무턱대고 판단하기보다는 왜 그런지 찬찬히 들여다보는 것도 참 중요합니다. 그럴 때는 앞서 나온 Do you think ~? 패턴 앞에 Why(왜)만 붙여보세요.

Why do you think **he's wrong?**　　왜 걔가 나빴다/틀렸다고 생각해?
Why do you think **it's going to rain?**　　왜 비가 올 거라고 생각해?
Why do you think **so?**　　왜 그렇게 생각해?

잠깐만요~

왜 그렇게 생각하는지 이유를 물어보는 표현으로 What makes you think so?도 매우 많이 쓰이니까, 함께 꼭 기억해 두세요.

아이의 대답

I saw him breaking the rule. 그 애가 규칙을 어기는 것을 봤어요.
I'm not sure. 확실하지 않아요.
I just felt that way. 그냥 그렇게 느꼈어요.

잠깐만요~

자주 쓰이는 〈have+명사〉

have a problem
문제가 있다

have a question
질문이 있다

have a good time
좋은 시간을 보내다

have fun
재미있게/즐겁게 보내다

have breakfast
아침을 먹다

❼ Did you have ~? ~했어?

 Did you have fun?　　　　　　　　　즐겁게 보냈니?

Did you ~?(~했어?)는 집에 온 아이에게 하루 일과를 물어볼 때 요긴한 패턴입니다. have는 무언가를 '가지다, (가지고) 있다'는 뜻 외에 '먹다, 마시다'라는 뜻으로도 자주 쓰이죠.

Did you have lunch?　　　　　점심 먹었어?

Did you have a good time?　　좋은 시간 보냈니?

Did you have a problem?　　　문제가 있었니?

 아이의 대답

I ate a lot. 많이 먹었어요.

I had a great time. 진짜 좋은 시간 보냈어요.

Yes, I had a problem with my new friend.
네, 새로 사귄 친구와 문제가 있었어요.

 영어회화 꿀팁

영어로 대화할 때 꼭 완성된 문장으로 말할 필요는 없습니다. 처음에는 부담 없이 단어로 시작을 하고 천천히 문장을 늘려서 말하는 것도 좋은 방법이에요. 부모와 아이 모두 영어대화가 부담스럽지 않아야 꾸준히 할 수 있어요.

❶ 늦잠 자는 아이를 깨우는 상황

 Wake up.　　　　　　　　　　　　　　No.

 You're late.　　　　　　　　　　　　　Okay.

❷ 아이에게 배고픈지 묻는 상황

 Hungry?　　　　　　　　　　　　　　No.

 Why?　　　　　　　　　　　　　Ate cookies.

❸ 아이가 유튜브를 시청하고 싶어 하는 상황

 YouTube.　　　　　　　　　　　　　　No.

Please.　　　　　　　　　Okay, 10 minutes only.

065

Let's Speak! 🔊 다음 우리말을 영어로 한번 말해보세요.

이제 여러분의 영어회화 실력을 확인할 차례입니다.

① 오늘 하루 어땠어?

🎤
....

② 새 선생님 좋아?

🎤
....

밖에 나가다 go outside

③ 밖에 나갈래?

🎤
....

④ 점심에 뭐 먹고 싶어?

🎤
....

⑤ 영화 재미있니(재미있다고 생각해)?

🎤
....

⑥ 탐이 왜 제인을 좋아한다고 생각해?

🎤
....

⑦ 즐겁게 보냈니?

🎤
....

자러 가다 go to bed

⑧ 이제 자러 갈래?

🎤
....

⑨ 점심 어땠어?

🎤
....

생일선물 birthday gift

⑩ 생일선물 마음에 들어?

🎤
....

◑ 정답은 p.217을 확인하세요.

회화 기초편 **엄마 아빠가 꼭 쓰는 영어회화 패턴**

아이에 대한 존중
부탁하기

강의 및 예문듣기

준비단계
엄마 아빠에게

학습 전 영어교육 전문가의
코멘트를 읽어보세요.

📝 **부드러운 부탁조로 아이를 존중하며 소통해 보세요.**

아이는 부모의 언어를 닮아갑니다. 집안일을 시킬 때도 강압적인 지시나 명령보다
는 부드러운 부탁조로 하는 게 어떨까요? 영어권에서 부탁 표현은 매일같이 쓰입
니다. 어릴 때부터 엄마 아빠가 이런 부탁 표현을 이용해 아이를 존중해주며 의사
소통을 한다면 아이는 자연스럽게 타인을 존중하는 언어 습관이 입에 붙게 됩니다.
부탁하는 영어표현은 패턴이 몇 가지로 굳어져 있어서 일단 몇 가지 패턴만 익혀두
면 웬만한 부탁은 다 할 수 있죠.

1단계
오늘 말할 문장

우리말을 보면서 영어로 할
말을 생각해 보세요.

오늘의 영어 미션

아이에게 부탁할 때 자주 쓰는 패턴 익히기

엄마 좀 도와줄래?

아빠 물 한 잔 갖다 줄래?

소리 좀 줄여줄 수 있을까?

네 방 좀 치울래?

저녁 먹기 전에 숙제 다 할 수 있겠니?

너랑 쇼핑 갈까 했는데.

혹시 설거지 좀 해줄 수 있을까?

→ 여러분은 곧 이 문장들을 영어로 말할 수 있게 됩니다.

❶ Can you ~? ~ (좀) 해줄래?

 Can you help me, please?   엄마 좀 도와줄래?

'~ (좀) 해줄 수 있을까? ~해줄래?'라는 의미로, 뭐 좀 해달라고 부탁할 때 쓰는 가장 기본적인 패턴입니다. 바로 뒤에 해줬으면 싶은 내용을 동사원형으로 말해주면 되죠. 또, please를 덧붙이면 말이 좀 더 부드러워지고 꼭 좀 해줬으면 좋겠다는 마음도 묻어납니다.

Can you put the toys back?   장난감 좀 치워줄래?
Can you turn off the light?   불 좀 꺼줄래?
Can you bring me that cup?   그 컵 좀 갖다 줄래?

 아이의 대답
Sure, I'll get to it right now. 네, 지금 바로 할게요.
Yes, I'll do it. 네, 그럴게요.
Where is it? 어디에 있는데요?

 잠깐만요~!

put back은 어질러진 물건을 '제자리에 갖다 놓다'는 뜻입니다.

❷ Can you get me ~? ~ (좀) 갖다 줄래?

 Can you get me some tissue?   아빠 티슈 좀 갖다 줄래?

이번에는 Can you ~? 패턴에서 뒤에 get me를 붙여 입에 붙여보겠습니다. 동사 get은 돈을 주고 '사든' 누구한테서 '얻든' 어딘가에 있는 걸 '갖고 오든', 아무튼 '구해서 얻게 되는' 것을 모두 뜻합니다. 따라서 〈Can you get me + 물건?〉 하면 '나한테 ~ (좀) 줄래/갖다 줄래/구해줄래/사줄래?'라는 의미로 모두 쓸 수 있죠.

Can you get me a glass of water?   물 한 잔 갖다 줄래?
Can you get me a pen?   펜 좀 갖다 줄래?
Can you get me the remote control?   리모컨 좀 갖다 줄래?

아이의 대답
Here it is. 여기 있어요.
It's too far from me. (저한테서) 너무 멀리 있어요.
Sure, please give me a second. 네, 잠깐만요.

잠깐만요~

Can you get me ~?는 식당 종업원이나 기내 승무원 등에게 부탁을 할 때도 자주 쓰는 패턴입니다.

Can you get me a blanket?
담요 좀 갖다 주실래요?

❸ Could you ~? ~ (좀) 해줄 수 있을까?

Could you **come here and help me?**
이리 와서 엄마 좀 도와줄 수 있을까?

Could you ~?는 Can you ~?의 조금 더 부드러운 버전이라고 생각하면 됩니다.
좀 더 정중하고 친절한 느낌이 묻어나죠. 아이의 상황을 최대한 존중하고 배려하며
부드러운 어조로 Could you ~?라고 부탁해 보세요. (앞서 익힌 예문들의 Can you는
모두 Could you로 바꿔 말할 수 있습니다.)

Could you **turn off the TV?**   TV 좀 꺼줄 수 있을까?

Could you **turn down the volume?**   소리 좀 줄여줄 수 있을까?

Could you **do the dishes for me?**   설거지 좀 해줄 수 있을까?

★ do the dishes = wash the dishes 설거지하다

Yes, Mother. 네, 어머니.
Of course, I can. 당연히 해드리죠.
No, I'm busy now. 저 지금 바빠서 안 돼요.

❹ Would you ~? ~ (좀) 할래?

Would you **speak a little louder?**
조금만 더 큰 소리로 말해줄래?

Would you ~?도 Could you ~?와 쌍벽을 이루는 부드러운 부탁 표현입니다.
Could you ~?가 '가능하겠냐?'는 어감이라면 Would you ~?는 '할 의지가 있냐?'
는 어감이란 게 차이라면 차이죠.

Would you **clean up your room?**   네 방 좀 치울래?

Would you **help me set the table?**   상 차리는 거 좀 도와줄래?

Would you **keep it between us?**   이거 우리끼리 비밀로 해줄래?

Can I play for a bit more? 조금만 더 놀면 안 돼요?
What should I do first? 뭐부터 할까요?
Okay, I got it. 네, 알았어요.

잠깐만요~

기계의 전원을 '끈다'고 할
때는 turn off를 씁니다.
'켠다'고 할 때는 turn on
이고요. 소리 크기, 즉 볼륨
을 '줄이다'는 turn down
이고, 볼륨을 '키우다'는
turn up이라고 합니다.

잠깐만요~

I got it.은 '알겠어.' '이해
했어.'라는 의미로, 상대가
하는 말이 무슨 의미인지
알겠다는 것이죠. 따라서
상대의 부탁에 대해서도 그
의미를 알아들었으니 그렇
게 하겠다고 할 때 씁니다.

❺ Do you think you can/could~? ~ (좀) 할 수 있겠니?

 Do you think you could listen to me for now?
잠시 엄마 말 좀 들어줄 수 있겠니?

Do you think you can/could ~?는 직역하면 '~ 좀 해줄 수 있을 것 같니?'라는 뜻으로, 아이의 생각을 존중해주며 부탁하는 표현입니다. 아이가 스스로 생각할 수 있는 여지를 주기 때문에 아이의 자주성을 조금 더 세워주는 표현이죠.

Do you think you could speak nicely to your friends?
친구들한테 말 좀 예쁘게 할 수 있겠니?

Do you think you could finish your work before dinner?
저녁 먹기 전에 숙제/공부 다 할 수 있겠니?

Do you think you can reduce the number of hours you play games?
게임하는 시간 좀 줄일 수 있겠니?

 아이의 대답
I'll try my best. 최선을 다해볼게요.
I hope I can. 저도 할 수 있으면 좋겠어요.
I'm not sure if I can. 할 수 있을지 모르겠어요.

❻ I was hoping to ~ ~할까 했는데

 I was hoping to spend the evening with you.
너와 저녁 시간을 같이 보낼까 했는데.

〈I was hoping to + 동사원형〉은 '나(엄마/아빠)는 ~하기를 바라고 있었다', 즉 '~할까 기대하고 있었는데'라는 의미로, 부모의 감정이 드러나는 표현입니다. '엄마/아빠는 이런 희망을 가지고 있었는데 해주지 않으련?'이란 어감이죠.

I was hoping to go shopping with you. 너랑 쇼핑 갈까 했는데.

I was hoping to watch a movie with you. 너랑 영화 볼까 했는데.

I was hoping to study with you. 너랑 같이 공부할까 했는데.

 아이의 대답
That's a great idea. 좋은 생각이에요.
I'm in. Let's do it. 좋아요. 같이 해요.
Okey-dokey. Count me in. 알았어용. 같이 할게요.

❼ I was wondering if you could ~ 혹시 ~ (좀) 해줄 수 있을까?

 I was wondering if you could help me clean the house.　　　혹시 집 청소 좀 도와줄 수 있을까?

이 패턴을 직역하면 '네가 ~해줄 수 있는지 (어떤지) 궁금해하고(wondering) 있었어'인데요. 무늬는 평서문이지만 실체는 '혹시 ~ (좀) 해줄 수 있겠냐?'고 부드럽게 돌려서 부탁하는 말입니다.

I was wondering if you could do the dishes.
혹시 설거지 좀 해줄 수 있을까?

I was wondering if you could help me install a new program.
혹시 새 프로그램 설치하는 거 좀 도와줄 수 있을까?

I was wondering if you could come to the market with me.
혹시 같이 장보러 가줄 수 있을까?

Sure, I'll do the dishes. 네, 제가 설거지할게요.
Okay, what should I do? 좋아요, 뭘 해드릴까요?
I'm sorry but I have to do my homework now.
죄송한데 저 지금 숙제 해야 해요.

I was wondering if you could ~는 매우 정중한 부탁의 표현이죠. 따라서 어른 사회에서도 뭔가 조심스러운 부탁을 할 때 분위기를 살짝 떠보며 부탁하기 좋은 패턴입니다.

❶ 회사에서 동료에게 부탁하는 상황

 I was wondering if you could go over the proposal with me.
혹시 저와 함께 제안서를 봐주실 수 있으실까요?

 Sure, when should I stop by? 물론이죠. 언제 들르면 될까요?

❷ 아내가 남편에게 부탁하는 상황

 I was wondering if you could pick up John on Monday.
월요일에 혹시 당신이 존을 픽업해줄 수 있을까?

 I'm sorry but I have a meeting that day. 미안하지만 그 날 미팅이 있어.

이제 여러분의 영어회화 실력을 확인할 차례입니다.

수건 towel

수학 수업 math class

영화 보러 가다
go to the movies

안경 glasses

저녁(식사) 준비하다
prepare dinner

Let's Speak! 📢 다음 우리말을 영어로 한번 말해보세요.

❶ TV 좀 꺼줄래?

🎤
....

❷ 새 수건 좀 갖다 줄래?

🎤
....

❸ 소리 좀 줄여줄 수 있을까?

🎤
....

❹ 네 방 좀 치울래?

🎤
....

❺ 수학 수업 끝나고 전화해줄 수 있겠니? (해줄 수 있을 것 같니?)

🎤
....

❻ 혹시 설거지 좀 해줄 수 있을까?

🎤
....

❼ 너랑 영화 보러 갈까 했는데.

🎤
....

❽ 장난감 좀 치워줄래?

🎤
....

❾ 내 안경 좀 갖다 줄래?

🎤
....

❿ 저녁 준비 좀 도와줄 수 있겠니? (해줄 수 있을 것 같니?)

🎤
....

⭕ 정답은 p.218을 확인하세요.

09

아이와 의논하는 습관
제안하기

강의 및 예문듣기

준비단계
엄마 아빠에게

학습 전 영어교육 전문가의
코멘트를 읽어보세요.

 아이와 의논해서 같이 할 일을 찾고 행동에 옮겨보세요.

하원/하교 후 집에 돌아온 아이와 오후 시간을 함께 보낼 때, 또 아이와 종일 함께
하게 되는 주말 시간을 어떻게 보낼지에 대해 이야기 나눌 때 간단한 영어로 아이
와 대화해 보세요. 부모가 독단적으로 할 일을 정해서 아이를 끌고 다니기보다는
아이와 의논해서 같이 할 일을 찾고 해나간다는 마음이 담긴 영어 패턴들이 제법
있습니다. 이런 패턴들을 중심으로 익혀뒀다 매일같이 활용해 보세요.

1단계
오늘 말할 문장

우리말을 보면서 영어로 할
말을 생각해 보세요.

오늘의 영어 미션

아이에게 뭔가를 하자고 제안할 때 자주 쓰는 패턴 익히기

놀이터 가자.

나가서 줄넘기할까?

청소할까?

이제 우리 집에 가는 게 좋을 거 같구나.

어질러놓은 건 치우지 그래.

네 생일날 친구들 초대하는 게 어때?

오늘 저녁은 피자 어때?

→ 여러분은 곧 이 문장들을 영어로 말할 수 있게 됩니다.

잘 듣고 따라 하면서 회화
핵심표현을 정리하세요.

❶ Let's ~ (우리) ~하자

 Let's go to the playground. 놀이터 가자.

뭔가를 같이 하자고 제안할 때 가장 쉬운 표현은 Let's ~입니다. '우리 ~하자'라는
의미죠. Let's do it.(그거 하자.) / Let's go.(가자.)처럼 Let's 다음에 동사원형으로
같이 하고 싶은 행동을 언급해주면 됩니다.

Let's order pizza. 씨사 주문하자.

Let's watch the news. 뉴스 보자.

Let's go out for a run. 나가서 달리기하자.

아이의 대답

Can I have peperoni? 페퍼로니 먹어도 돼요?
I don't want to. 싫어요.
I'd love that. 좋아요.

❷ Why don't we ~? (우리) ~할까?

 Why don't we invite your friends over?
네 친구들 초대할까?

함께 하자고 똑같이 제안하는 말이라도 '~하자', '우리 ~할까?', '너 ~하는 게 어
때?' 등과 같이 우리도 그때그때 분위기나 입에서 튀어나오는 대로 다양하게 표현
하듯 영어도 마찬가지입니다. 그 중에서도 Why don't we ~?는 '우리 ~할까?'라
고 제안하는 표현이죠.

Why don't we read this book? 우리 이 책 읽을까?

Why don't we go out to jump rope? 나가서 줄넘기할까?

Why don't we have some snacks? 우리 간식 좀 먹을까?

잠깐만요 ~

〈go out to + 동사원형〉
은 '나가서 ~하다, ~하러
나가다'는 뜻입니다. jump
rope는 명사(줄넘기), 동사
(줄넘기를 하다)로 모두 쓰
이죠.

아이의 대답

Sure, let's do it. 네, 그래요.
Okay, let's go. 네, 가요.
That sounds good. 좋아요.

❸ Shall we ~? (우리) ~할까?

 Shall we clean up?   청소할까?

Shall we dance?라는 유명한 문구가 있는데요. Shall we ~?는 말 그대로 '우리 같이 ~할까?'라는 의미입니다. Let's ~와 비슷한 표현인데, Let's ~보다 상냥하고 부드러운 어감이죠.

Shall we **go to bed?**   자러 들어갈까?
Shall we **call grandmother?**   할머니한테 전화할까?
Shall we **take the stairs?**   계단으로 갈까?

 I'm not ready yet. 아직 준비가 안 되었어요.
Can I call her? 제가 전화 드려도 돼요?
No, I want to take the elevator. 아니요, 엘리베이터 탈게요.

잠깐만요~

계단(stairs), 엘리베이터, 버스, 택시 등등 이동 수단이나 교통 수단을 '이용한다'고 할 때는 동사 take를 씁니다.

❹ Maybe we should ~ (우리) ~하는 게 좋을 거 같아

 Maybe we should go home now.
이제 우리 집에 가는 게 좋을 거 같구나.

maybe는 확실히 모르겠지만 '아마 ~일 수도'라는 어감의 부사예요. 이 부사를 we should와 함께 써서 Maybe we should ~라고 하면 '우리 ~하는 게 좋을 거 같은데, 그럴까?'라는 어감의 표현이 됩니다.

Maybe we should **take an umbrella.**
우리 우산 가져가는 게 좋을 거 같아.

Maybe we should **just stay home today.**
오늘은 그냥 집에 있는 게 좋을 거 같아.

Maybe we should **ask someone.**
누구한테 물어보는 게 좋을 거 같아.

잠깐만요~

'~해야 하다'는 뜻으로 잘 알고 있는 조동사 should는 그렇게 하는 게 규칙이나 관례상 '당연'하거나 그렇게 하는 게 '좋기' 때문에 해야 한다는 어감입니다. 그래서 어떤 일을 부드럽게 제안하거나 권유할 때 많이 쓰이죠.

 Is it going to rain? 비 온대요?
I agree with you. 저도 같은 생각이에요.
Who should we ask? 누구한테 물어봐요?

❺ I suggest you ~ ~하는 게 좋겠구나, ~하지 그래

 I suggest you go to bed now.
이제 자러 가는 게 좋겠어

suggest(제안하다)를 이용해 대놓고 아이에게 제안하는 패턴입니다. 사실 무늬는 제 안이지만 그렇게 하지 않으면 안 된다, 말 안 들으면 곤란해진다는 어감이 담겨 있 는 말이죠. I suggest you 뒤에는 동사원형을 말해야 한다는 점, 주의하세요.

I suggest you stop running around.   이제 그만 뛰어다녔음 좋겠구나

I suggest you clean up the mess.   어질러놓은 건 치우지 그래

I suggest you do your workbook before playing.
놀기 전에 학습지부터 하지 그래

 Yes, Mom. 알겠어요. 엄마.
Can I get to it in 5 minutes? 5분 후에 해도 돼요?
I don't like the workbook. 학습지 싫어요.

❻ Why don't you ~? ~하지 그래? ~하는 게 어때?

 Why don't you go out and meet a friend?
나가서 친구를 만나는 게 어때?

'우리 ~할까?'라며 함께 하자고 제안할 때는 Why don't we ~?를 쓴다고 했죠. 이 번에는 나는 쏙 빠지고 그저 상대에게 '~하지 그래? ~하는 게 어때?'라고 제안하 고 싶을 때입니다. Why don't we에서 we만 you로 바꿔주면 되죠.

Why don't you start reading the book I got you?
아빠가 사준 책 읽어보지 그래?

Why don't you invite your friends for your birthday?
네 생일날 친구들 초대하는 게 어때?

Why don't you try this shirt with that skirt?
이 티셔츠랑 저 치마랑 입어보는 게 어때?

 I don't really like the title. 제목이 정말 마음에 안 들어요.
Can I? You're the best. 그래도 돼요? 아빠 최고예요.
I don't think they match. 어울리지 않는 것 같아요.

 잠깐만요~

start reading the book I got you를 직역 하면 '내가 네게 사준 그 책 을 읽어보기 시작하다'이죠.

❼ How about ~? ~는 어때? ~하는 거 어때?

How about a movie tonight?
오늘밤에 영화 한 편 어때?

How about ~?은 제안할 때 사용하는 기본적이고 아주 간편한 표현입니다. 명사
또는 동명사로 간단히 옵션을 제안할 때 유용하죠. 꼭 하자는 것이 아니라 하나의
옵션으로 제안하는 거죠.

How about pizza for dinner**?**   오늘 저녁은 피자 어때?

How about going for a walk**?**   산책 하러 가는 거 어때?

How about going to the swimming pool this weekend**?**
이번 주말에 수영장 가는 거 어때?

아이의 대답

Sure, I'd love that. 네, 좋아요.

Yes. Can you give me a minute to get ready?
네, 준비시간 1분만 주세요.

Is it going to be sunny this weekend? 이번 주말에 날씨 좋대요?

영어표현 꿀팁

'~ 어때?'라고 제안할 때는 How about ~?뿐 아니라 What about ~?도 쓸 수 있는데요. 특히 어떤 문제점을 지
적하거나 주어진 제안이 맘에 안 들어서 다른 제안을 할 때는 What about ~?을 쓰죠. What about work?(일은
어쩌고?), I don't want to go out. What about staying home?(나가기 싫은데 집에 그냥 있는 건 어때?)
처럼 말예요.

❶ 배고픈 아이에게 먹을 것을 제안하는 상황

 I'm hungry, Mom.   Oh, sure. **How about** some sandwiches?
엄마 저 배고파요.   아, 그래. 샌드위치 어때?

❷ 주말 캠핑을 제안하는 상황

 Do you want to go camping this weekend?   **What about** my math class?
이번 주말에 캠핑 갈까?   수학 수업은 어쩌고요?

이제 여러분의 영어회화 실력을 확인할 차례입니다.

치킨을 먹다
have fried chicken

Let's Speak! 📢 다음 우리말을 영어로 한번 말해보세요.

❶ 놀이터 가자.

🎤 ....

❷ (우리) 저녁으로 치킨 먹을까?

🎤 ....

❸ 청소할까?

🎤 ....

❹ 이제 우리 집에 가는 게 좋을 거 같구나.

🎤 ....

❺ 어질러놓은 건 치우지 그래.

🎤 ....

❻ 네 생일날 친구들 초대하는 게 어때?

🎤 ....

❼ 오늘밤에 영화 한 편 어때?

🎤 ....

❽ (우리) 할머니한테 전화할까?

🎤 ....

외식하다 go out to eat

❾ 외식하자.

🎤 ....

❿ 이 티셔츠랑 저 치마랑 입어보는 게 어때?

🎤 ....

◐ 정답은 p.219를 확인하세요.

10

때로는 엄격하게
훈육하기

강의 및 예문듣기

준비단계
엄마 아빠에게

학습 전 영어교육 전문가의
코멘트를 읽어보세요.

 아이를 타이를 때도 영어를 사용해 보세요.

식사 후에 이 닦기, 잠자기 전에 씻기, 아침에 일찍 일어나기 등과 같은 습관은 어릴 때 잘 들여놓아야 성인이 되어서도 애먹지 않습니다. 또, 사람들과 더불어 살면서 지켜야 할 행동의 선이라는 것도 있죠. 아이들의 습관을 바로잡아줄 때도, 잘못된 행동을 하는 아이를 타이를 때도 영어로 얘기하는 분위기를 만들어 보세요. 아이를 부드럽게 타이르는 표현부터 아무리 해도 말 안 듣는 아이를 향한 엄한 표현까지 영어에도 자주 쓰는 패턴이 있답니다.

1단계
오늘 말할 문장

우리말을 보면서 영어로 할
말을 생각해 보세요.

오늘의 영어 미션
아이를 훈육할 때 자주 쓰는 패턴 익히기

채소를 먹어야지.

입안에 음식 넣고 말하면 안 되지.

(엄마는) 네가 유튜브를 그만 봤으면 좋겠어.

친구를 때리는 건 잘못된 거야.

네가 말을 듣지 않는다면 엄마는 참 슬플 거야.

휴대폰 내려놔.

숙제 미루지 마.

→ 여러분은 곧 이 문장들을 영어로 말할 수 있게 됩니다.

잠깐만요~ 📝

앞서도 한번 말했지만,
should는 규칙으로 정해
져 있으니까 그렇게 하는
게 당연하다거나 그렇게 하
는 게 좋으니까 그렇게 해
야 한다는 부드러운 어감의
조동사예요.

① You should ~ ~해야지, ~하렴

 You should brush your teeth. 이 닦으렴.

식사 후 이 닦는 습관, 자기 전에 씻는 습관 등은 어릴 때 자리 잡게 됩니다. 그래서
식사 후에 가만 있는 아이에게 "이 닦아야지." "이 닦으렴."이라고 부드럽게 권유하
거나 타일러야 하는 일들이 자주 생기는데요. 큰소리 내지 않고 아이를 좋게 타이
를 때 You should ~를 활용하세요.

You should wash your hands. 손 씻으렴.

You should eat your vegetables. 채소를 먹어야지.

You should do your homework before dinner.
저녁식사 전에 숙제 해야지.

 아이의 대답
Okay, I'll do it right now. 네, 지금 할게요.
I don't want to. 싫어요.
I have something else to do right now. 지금은 다른 걸 해야 해요.

② You shouldn't ~ ~하면 안 되지, ~하지 말렴

 You shouldn't throw stones. 돌 던지면 안 돼.

You should ~가 어떻게 하라고 타이르는 말이라면, You shouldn't ~는 하지 말
라고 타이르는 말이에요. 아이가 잘못하는 일이 있을 때 감정을 앞세워 화부터 내
기보다는 You shouldn't ~를 활용해 차분하게 타일러 보세요.

You shouldn't talk with your mouth full.
입안에 음식 넣고 말하면 안 되지.

You shouldn't eat while reading a book. 책 보면서 밥 먹지 말렴.

You shouldn't draw on the wall. 벽에 그림 그리면 안 돼.

 아이의 대답
I couldn't help it. 어쩔 수 없었어요.
Okay, I understand. 알겠어요.
There are so many rules. 규칙이 너무 많아요.

❸ I want you to ~ (엄마는) 네가 ~를 했으면 좋겠어

 I want you to clean your room.
(엄마는) 네가 네 방을 치웠으면 좋겠어.

〈I want to + 동사원형〉은 '난 ~하고 싶어, ~하기를 원해'라는 의미입니다. 여기에 you를 넣어 〈I want you to + 동사원형〉 하면 '난 네가 ~하기를 원해', 즉 '네가 ~하면 좋겠어'라는 의미가 되죠. '엄마/아빠는 네가 어떤 행동을 하면 좋겠어'라고 부드럽게 아이에게 뭔가를 시킬 때 쓰기 좋습니다.

I want you to pack your schoolbag.
(엄마는) 네가 책가방을 싸두면 좋겠어. (책가방 싸두려무나.)

I want you to stop eating jellies.
(엄마는) 네가 젤리를 그만 먹었으면 좋겠어. (젤리 좀 그만 먹으련.)

I want you to stop watching YouTube.
(엄마는) 네가 유튜브를 그만 봤으면 좋겠어. (유튜브 그만 좀 보려무나.)

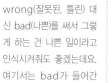
 아이의 대답
Must I? 꼭 그래야 하나요?
Alright. 알겠어요.
I can never get my way. 내 맘대로 되는 게 하나도 없어요.

❹ It's wrong to ~ ~하는 것은 잘못된 거야

 It's wrong to scream.   소리지르는 건 잘못된 거야.

아이가 잘못된 행동을 할 때는 그 행동이 잘못됐다는 것을 아이에게 분명하게 인식시켜주어야겠죠? 그럴 때 요긴한 패턴이 〈It's wrong to + 동사원형〉입니다.

It's wrong to punch friends.   친구를 때리는 건 잘못된 거야.
It's wrong to litter.   길에 쓰레기를 버리는 건 잘못된 거야.
It's wrong to interrupt when others are speaking.
다른 사람들이 말할 때 끼어드는 건 잘못된 거야.

 아이의 대답
It was a mistake. 실수였어요.
I'm sorry. 죄송해요.
I'll be more careful next time. 다음부터 더 조심할게요.

상대가 거슬리는 행동을
계속 할 때 단도직입적으
로 Stop it! 또는 Stop
that!이라고 말하는 경우
도 많죠. '(그 짓) 좀 그만
해!' '그만 좀 해!'라는 의미
입니다.

❺ **I'm going to be very sad if you ~** 네가 ~하면 엄마는 참 슬플 거야

 I'm going to be very sad if you don't stop that. 네가 그걸 그만두지 않으면 엄마는 참 슬플 거야.

아이가 비뚤게 나갈 때 '엄마/아빠는 네가 그러면 매우 슬플 거야'라는 식으로 아이를 차분하게 달래보세요. 이때 I'm going to be very sad if you ~ 뒤에는 현재동사가 옵니다. (I'm going to + 동사원형 난 ~할 거야)

I'm going to be very sad if you continue to scream.
네가 계속 소리지르면 엄마는 참 슬플 거야.

I'm going to be very sad if you don't do your homework.
네가 숙제를 하지 않는다면 엄마는 참 슬플 거야.

I'm going to be very sad if you don't listen to me.
네가 말을 듣지 않는다면 엄마는 참 슬플 거야.

아이의 대답

I'm very angry. 너무 화가 나는 걸요.
I really don't want to. 정말 하기 싫어요.
Why can't you understand me? 엄마는 왜 절 이해하지 못하세요?

❻ **You'd better ~** ~해, ~하는 게 좋을 거야 (안 그럼 혼날 줄 알아)

 You'd better stop running around.
그만 뛰어다녀. (안 그럼 혼난다.)

〈You'd better + 동사원형〉은 부드러운 표현이 아닙니다. '~해, 그러는 게 좋을 거야, 안 그럼 혼쭐날 줄 알아'라는 어감으로, 센(엄한) 표현이랍니다. 아무리 좋게 말해도 아이에게 안 통할 때는 좀 엄한 목소리로 You'd better ~를 써보세요.

You'd better turn off the TV now. 이제 TV 끄는 게 좋을 거야.

You'd better stop yelling. 소리 그만 지르는 게 좋을 거야.

You'd better put down your phone. 휴대폰 내려놔.

아이의 대답

Alright, I'll turn it off. 알겠어요. 지금 끌게요.
But I'm still angry. 그렇지만 아직 화가 나요.
Okay. I'm not using my phone anymore. 알겠어요. 이제 폰 안 해요.

❼ You'd better not ~ ~하지 마 (하면 혼날 줄 알아)

 You'd better not be late.　늦지 마. (늦으면 혼난다.)

〈You'd better not + 동사원형〉은 '~하지 마'라고 엄하게 말하는 표현입니다. '~하지 마, 안 하는 게 좋을 거야, 하면 혼쭐날 줄 알아'라는 어감이죠.

You'd better not spill water on the floor.　바닥에 물 쏟지 마.
You'd better not put off your homework.　숙제 미루지 마.
You'd better not slam the door.　문 쾅 닫지 마.

Don't worry. I'll be careful. 걱정하지 마세요. 조심할게요.
I always do my work on time. 항상 제때 해요.
Alrighty. Stop nagging me. 알겠다고요. 잔소리 좀 그만하세요.

잠깐만요~ 📝
put off는 일이나 회의, 일정 등을 '미루다', '연기하다'는 의미입니다.

You'd better (not) ~에 대해 좀 더 말씀 드리자면, 이 표현은 행동에 따른 결과를 포함하는 협박에 가까운 명령 표현입니다. 때문에 주로 엄마나 아빠가 사용하죠. 친구들 사이에는 어울리지 않는 표현입니다. 상사가 아래직원에게 사용할 수는 있겠지만 분위기가 험악해질 수 있어요.

● 아이가 유튜브를 시청하고 싶어 하는 상황

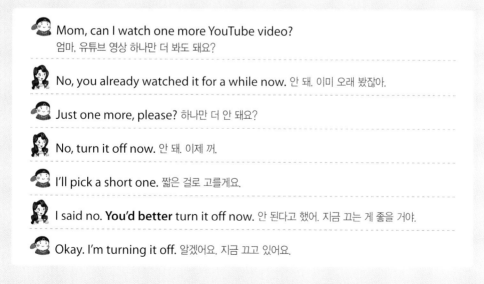

Mom, can I watch one more YouTube video?
엄마, 유튜브 영상 하나만 더 봐도 돼요?

No, you already watched it for a while now. 안 돼. 이미 오래 봤잖아.

Just one more, please? 하나만 더 안 돼요?

No, turn it off now. 안 돼. 이제 꺼.

I'll pick a short one. 짧은 걸로 고를게요.

I said no. **You'd better** turn it off now. 안 된다고 했어. 지금 끄는 게 좋을 거야.

Okay. I'm turning it off. 알겠어요. 지금 끄고 있어요.

🎧 10-2.mp3

3단계
회화 연습하기

이제 여러분의 영어회화 실
력을 확인할 차례입니다.

집안에서
inside the house

노크를 안 하고
without knocking

우리의 약속을 지키다
keep our promise

일기를 쓰다
write one's diary

네 여동생 your little sister

~의 말을 (잘) 듣다 listen to

Let's Speak! 🔊 다음 우리말을 영어로 한번 말해보세요.

❶ 채소를 먹어야지.

🎤

❷ 집안에서는 뛰면 안 되지.

🎤

❸ (엄마는) 네가 유튜브를 그만 봤으면 좋겠어. (유튜브 그만 좀 보려무나.)

🎤

❹ 노크를 안 하고 방문을 여는 건 잘못된 거야.

🎤

❺ 네가 우리 약속을 지키지 않으면 엄마는 참 슬플 거야.

🎤

❻ 휴대폰 내려놔.

🎤

❼ 숙제 미루지 마.

🎤

❽ 저녁 먹기 전에 일기 쓰렴.

🎤

❾ 네가 여동생이랑 놀아줬으면 좋겠어. (여동생이랑 놀아주려무나.)

🎤

❿ 네가 말을 듣지 않는다면 엄마는 참 슬플 거야.

🎤

◐ 정답은 p.220을 확인하세요.

11

회화 기초편 엄마 아빠가 꼭 쓰는 영어회화 패턴

아낌없이 말해야 할
칭찬 · 격려하기

강의 및 예문듣기

준비단계
엄마 아빠에게

학습 전 영어교육 전문가의
코멘트를 읽어보세요.

칭찬과 격려 영어를 아낌없이 써보세요.

아이가 많이 웃고 밝고 건강하게 성장했으면 하는 바람은 부모라면 당연한 마음일 겁니다. 여기에는 부모의 역할이 참 중요하죠. 그 출발이 칭찬과 격려가 아닌가 합니다. 그래서 칭찬 영어를 생활화한다면 아이는 웃으며 영어에 친숙해질 수 있을 거예요(결과보다는 과정을 칭찬해주라는 육아전문가의 말이 생각나네요). 아이가 힘들어할 때 부모가 아이 옆에 항상 함께하고 있다는 믿음을 줄 수 있도록 위로와 격려의 영어 표현도 놓치지 말아주세요.

1단계
오늘 말할 문장

우리말을 보면서 영어로 할 말을 생각해 보세요.

오늘의 영어 미션

아이를 칭찬하거나 격려/위로할 때 자주 쓰는 패턴 익히기

잘했어!

네가 자랑스러워.

멋진데!

이야, 정말 흥미로운 이야기구나!

네 그림 진짜 맘에 든다.

다 괜찮아질 거야.

걱정하지 마.

→ 여러분은 곧 이 문장들을 영어로 말할 수 있게 됩니다.

❶ Good ~! 잘했어!

 Good job!   잘했어!

칭찬하는 가장 기본적인 표현은 바로 Good!입니다. 사실 Good!이라고만 해도
'잘했어! 좋아!'라는 의미가 되지만, 영어권에서 보통 "잘했어!"라고 칭찬할 때는
Good job!을 비롯해 아래 표현들을 주로 씁니다. 모두 입에 배게 익혀뒀다 아이에
게 자주 자주 써주세요.

Good work!   잘했어!
Good on you!   잘했어!
Good boy/girl!   잘했어! 착하구나!

잠깐만요~ 📝

Good boy!/Good girl!을
informal하게 Attaboy!/
Attagirl!이라고도 말하죠.

아이의 대답

Really? I'm so relieved. 정말요? 다행이에요.
I feel really good. 기분이 정말 좋아요.
Thank you so much. 감사합니다.

❷ I'm ~ (아빠는) ~해

 I'm impressed.   (아빠는) 깊은 인상을 받았어. (감동이야.)

잠깐만요~ 📝

I'm impressed.는 아
주 인상적이어서 감동
받았다는 어감이고, I'm
touched.는 마음에 돌
던진 듯 울림이 있어 감동
받았다는 어감입니다.

"감동받았어." "네가 자랑스러워." "(네가 너무 잘해서) 엄마/아빠가 정말 엄청 놀랐
잖아." 등과 같이 부모의 감정을 표현하는 방식으로도 아이를 칭찬해줄 수 있을 텐
데요, 이럴 때는 I'm 뒤에 감정을 나타내는 형용사를 넣어주면 됩니다.

I'm touched.   (아빠는) 감동받았어.
I'm proud of you.   네가 자랑스러워.
I'm amazed.   (아빠는) 정말 놀랐어.

아이의 대답

It was no big deal. 별거 아니었어요.
That's so good to hear. 듣기 좋은 말이에요.
I didn't expect it either. 저도 예상하지 못했어요.

잠깐만요~

'깔끔한, 단정한'으로 알고 있는 neat가 미국영어에서는 '훌륭한, 멋진, 끝내주는(cool, awesome)'이란 의미로도 쓰입니다. 따라서 That's 뒤에 neat를 써도 칭찬 표현이 되죠.

❸ That's ~! (그거) ~한데!

 That's neat!　　　　　　　　　　　　　　　　　　　　멋진데!

아이가 해놓은 일을 보고 "이야, 그거 멋지다!" "완벽한데!" "끝내준다!" 등과 같이 칭찬할 때는 〈That's + 형용사!〉를 쓰면 됩니다. 이때 That's는 종종 생략하고 말하기도 해요.

That's perfect!　　　　　　　　　　완벽하구나!
That's inspired!　　　　　　　　　 탁월하네!
That's amazing!　　　　　　　　　 놀라운데! 끝내주는데!

★ 주어가 사람일 때는 amazed(놀란, 경탄한), 사물/상황일 때는 amazing(놀라운, 멋진)을 씁니다.

 Thank you. 감사합니다.
I'm embarrassed. 쑥스러워요.
You made my day. (관용표현) 덕분에 기분이 좋아졌어요.

잠깐만요~

연필이나 펜 등으로 그린 그림은 drawing이라고 하고, 채색까지 된 그림은 painting이라고 합니다.

❹ What a ~! 이야, 정말 ~구나!

 What a beautiful drawing!
이야, 정말 아름다운 그림이구나!

어쩜 이렇게 착할 수가 있나 싶을 정도로 아이가 기특할 때, 감탄이 절로 나올 정도로 그림을 잘 그렸을 때, 꼭 그렇지는 않더라도 아이 기를 팍팍 살려주고 싶을 때 등등, 이럴 때는 〈What a/an + 형용사 + 명사!〉 패턴을 활용해 아이를 격하게 칭찬해 주세요!

What a good girl/boy!　　　　　　 이야, 정말 착한 아이구나!
What a touching song!　　　　　　 이야, 정말 마음을 울리는 노래구나!
What an interesting story!　　　　 이야, 정말 흥미로운 이야기구나!

 Thank you. 감사합니다.
I'm a bit embarrassed. 조금 부끄러워요.
Thank you for enjoying it. 즐겨주셔서 감사해요.

❺ I really like ~ ~가 정말 맘에 드는구나

 I really like your work.　　네 작품 정말 마음에 드는구나.

I really like ~는 엄마/아빠는 네가 한 것들이 다 너무 맘에 든다고 할 때 쓸 수 있는 표현입니다. 아이들은 누군가의 인정을 받고 싶어 하는데 특히 엄마 아빠의 인정이 가장 필요하다고 해요. I really like ~를 활용해 아이의 노력을 매일매일 인정해 주세요.

어휘
origami 종이접기
what you've done
네가 한 것 (here를 덧붙여
바로 여기 눈앞에 있는 것을
가리킨다는 어감을 나타냄)
try one's best
최선을 다하다

I really like your drawing.　　네 그림 진짜 맘에 든다.
I really like your origami.　　네 종이접기 정말 맘에 드는구나.
I really like what you've done here.　　네가 한 게 정말 맘에 드는구나.

 아이의 대답
I'm so happy you like it. 엄마가 좋다니까 기뻐요
I really like it, too. 저도 진짜 마음에 들어요.
I tried my best. 최선을 다했어요.

❻ Everything will ~ 다 ~할 거야

 Everything will be fine.　　다 잘될 거야.

어른과 마찬가지로 아이의 세상 역시 바람 잘 날 없습니다. 매일같이 기쁘고 신나기만 하는 건 아니죠. 아이의 세상에 소소한 문제가 생겨 의기소침해 있을 때 가장 기본적으로 아이를 위로하고 격려해줄 수 있는 Everything will ~ 패턴을 이용한 표현입니다. 입에 배게 익혀뒀다 시의적절하게 활용해 보세요.

Everything will work out.　　다 잘 해결될 거야.
Everything will be alright.　　다 괜찮아질 거야.
Everything will go back to normal.　　다 예전으로 돌아갈 거야.

잠깐만요~ 📝
평화로웠던, 행복했던, 정상이었던 어제와 달리 힘든 오늘을 보내고 있는 아이에게 "다 예전의 정상적인 상황으로 돌아갈 거야."라고 북돋아줄 때 Everything will 뒤에 go back to normal(정상으로 돌아가다)을 붙여주세요.

 아이의 대답
That's good to hear. 듣기 좋은 말이네요
I really hope so. 정말 그러면 좋겠어요.
Thank you for saying that. 그렇게 말해주셔서 감사해요.

❼ Don't ~ ~하지 마

 ## Don't worry.   걱정하지 마.

'~하지 마'라며 아이의 행동을 통제할 때 주로 쓰이는 Don't ~(~하지 마) 명령문은 아이를 위로하거나 다독일 때도 쓸 수 있습니다.

Don't panic.   당황하지 마.

Don't stress out.   스트레스 받지 마.

Don't sweat it.   애 태우지 마.

★ sweat에는 '~에 속 태우다, 씨름하다, 걱정하다'는 의미가 있습니다.

 I'm scared to death. 무서워 죽겠는 걸요.
Thank you. I'll try. 고마워요. 노력해 볼게요.
I don't know what to do. 뭘 어떻게 해야 할지 모르겠어요.

이 밖에도 아이를 칭찬하거나 격려/위로하는 표현 중에는 아예 관용표현처럼 굳어져 쓰이는 것들이 많습니다. 그런 한 마디 표현들을 아래에 모아봤어요.

❶ 아이를 칭찬해줄 때 쓸 수 있는 한 마디 표현

 Well done! (= Good job!)
잘했어.

 That's my girl/boy!
잘했어! 훌륭해!

 Way to go! 그렇지! 아주 잘했어!

 You're the best. 네가 최고야.

❷ 아이를 격려해줄 때 쓸 수 있는 한 마디 표현

 You can do it!
넌 할 수 있어!

Keep up the good work!
계속 열심히 해! 잘하고 있어, 파이팅!

❸ 아이를 위로해줄 때 쓸 수 있는 한 마디 표현

 I'm here for you.
(= You can count on me.)
엄마가 있잖아. (= 엄마한테 의지해.)

 You did your best. That's what matters.
최선을 다했잖아. 그게 중요한 거야.

3단계

회화 연습하기

이제 여러분의 영어회화 실
력을 확인할 차례입니다.

~를 정말/너무 자랑스러워하
다 be so proud of

놀라운, 멋진, 끝내주는
amazing

(문제 등이) 풀리다, 해결되다
work out

공연 performance

Let's Speak! 📢 다음 우리말을 영어로 한번 말해보세요.

❶ 잘했어!

🎤
....

❷ 네가 정말 자랑스러워.

🎤
....

❸ (그거) 놀라운데! 끝내주는데!

🎤
....

❹ 이야, 정말 놀라운 그림이구나! (채색까지 된 그림인 경우)

🎤
....

❺ 네가 한 게 정말 맘에 드는구나.

🎤
....

❻ 다 잘 해결될 거야.

🎤
....

❼ 애 태우지 마.

🎤
....

❽ 네 공연 너무 좋았어. (I really like ~의 과거형 활용)

🎤
....

❾ (마음에 울림이 있어) 감동받았어.

🎤
....

❿ 탁월하네!

🎤
....

🔘 정답은 p.221을 확인하세요.

12 회화 기초편 엄마 아빠가 꼭 쓰는 영어회화 패턴

엄마 아빠가 먼저
감사 · 사과하기

강의 및 예문듣기

준비단계
엄마 아빠에게

학습 전 영어교육 전문가의
코멘트를 읽어보세요.

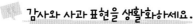 **감사와 사과 표현을 생활화하세요.**

작은 일에도 엄마 아빠가 고마움을 먼저 표현하면 아이에게 긍정적인 영향을 미칩니다. 작은 일에도 엄마 아빠가 먼저 사과하는 모습을 보이면 잘못했을 때 사과할 줄 아는 아이가 됩니다. 집에서 영어를 사용하면 아이는 일단 거부감을 느끼는 경우가 많을 텐데요, 이렇게 아이가 들어서 기분 좋은 말들로 영어를 생활화하면 신기하게도 아이들은 거부하지 않더라고요. 앞서 배운 칭찬 및 격려 표현과 함께 감사와 사과 표현도 아이들에게 많이 해주세요.

1단계
오늘 말할 문장

우리말을 보면서 영어로 할
말을 생각해 보세요.

 오늘의 영어 미션

아이에게 감사하고 사과할 때 자주 쓰는 패턴 익히기

> 네가 그렇게 말해주니 정말 기쁘네.
>
> 친구와 화해했다니 다행이구나.
>
> 엄마 말 들어줘서 고마워.
>
> 동생과 놀아주다니 정말 고맙구나.
>
> 네 누나 편을 들어서 미안해.
>
> 네 마음을 상하게 해서 미안하구나.
>
> 너희 팀이 졌다니 안됐구나.

→ 여러분은 곧 이 문장들을 영어로 말할 수 있게 됩니다.

❶ I'm so glad ~ ~라니 정말 기쁘네/다행이네

 I'm so glad to hear you say that.
네가 그렇게 말해주니 정말 기쁘네.

I'm glad to meet you.(만나서 반가워요.)로 익숙한 I'm glad ~는 어떤 일에 기뻐하
거나 다행이라고 생각할 때도 쓰이죠. 뒤에는 〈to + 동사원형〉 또는 〈(that) 문장〉
으로 기쁜/다행인 내용을 말해주세요.

I'm so glad to see you trying.   네가 노력하는 모습을 보니 정말 기쁘네.

I'm so glad you are feeling better. 몸이 회복되고 있다니 정말 다행이다.

I'm so glad you finished your work in time.
공부를 제시간에 다해놓다니 정말 기쁘구나.

 아이의 대답
I wanted to make you happy. 엄마를 행복하게 해드리고 싶었어요.
I feel way better now. 훨씬 좋아졌어요.
Don't mention it. 별 말씀을요.
★ way는 '훨씬'이란 의미로 형용사를 강조하는 부사입니다.

❷ It's good to hear that you ~ (네가) ~라니 다행이구나/좋구나

 It's good to hear that you are feeling better.
몸이 회복되고 있다니 다행이구나.

좋은 소식을 들을 때면 〈It's good to hear that you + 동사 ~〉로 아이의 이야기
에 맞장구를 쳐주세요. '네가 ~라니 그 얘기 들어서 좋구나'라는 의미입니다.

It's good to hear that you made up with your friend.
친구와 화해했다니 다행이구나.

It's good to hear that you did better on your test.
시험을 (이전보다) 더 잘 봤다니 좋구나.

It's good to hear that you like your new teacher.
새 선생님이 마음에 든다니 다행이구나.

 아이의 대답
Yes, we are good now. 네, 이제 우리 사이 좋아요.
I'm also very happy. 저도 매우 기뻐요.
I really like her, Dad. 새 선생님 정말 좋아요, 아빠.

잠깐만요~

고맙다는 말 외에도 I love you.(사랑해.), Give me a hug.(안아줘.), Give Mommy a kiss.(뽀뽀해 줘.) 같은 표현들도 생활화 해 주세요. 영어로 해도 아 이들이 좋아하면서 잘 받아 들이는 표현들이랍니다.

❸ Thank you for ~ ~해줘서 고마워

Thank you for listening to me.
엄마 말 들어줘서 고마워.

고마움을 표현할 때는 간단하게 Thank you. / Thanks. / Thanks a lot. 등을 사용해도 충분합니다. 그래도 조금 더 구체적으로 고마움을 표현하고 싶다 하면 Thank you 다음에 〈for + (동)명사〉로 고마운 부분이 뭔지를 추가해 주세요.

Thank you for your time.   시간 내줘서 고마워.

Thank you for doing your homework. 숙제 해줘서 고마워.

Thank you for telling me.   엄마한테 말해줘서 고마워.

아이의 대답

You're welcome. 별말씀을요.
It was nothing. 아무것도 아니었어요. (쉬웠어요.)
I also feel better to let it all out. 저도 다 털어놓고 나니 한결 마음이 편해요.

잠깐만요~

kind(친절한, 상냥한) 대 신 sweet(상냥한, 사랑 스러운)를 써서 It's very sweet of you.라고도 많 이 말합니다.

❹ It's very kind of you to ~ ~하다니 정말 고맙구나/착하구나

It's very kind of you to let your friends play with your toys.
친구들에게 장난감을 가지고 놀 수 있게 해주다니 정말 고맙구나/착하구나.

상대방의 친절이나 도움이 너무 고마울 때 It's very kind of you.(너무 친절하세요. 정말 고마워요.)라는 감사인사도 참 자주 하는데요. 뭐가 고마운지 구체적으로 밝힐 때는 뒤에 〈to + 동사원형〉으로 표현하면 됩니다.

It's very kind of you to clean the room.
방 청소를 하다니 정말 고맙구나.

It's very kind of you to play with your little brother.
(남)동생과 놀아주다니 정말 고맙구나.

It's very kind of you to share your toys with your sister.
(여)동생과 같이 장난감 갖고 놀다니 고맙구나.

아이의 대답

I can do it by myself now. 이제 혼자서도 할 수 있어요.
It wasn't easy. 쉽지 않았어요.
I didn't want to but I did it. 하기 싫었지만 했어요.

미안한 마음을 표현할 때는
I'm sorry.만으로도 충분
하지만 정확하게 어떤 부분
이 미안한지 말해주면 아이
와 좀 더 진정성 있는 소통
을 할 수 있을 거예요.

❺ I'm sorry for ~ ~해서 미안해

 I'm sorry for being late.   늦어서 미안해.

'~해서' 미안할 때는 I'm sorry 뒤에 〈for + -ing〉로, '~를 안 해줘서' 미안할 때
는 〈for not + -ing〉로 표현하면 됩니다.

I'm sorry for **making you feel sad.** 널 슬프게 해서 미안해.

I'm sorry for **not listening to you.**   네 말을 안 들어줘서 미안해.

I'm sorry for **being on your sister's side.** 네 누나 편을 들어서 미안해.

 아이의 대답   It's okay. I understand. 괜찮아요. 이해해요.
Thank you for apologizing. 사과해 주셔서 감사해요.
It doesn't matter. 상관없어요. 괜찮아요.

❻ I apologize for ~ ~해서 미안하구나

 I apologize for making you cry.   울려서 미안하구나.

I apologize for ~는 다소 formal한 표현으로 아이들에게 잘 쓰는 말은 아니지만
아이를 존중해준다는 의미로 사용해 보세요. 아이가 정중한 표현을 배우는 데도 본
보기가 될 거예요.

I apologize for **breaking our promise.**
우리 약속을 못 지켜서 미안하다.

I apologize for **hurting your feelings.**
네 마음을 상하게 해서 미안하구나.

I apologize for **working this weekend.**
이번 주말에 일해서 미안하다.

 아이의 대답   No biggies. 괜찮아요.
Forget about it. 잊으세요. 괜찮아요.
No need to apologize. I'm okay. 사과 안 하셔도 돼요. 전 괜찮아요.

❼ I'm sorry to hear that you ~ (네가) ~라니 안타깝구나

 I'm sorry to hear that you didn't make it.
네가 해내지 못했다니 안타깝구나.

아이의 일이 잘 풀리지 않았거나 아이에게서 안타까운 이야기를 들을 때면 〈I'm sorry to hear that you + 동사 ~〉로 아이의 마음에 공감해 주세요. '네가 ~라니 그 얘기를 듣게 되어 안타깝구나, 안됐구나'라는 의미입니다.

I'm sorry to hear that you **had a fight with your friend.**
친구와 싸웠다니 안타깝구나.

I'm sorry to hear that you **didn't win the prize.**
상을 타지 못했다니 안됐구나.

I'm sorry to hear that you **feel sick.**　　　몸이 아프다니 안타깝구나.

 I don't know what to do. 어찌 해야 할지 모르겠어요.
Thank you for understanding me. 이해해 주셔서 감사해요.
I'm very disappointed that I can't play outside.
밖에서 못 놀다니 실망스러워요.

아이에게 좋은 소식이나 나쁜 소식을 들었을 때 간단히 쓸 수 있는 한 마디 표현들이 있습니다. 사실 이런 표현들은 누구에게나 쓸 수 있는 예쁜 말이니까, 잘 익혀뒀다가 평소 자주 써보세요.

❶ 아이에게서 좋은 소식을 듣고 기뻐할 때 쓸 수 있는 한 마디 표현

 I'm glad to hear that.
그 얘기 들으니 기쁘구나.

 What great news!
좋은 소식이구나!

 Congratulations!.
축하해!

 Good for you!
잘됐구나!

❷ 아이에게서 좋지 않은 소식을 듣고 안타까워할 때 쓸 수 있는 한 마디 표현

 I'm sorry to hear that.
안타깝구나. 안됐구나.

 What a pity!
안됐구나! 가여워서 어째!

 That's too bad. 안됐구나.

 It's a pity! 안됐구나! 가여워라!

이제 여러분의 영어회화 실력을 확인할 차례입니다.

친구를 새로 사귀다
make a new friend

~에게 사실/진실을 말해주다
tell ~ the truth

~에게 소리 지르다 yell at

~의 공연을 놓치고 못 보다
miss someone's
performance

경기에 지다
lose the game

Let's Speak! 📢 다음 우리말을 영어로 한번 말해보세요.

① 네가 그렇게 말해주니 정말 기쁘네.

🎤
....

② 새로운 친구를 사귀었다니 다행이구나.

🎤
....

③ 사실을 말해줘서 고마워.

🎤
....

④ (남)동생과 놀아주다니 정말 고맙구나.

🎤
....

⑤ 소리질러서 미안해. (sorry 활용)

🎤
....

⑥ (다소 formal하게) 네 공연을 놓쳐서 미안하구나.

🎤
....

⑦ 너희 팀이 (경기에) 졌다니 안됐구나.

🎤
....

⑧ 엄마 말 들어줘서 고마워.

🎤
....

⑨ 네 마음을 상하게 해서 미안해. (sorry 활용하기)

🎤
....

⑩ 방 청소를 하다니 정말 고맙구나.

🎤
....

● 정답은 p.222를 확인하세요.

Q 미디어 노출만으로 영어교육이 가능할까요?

영어교육에 정답은 없습니다. 남들과 비교하지 말고 조급해하지 말고 우리 아이가 즐겁게 영어를 접할 수 있도록 엄마 아빠가 도와주세요.

A 주변을 보면 미디어 노출만으로 영어를 잘하는 케이스가 꽤 있습니다. 영어로 된 만화를 보고, 영어노래를 따라서 부르고, 영어로 된 교육 프로그램을 보면서 익히는 학생들이 제법 많습니다. 이 교육방법은 유아 단계에서 효과가 있습니다. 어릴수록 '흘려듣기'가 효과가 좋습니다. 아이가 학년이 올라가면 독서의 양도 늘리고, 어휘도 가르쳐주고, 다양한 접근 방법을 통해서 균형이 맞는 영어교육을 제공해줘야 합니다.

6세 전이라면 미디어의 의존도를 높게 잡아도 되고, 7세 이후에는 미디어와 독서를 적절하게 조정해 주세요. 4~6세까지는 영어 미디어의 의존도가 조금 높아도 괜찮습니다. 그러나 7세 이후가 된다면 영어 미디어를 보는 시간은 줄이셔야 합니다. 영어책을 읽어주고, 영어로 대화를 시도해주는 것이 필요합니다. 단, 아이가 부담을 느끼지 않는 선에서 해주셔야 합니다. 어휘 공부도 좋지만 문장을 공부하는 것이 더 좋습니다. 하루에 문장 1~2개씩 훈련하는 방법을 추천하고 싶습니다. 패턴영어로 시작하면 아이가 하고 싶은 말을 문어발식으로 확장해갈 수 있기 때문에 효과가 좋습니다.

미디어 공부는 책이나 대화와 연결이 되어야 합니다. 화면에서 들은 단어를 책에서 보면서, '아, 이렇게 생긴 단어구나!'라는 것을 깨닫는 것이 큰 도움이 됩니다. 들었던 단어를 직접 말로 해보는 것이 정말 효과적인 방법입니다. 한국에서는 영어로 된 환경을 만들어주는 것이 힘들지만 엄마와 매일 30분씩이라도 영어로 대화하고 영어책을 읽는다면 충분히 영어와 친해지고 자신감을 가질 수 있습니다.

둘째 마디

•

회화 심화편

아침부터 밤까지
영어로 말해보기

13

7:00 AM
일어나서 등원하기까지

강의 및 예문듣기

준비단계
엄마 아빠에게

학습 전 영어교육 전문가의
코멘트를 읽어보세요.

다정한 영어 인사로 하루를 시작해 보세요.

영어환경은 해외에 거주하거나 영어유치원에 보내거나 엄마 아빠가 영어를 잘해야
만 가능한 게 아닙니다. 매일 시간을 정해서 짧게라도 아이와 영어로 대화해 보세
요. 영어로 말하는 게 습관이 되면 부모와 아이 모두 영어 부담감을 줄일 수 있어
요. 우선 우리 아이에게 다정한 목소리로 아침 인사를 건네보는 건 어떠세요?

1단계
오늘 말할 문장

우리말을 보면서 영어로 할
말을 생각해 보세요.

오늘의 영어 미션

잠든 우리 아이 깨워서 유치원 등원시키기

아침 해가 밝았어, 귀욤아.

지금 안 일어나면 늦을 거 같은데.

잘 잤니?

아침 준비 다 됐어.

이 닦고 세수하고 오렴.

빠트린 거 없지?

친구들과 잘 지내고 선생님 말씀도 잘 들어.

→ 여러분은 곧 이 문장들을 영어로 말할 수 있게 됩니다.

잘 듣고 따라 하면서 회화
핵심표현을 정리하세요.

❶ 아이 깨우기

 엄마   아들

1 Rise and shine, sweetie. 아침 해가 밝았어. 귀욤아.	Mom, I'm sleepy. **2** 엄마, 저 졸려요.
3 I'll come back in 5. 5분 후에 올게.	Thanks, Mom. **4** 고마워요, 엄마.

5분후

5 Honey, it's time to wake up. 얘야, 이제 일어날 때 됐다.	Okay. What time is it? **6** 네, 몇 시예요?
7 You'll be late if you don't wake up now. 지금 안 일어나면 늦을 거 같은데.	I can't open my eyes. **8** 눈이 안 떠져요.
9 Wake up! 일어나!	Alright, I'm up. 알겠어요, 일어나요. **10**

---

1   **Rise and shine!** '해가 밝았으니 일어나라'는 밝고 긍정적인 느낌의 표현입니다. "Wakey wakey!"(wake up의 구어체 표현)라고 깨울 수도 있죠.

2   **I'm sleepy.**(졸려요.)와 같이 〈I'm + 형용사(나 ~해)〉로 나의 상태를 얘기할 수 있어요.
   예 **I'm** tired. 피곤해요.   **I'm** hungry. 배고파요.

3   **I'll come back in 5.**는 minutes(분)가 생략된 표현이에요. minutes는 '분'을 뜻할 땐 [미닛츠], 형용사(작은)일 때는 [마이뉴우ㅌ]로 발음해요.

 잠깐만요~

아이가 자신의 엄마를 부를 때는 Mom, Mum, Mommy처럼 첫 글자를 대문자로 씁니다. my mom/mum/mommy 라는 얘기인 거죠.

4   Mother는 '어머니' 정도의 느낌이고, 어린애들은 '엄마'를 **Mom**(영국은 Mum)이나 **Mommy** 라고 부릅니다. 엄마한테 혼날 때는 바짝 얼어서 딴 사람 대하듯 존칭인 ma'am을 쓰기도 하죠.

5   **It's time to + 동사원형** 이제 (진짜) ~할 시간이야. 진작 했어야 하지만 지금까지는 여유 좀 부렸다 치더라도 이제는 진짜 해야 한다는 어감입니다.
   예 **It's time to** study. 공부할 시간이야.   **It's time to** sleep. 이제 잘 시간이야.

6   Yes와 같은 맥락으로 Okay./Alright./Alrighty.(좋아요.), I heard you.(마지못해 '알았어요.') 등의 긍정 표현도 알려주세요. No 대신 I don't want to.(하기 싫어요.)도 많이 쓰죠.

7   '너 이거 안 하면 이렇게 될 거야'라는 식의 말은 **You'll ~ if you don't ~**(또는 **If you don't ~, you'll ~**) 패턴을 사용해 보세요.
   예 **If you don't** sleep now, **you'll** be tired tomorrow. 지금 안 자면, 내일 피곤할 거야.

8   어린아이들은 '못하겠어'란 말을 자주 하죠. 신발을 혼자 못 신는다든지 아직 할 능력이 없어서 못 할 때는 I can't. 하면 됩니다.

9   아이가 계속 일어나지 않을 땐 **Wake up!**(일어나!)을 써보세요. 명령문이라 목소리 톤에 따라서 엄마가 화났단 느낌을 줄 수도 있어요.

10   **I'm up.** 일어났어! 간단하면서도 충분히 의사소통이 되는 표현입니다. I'm done.(다 했어.), I'm in.(나도 할게.) 같은 요긴한 표현은 아이와 함께 익히세요.

❷ 아침인사하기

 아빠   딸

1 Good morning, honey.
좋은 아침이다. 얘야.

Good morning, Daddy. **2**
좋은 아침이에요. 아빠.

3 Did you sleep well?
잘 잤니?

I had a weird dream. **4**
이상한 꿈을 꿨어요.

5 What was it about?
무슨 꿈이었는데?

I dreamt about dinosaurs. **6**
공룡 꿈을 꿨어요.

7 It must have been exciting.
신났겠구나.

It was exciting. **8**
신났죠.

9 You could talk about your dream to your friends at school.
학교 가서 친구들에게 꿈 얘기 해주면 되겠네.

That's a great idea. I will! **10**
좋은 생각이에요. 그럴게요!

잠깐만요~

buttercups는 노란색의 작은 들꽃을 가리킵니다. 어렸을 때 외국인 선생님이 buttercups라고 불렀는데 친구들이 오글거린다고 했던 기억이 나네요.

1 아이를 부를 때 이름보다 애정이 듬뿍 담긴 **honey, sweetie, sweetheart, buttercups** 같은 애칭을 사용해 보세요.

2 아이가 아빠를 부를 때는 주로 **Dad**나 **Daddy**라고 하죠. 가끔 무서운 아빠에게 혼났을 때는 딴 사람 대하듯 거리감이 느껴지는 **sir**을 사용하기도 합니다.

3 가장 쉽고 간단한 의문문은 **Did you ~?**(~했니?)입니다.
예 **Did you** study? 공부했어?

4 **weird**는 '이상한, 기이한'이라는 뜻의 형용사입니다. I had a ~ dream에 다양한 형용사를 넣어 지난밤에 어떤 느낌의 꿈을 꿨는지 말할 수 있죠.
예 I had a **fun** dream. 즐거운 꿈을 꿨어.   I had a **scary** dream. 무서운 꿈을 꿨어.

5 **What is/was ~ about?** 뭐에 관한 ~야? 꿈, 책, 영화 등의 내용이 궁금할 때 활용해 보세요.
예 **What is** the book **about?** 뭐에 관한 책이야? (책 내용이 뭐야?)

6 **dreamt**는 dream의 과거형입니다. dreamt 대신 dreamed라고 해도 되죠.
(dream – dreamt, dreamed – dreamt, dreamed)

7 **must have been + 형용사**(~했겠구나)는 아이에게 공감해줄 때 쓰기 좋은 표현입니다.
예 **You must have been** angry. 화가 났겠구나.

8 **exciting**(신나게 하는, 흥분시키는)과 **excited**(신난, 흥분된)는 잘 구분해서 써야 해요.
예 **It** was exciting. (그건) 신나는 일이었어.   I was **excited**. 난 신났지.

9 **You could ~**(~하면 돼, ~해도 돼)는 네가 괜찮다면 이렇게 하는 방법도 있다며 상대에게 제안하거나 조언할 때 쓸 수 있는 표현이에요.
예 **You could** tell the truth. 사실대로 말하면 돼.

10 I will!은 I will do that!(그렇게 할게요!)을 줄인 말입니다. idea는 기발한 아이디어가 아닌 일반적인 '생각'이나 '의견'에도 사용할 수 있는 표현입니다.

❸ 아침 먹고 등원 준비하기

 엄마   아들

1 **What do you feel like having for breakfast?** 아침 뭐 먹고 싶니?	**Can I have cereal and some fruits?** 시리얼이랑 과일 먹어도 돼요? 2
3 **Come, your breakfast is ready.** 어서 와, 아침 준비 다 됐어.	**Wow, it looks delicious. Thanks, Mom.** 우와, 맛있겠다. 고마워요, 엄마. 4
5 **Please brush your teeth and wash your face.** 이 닦고 세수하고 오렴.	**Can you help me, please?** 좀 도와주실래요? 6
7 **Did you pack your bag?** 가방은 다 챙겼지?	**I'm all set and ready.** 네, 갈 준비 다 했어요. 8
9 **You are not wearing your socks!** 양말을 안 신었잖니!	**Oops. I'll put them on now.** 앗, 지금 신을게요. 10

1 **What do you feel like + -ing?**는 하고 싶은 것을 물어볼 때 쓰는 표현입니다.
예 **What do you feeling like doing?** 뭐 하고 싶니? (뭐 하고 싶은 기분이니?)

2 **Can I ~?, May I ~?**는 '~해도 될까요?'라고 허락을 구할 때 쓰는 표현이에요.
예 **Can I** watch TV? TV 봐도 돼요?   **Can I** play games? 게임 해도 돼요?

3 Can/May I ~?로 허락을 구하는 아이에게 그러라고 흔쾌히 대답해 줄 때는 '그럼, 물론이지'란 의미의 Sure나 Certainly / Of course 등을 쓸 수 있다는 점, 함께 알아두세요. Yes나 Okay 보다 훨씬 듣기 좋은 긍정 대답입니다.

4 **look**은 뒤에 형용사를 써서 '~하게 보이다'란 의미로 사용할 수 있습니다.
예 You **look** tired. 너 피곤해 보여.   This dish **look** spicy. 이 요리 매워 보여.

5 우리말은 이(치아)를 특별히 단수, 복수로 구분해서 쓰지 않지만, 영어는 **tooth**(단수), **teeth**(복수)로 구분해서 사용합니다.

6 부탁이나 명령은 **please**를 붙여 말하는 연습을 해주세요. 단어 하나로 정중하고 친절한 표현으로 바뀝니다.

7 여기서 **pack**은 '짐을 싸다', '포장하다'는 뜻의 동사입니다. **pack one's bag** 하면 '가방을 싸다'는 의미가 되죠.

8 **I'm all set**은 '세세하게 챙길 거 다 챙기고 정리할 거 다 정리가 되었다(세팅 다 됐다)'는 맥락에서 준비가 다 됐다는 의미예요.

9 우리는 '입다, 신다, 걸치다, 쓰다' 등 다른 동사를 쓰지만, 영어는 wear glasses(안경을 쓰다), wear shoes(신발을 신다), wear a hat(모자를 쓰다), wear clothes(옷을 입다) 등 몸에 걸치는 모든 것에 wear를 쓸 수 있어요.

10 '앗! 실수!'가 영어로는 **Oops!**입니다. Oopsie!라고 해도 되는데, 어린아이들은 oopsie daisy 라고 라임을 만들어서 말하기도 합니다.

잠깐만요~

다양한 식사 표현

Chew well.
꼭꼭 씹어먹어.

Don't talk with your mouth full. 입에 음식 든 채로 말하지 마.

Put your bowl in the sink. 먹은 그릇은 싱크대에 넣으렴.

Help clean the table.
식탁 치우는 것 도와줘

잠깐만요~

달리기 시합을 할 때 '준비, 출발!' 하는 말은 영어로는 Ready, set, go!라고 합니다.

❹ 등원 시키기

아빠   딸

1 Hurry up. We'll be late.
서두르자. 우리 늦겠어.

I'm coming, Dad. Wait up. **2**
가요, 아빠. 기다려 주세요.

3 You didn't forget anything, right? 빠트린 거 없지?

Yes, I'm good to go. **4**
네, 출발하면 돼요.

5 Can you press the 1st floor?
1층 좀 눌러줄래?

I just did. **6**
방금 했어요.

7 Be good to your friends and listen to your teacher.
친구들과 잘 지내고 선생님 말씀도 잘 들어.

I'm always good. **8**
전 항상 잘해요.

9 I'll see you later. 이따 보자.

Good bye. 다녀오겠습니다. **10**

---

1 Hurry up.(서둘러.) 대신 Let's go.(이제 가자.)나 It's time to go.(이제 갈 시간이야.)라고 해도 좋습니다. 아이가 늦장을 부려 짜증이 났다면 What's taking you so long?(왜 이렇게 오래 걸려?)

2 영어로 come(오다)과 go(가다)는 상대의 관점에서 말해야 합니다. 우리말로는 '가다'라도 **내가 상대방이 있는 곳으로 갈 때는 come**을 쓰지요.

3 문장 끝에 **right?**(맞지?)만 붙여도 의문문이 됩니다. 아이에게 확인할 때 요긴하죠. right에는 '오른쪽'(↔ left 왼쪽), '옳은'(↔ wrong 틀린) 등의 의미도 있습니다.

4 갈 준비나 뭔가 할 준비가 되었을 때 **I'm good to go.**를 씁니다. Are you ready?(준비됐어?)란 질문에 I'm ready.나 I'm good to go.라고 답할 수 있죠.

5 **floor**는 '층'을 의미합니다. 미국은 우리와 똑같이 '1층'을 1st floor라고 하지만, 영국을 비롯한 유럽 쪽에서는 '1층'은 ground floor, '2층'을 1st floor라고 하니까 주의하세요.

6 **just**는 다양한 의미로 쓰이는 단어입니다.
예 I **just** washed my face. **방금** 세수했어요.
This shirt is **just** my son's size. 이 셔츠는 **딱** 우리 아들 치수예요.
Do you think the punishment was **just**? 그 체벌이 **공평**했다고 생각해?

7 '매너 있게 잘 행동해라'는 뜻의 **Be good. / Behave.**는 원어민 엄마 아빠가 아이들에게 가장 많이 하는 잔소리 표현입니다.

8 아이들은 부모의 당부나 잔소리에 **Okie-dokie.**라는 표현도 많이 합니다. Okay.랑 같은 의미이긴 한데, 말투가 귀여워서 어린애들이 많이 사용하죠.

9 작별 인사를 할 때 간단하게 **Later.**(나중에 봐.)라고 해도 좋아요.

10 **Bye. / Good bye. / Bye bye. / Ciao.**[차우] / **Adieu.**[어듀우] 등 여러 가지 작별 표현이 있어요. 다양하게 사용해 보세요.

잠깐만요~

전 세계 부모들의 공통된 잔소리 모음
Be good. 얌전하게 굴어.
Be nice. 예쁘게 행동해.
Be polite. 친절하게 굴어.
Be gentle. 매너 있게 굴어.
Be quiet. 조용히 있어.
Be still. 가만히 있어.
딱히 긴 문장을 만들지 않아도 충분히 잔소리 효과가 있는 명령어들입니다.

3단계
회화 연습하기

이제 여러분의 영어회화 실력을 확인할 차례입니다.

Let's Speak! 📢 다음 우리말을 영어로 한번 말해보세요.

❶ 얘야, 이제 일어날 때 됐다.

🎤
....

❷ 지금 안 일어나면 늦을 거 같은데.

🎤
....

❸ 잘 잤니?

🎤
....

❹ (아이가 꿈을 꿨다는 얘기를 듣고) 무슨 꿈이었는데?

🎤
....

❺ 아침 뭐 먹고 싶니?

🎤
....

❻ 어서 와, 아침 준비 다 됐어.

🎤
....

❼ 가방은 다 챙겼지?

🎤
....

❽ 이 닦고 세수하고 오렴.

🎤
....

❾ 서두르자. 우리 늦겠어.

🎤
....

❿ 친구들과 잘 지내고 선생님 말씀도 잘 들어.

🎤
....

◆ 정답은 p.223을 확인하세요.

14

11:00 AM
엄마의 일상

강의 및 예문듣기

준비단계
엄마 아빠에게

학습 진 영어교육 전문가의
코멘트를 읽어보세요.

영어 말하기를 일상으로 만드세요.

아이가 등원한 후 우리의 일상은 어떤가요? 직장인 엄마 아빠의 일상은 비즈니스 영어책이 되어서 이번엔 전업주부 엄마의 일상만 다뤄볼게요. 사실 해외를 가지 않고 일상에서 영어로 말할 기회는 거의 없어요. 하지만 나의 일상생활과 관련된 상황을 영어로 말해보면서 생활속에서 영어환경을 만들어보면 어떨까요? mp3파일을 들으며 가상의 대화 상대와 연습해도 좋고 엄마 아빠가 함께 혹은 아이와 역할극을 해보는 것도 좋겠습니다. 영어 말하기를 여러분의 일상으로 만드세요.

1단계
오늘 말할 문장

우리말을 보면서 영어로 할
말을 생각해 보세요.

오늘의 영어 미션
금쪽같은 오전 시간, 장보고 친구 만나고 미용실 들르기

실례지만, 딸기는 어디에 있나요?

혹시 이거 배달돼요?

진짜 오랜만이다. 어떻게 지냈어?

너는 어떻게 하나도 안 변했니?

이 블로거가 여기 시금치 피자를 추천하네.

너희 아들 이제 많이 컸겠다.

헤어스타일을 좀 바꾸고 싶어요.

→ 여러분은 곧 이 문장들을 영어로 말할 수 있게 됩니다.

2단계

핵심표현 익히기

잘 듣고 따라 하면서 회화 핵심표현을 정리하세요.

① 장보기

엄마 · 직원

	엄마	직원	
1	Excuse me, where can I find strawberries? 실례지만, 딸기는 어디에 있나요?	Go straight down the aisle and it's on your right. 이 통로로 쭉 가시면 오른쪽에 있습니다.	2
3	Thank you. Do you have products with extra discounts today? 감사합니다. 오늘 추가 할인 제품이 있나요?	Yes. We have 20% extra discount on cheese today. 네. 오늘은 치즈를 20% 추가 할인합니다.	4
5	That's great. Could I get this delivered? 잘됐네요. 혹시 이거 배달돼요?	Sure. Your membership number, please? 네. 회원번호를 알려주시겠어요?	6
7	It's 1234. 1234입니다.	Is your address ABC apartment 101-111? 주소가 ABC아파트 101동 111호 맞으신가요?	8
9	Yes, it is. When can I expect the delivery? 네. 언제쯤 배달을 받을 수 있을까요?	We are quite busy today, so maybe in 2 hours. 오늘 저희가 좀 많이 바빠서요. 2시간 후에 가능할 거 같아요.	10

1 직원을 부를 때 가장 매너 있는 방법은 **Excuse me.**라고 하는 거예요. 신체 접촉을 하면 안 되고 눈이 마주치기를 기다려야 합니다.

3 **product**는 '공산품' 혹은 '제품'이라는 뜻입니다. '생산하다'는 동사로 잘 알려진 produce에는 명사로 '농작물'이란 뜻도 있죠. 외국 대형마트의 채소/과일 코너 간판을 보면 produce라고 적혀 있는 것을 볼 수 있습니다.

잠깐만요~

우리는 할인해달라는 말을 DC해줄 수 있냐고 묻기도 하는데, 영어에는 DC라는 약자를 쓰지 않습니다.

4 **discount**는 할인이라는 뜻으로, have동사 외에 give동사와도 자주 쓰입니다.
예 Can I **have a discount**? 할인 좀 해주세요.
We **give 10% discount** for cash. 현금으로 계산하시면 10% 할인해 드립니다.

5 **deliver**(배달하다), **get ~ delivered**(~을 배달 받다), **delivery**(배달)를 써서 배달 가능 여부를 어떻게 물어볼 수 있는지 다음 예문을 통해 확인해 보세요.
예 Do you **deliver**? 배달하시나요?
Can I **get** this **delivered**? 배달을 받을 수 있나요?
Do you have **delivery** service? 배달 서비스를 하시나요?

8 **Is your address/number ~?**(주소가/전화번호가 ~ 맞나요?)는 상대의 주소나 전화번호를 재차 확인할 때 간단하게 쓸 수 있는 표현입니다. phone number는 굳이 phone을 쓰지 않아도 전화번호라는 걸 알 만한 상황에서는 보통 number만 쓰죠.

잠깐만요~

'조용한'이란 뜻의 quiet와 철자, 의미, 발음을 혼동하지 마세요. quiet는 [크와이어ㅌ]로 조금 길게 발음하고, quite은 [크와잍]으로 짧게 발음합니다.

9 상대방의 정보 확인 질문에 '맞아요.'라고 할 때는 **That's correct. / Yes, that's right.**라고도 답할 수 있습니다.

10 **quite**는 '꽤, 아주, 상당히'란 뜻으로 상태 형용사를 강조해주는 부사입니다.
예 I'm **quite** tired. 나는 꽤 피곤해.

② 친구 만나기1

 엄마   친구

1 Hi! It's so good to see you. 안녕! 이렇게 보니까 너무 좋다.	Hi! It's been ages. How have you been? 안녕! 진짜 오랜만이다. 어떻게 지냈어? **2**
3 I'm good. How are you? 잘 지내지. 너는?	Good good. You haven't changed a bit. 나도 잘 지내고 있어. 너는 어떻게 하나도 안 변했니? **4**
5 You too! You look amazing! 너도. 진짜 좋아 보인다!	Shall we order? What do you want to have? 주문할까? 뭐 먹을래? **6**
7 Let me look online to see what's famous here. 여기 뭐가 유명한지 인터넷 좀 볼게.	That's a good idea. 좋은 생각이야. **8**
9 This blogger recommends spinach pizza. 이 블로거가 여기 시금치 피자를 추천하네.	That sounds good. Let's get that one. 맛있겠다. 그거 주문하자. **10**

2 **It's been ages.**는 정말 오랜만에 만나는 사람에게 건네는 인사성 표현입니다. 이때 **It's**는 It has의 줄임말이고, ages는 시간이 '오래' 됐다, '한참' 됐다는 의미랍니다.

3 **안부인사에 I'm fine.**은 너무 식상합니다. 뭐 큰 불만 없이 적당히 잘 지낸다는 의미로 말하고 싶다면 **I'm good. / I'm doing well. / Nothing to complain about.** 등을 써보세요.

4 오랜만에 만난 친구에게 세월의 흔적은 하나도 안 보이고 한창 때 그대로라며 칭찬해주고 싶을 때 **You haven't changed a bit.**(넌 어쩜 하나도 안 변했다.)을 써보세요.

5 **You look + 형용사** (너) ~해 보인다. 상대에 대한 관심을 드러낼 때 쓰기 좋은 표현입니다.
예 **You look** good. 좋아 보인다.   **You look** pale. 얼굴이 창백해.

잠깐만요~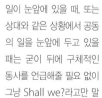

마땅히 하기로 되어 있는 일이 눈앞에 있을 때, 또는 상대와 같은 상황에서 공동의 일을 눈앞에 두고 있을 때는 굳이 뒤에 구체적인 동사를 언급해줄 필요 없이 그냥 Shall we?라고만 말해도 좋습니다.

6 **Shall we ~?** (우리) ~할까? 함께 뭘 하자고 제안할 때 간단히 사용할 수 있는 표현이죠.
예 **Shall we** go? 갈까?   **Shall we** begin? 시작할까?

7 '유명한'이란 의미의 **famous** 대신 '인기 많은'이란 의미의 **popular**를 써도 같은 맥락입니다.
더불어 '악명 높은'이란 의미의 infamous[인뭐머스]도 함께 알아두세요.

8 **That's a good idea.**는 좋은 생각이어서 동의한다는 의미이죠. 그냥 Good idea.라고만 해도 됩니다. good 대신 great도 많이 쓰죠.

9 **recommend**는 '추천하다'라는 뜻의 동사. 명사형은 recommendation이죠. 직원한테 바로 추천을 부탁할 때는 What do you recommend?(뭘 추천하세요?)라고 할 수 있어요.

10 **Let's get that one.**의 one은 '하나'라는 뜻이 아니라 앞에 언급된 명사(여기서는 spinach pizza)를 반복하지 않고 지시하기 위해 사용된 단어입니다. '그거'라는 뜻으로 번역할 수 있어요.

❸ 친구 만나기2

 엄마   친구

1 How's your family?
가족들은 잘 지내?

2 We're all doing well. Your son must be big now.
우린 다 잘 지내고 있어. 너희 아들 이제 많이 컸겠다.

3 He's 9 now. Time flies.
이제 9살이야. 시간 진짜 빨라.

4 Tell me about it. My daughter will be in middle school soon.
그러니까 말이야. 우리 딸은 이제 곧 중학생이야.

5 Already? I still remember when you were pregnant with her.
벌써? 너 그 애 임신했을 때가 아직도 생생한데.

6 It seems like yesterday, right?
엊그제 같은데, 그지?

7 It sure does. I feel like we haven't aged a bit.
그러게. 우리는 하나도 안 늙은 거 같은데.

8 But our body tells us a different story.
몸은 다른 얘기를 하고 있지만 말이지.

9 Don't go there. I can't digest well these days.
그 얘기는 하지 말자. 요즘은 소화도 잘 안 돼.

10 We need to exercise and take care of ourselves.
우리 이제 운동하고 관리해야 해.

잠깐만요~

take care of는 '~를 돌보다'란 의미이므로, take care of oneself 하면 '자기자신을 돌보대[관리하다]'가 되죠.

1 **How's your ~?** ~는 잘 지내니[있니]? 상대의 안부를 묻는 전형적인 표현입니다.
예 **How's your** husband? 남편은 잘 있니?

2 **big**은 '덩치가 큰' 것뿐 아니라 '성장한'이라는 뜻으로도 쓰입니다. 어른한테 big이라고 하면 키가 크거나 체격이 크다는 뜻도 되지만, 뚱뚱하다는 뜻도 있으니 주의해서 써야 해요.

3 **Time flies.** 시간 참 빠르다. 나이가 들수록 많이 쓰게 되는 말이죠. Time passes so quickly.라고 풀어서 말하기도 합니다.

4 **Tell me about it.** '내 말이.' '그러게 말이야.'란 뜻. 상대의 말에 너무 공감돼서 맞장구 칠 때 자주 쓰이는 표현이에요. 상황에 따라 글자 그대로의 의미(그것에 대해 말해봐.)로도 쓰이긴 합니다.

6 **It seems like yesterday.** (마치) 엊그제 일 같아. '~인 것 같다'는 의미의 It seems like ~를 활용한 문장입니다. 문장째 외워서 활용하세요.

7 **age**는 명사(나이, 시대)뿐 아니라 동사로도 써요. 여기서는 '나이 먹다, 늙다'는 동사로 쓰였죠.
예 50 ways to **age** well 잘 나이 드는 50가지 방법   **aging** society 고령화 사회

8 **tell a different story** 다른 이야기를 하다. 우리 눈에 보이는 것, 우리가 알고 있는 것, 우리가 믿고 있는 것이 사실이 아니라고 반박할 때 자주 쓰이는 표현입니다.
예 The evidence **tells a different story**. 증거는 다른 이야기를 하고 있어요.

9 **Don't go there.**는 정말 거기에 가지 말자는 뜻이 아니라 '그 토픽에 대해서는 거론하지 말자.'라는 뜻이에요.

10 **need to + 동사원형**(~해야 한다)은 그럴 필요가 있다는 맥락에서 해야 한다는 의미입니다. have to에 의무나 강제성의 뉘앙스가 있다면, need to에는 필요성의 뉘앙스가 있죠.

④ 헤어샵 방문하기

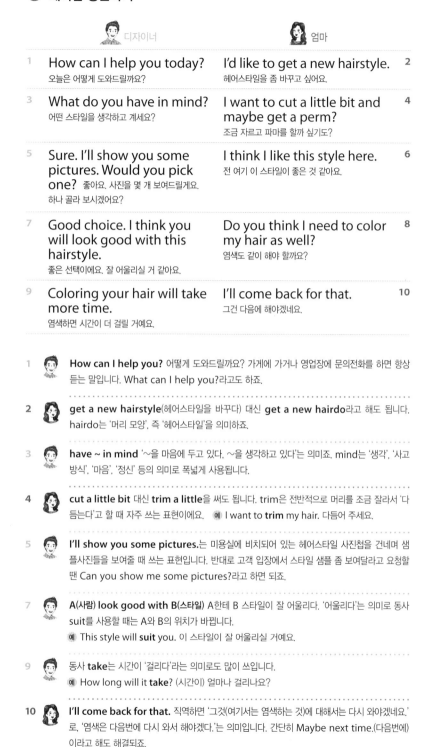

디자이너

엄마

1 **How can I help you today?**
오늘은 어떻게 도와드릴까요?

I'd like to get a new hairstyle. 2
헤어스타일을 좀 바꾸고 싶어요.

3 **What do you have in mind?**
어떤 스타일을 생각하고 계세요?

I want to cut a little bit and maybe get a perm? 4
조금 자르고 파마를 할까 싶기도?

5 **Sure. I'll show you some pictures. Would you pick one?** 좋아요. 사진을 몇 개 보여드릴게요. 하나 골라 보시겠어요?

I think I like this style here. 6
전 여기 이 스타일이 좋은 것 같아요.

7 **Good choice. I think you will look good with this hairstyle.**
좋은 선택이에요. 잘 어울리실 거 같아요.

Do you think I need to color my hair as well? 8
염색도 같이 해야 할까요?

9 **Coloring your hair will take more time.**
염색하면 시간이 더 걸릴 거예요.

I'll come back for that. 10
그건 다음에 해야겠네요.

---

1 **How can I help you?** 어떻게 도와드릴까요? 가게에 가거나 영업장에 문의전화를 하면 항상 듣는 말입니다. What can I help you?라고도 하죠.

2 **get a new hairstyle**(헤어스타일을 바꾸다) 대신 **get a new hairdo**라고 해도 됩니다. hairdo는 '머리 모양', 즉 '헤어스타일'을 의미하죠.

3 **have ~ in mind** '~을 마음에 두고 있다, ~을 생각하고 있다'는 의미죠. mind는 '생각', '사고 방식', '마음', '정신' 등의 의미로 폭넓게 사용됩니다.

4 **cut a little bit** 대신 **trim a little**을 써도 됩니다. trim은 전반적으로 머리를 조금 잘라서 '다듬는다'고 할 때 자주 쓰는 표현이에요. 예 I want to **trim** my hair. 다듬어 주세요.

5 **I'll show you some pictures.**는 미용실에 비치되어 있는 헤어스타일 사진첩을 건네며 샘플사진들을 보여줄 때 쓰는 표현입니다. 반대로 고객 입장에서 스타일 샘플 좀 보여달라고 요청할 땐 Can you show me some pictures?라고 하면 되죠.

7 **A**(사람) **look good with B**(스타일) A한테 B 스타일이 잘 어울리다. '어울리다'는 의미로 동사 suit를 사용할 때는 A와 B의 위치가 바뀝니다.
예 This style will **suit** you. 이 스타일이 잘 어울리실 거예요.

9 동사 **take**는 시간이 '걸리다'라는 의미로도 많이 쓰입니다.
예 How long will it **take**? (시간이) 얼마나 걸리나요?

10 **I'll come back for that.** 직역하면 '그것(여기서는 염색하는 것)에 대해서는 다시 와야겠네요.'로, '염색은 다음번에 다시 와서 해야겠다.'는 의미입니다. 간단히 Maybe next time.(다음번에)이라고 해도 해결되죠.

잠깐만요~

mind는 두뇌 활동에서 비롯되는 이성적이고 지성적인 측면의 '마음', '정신'을 뜻합니다. 감정적이고 정서적인 측면을 이야기할 때는 heart를 쓰죠.

이제 여러분의 영어회화 실력을 확인할 차례입니다.

Let's Speak! 🔊 다음 우리말을 영어로 한번 말해보세요.

❶ 실례지만, 딸기는 어디에 있나요?

🎤
....

❷ 혹시 이거 배달돼요?

🎤
....

❸ 진짜 오랜만이다. 어떻게 지냈어?

🎤
....

❹ 너는 어떻게 하나도 안 변했니?

🎤
....

❺ 여기 뭐가 유명한지 인터넷 좀 볼게.

🎤
....

❻ 이 블로거가 여기 시금치 피자를 추천하네.

🎤
....

❼ 너희 아들 이제 많이 컸겠다.

🎤
....

❽ 이제 9살이야. 시간 진짜 빨라.

🎤
....

❾ 헤어스타일을 좀 바꾸고 싶어요.

🎤
....

❿ 전 여기 이 스타일이 좋은 것 같아요.

🎤
....

● 정답은 p.223을 확인하세요.

15

회화 심화편   아침부터 밤까지 영어로 말해보기

2:00 PM
함께 하는 일상

강의 및 예문듣기

준비단계
엄마 아빠에게

학습 전 영어교육 전문가의
코멘트를 읽어보세요.

아이와 함께하는 일상의 다양한 상황을 영어로 표현해 보세요.

엄마 아빠는 평일에도 주말에도 쉴 틈이 없습니다. 때론 아이의 매니저가 되어야
하는 순간도 있어요. 병원에 데려가고, 학원을 등록해주고, 식당에 가서 주문해주
는 등 아이와 함께 하는 일상의 다양한 상황을 영어로 표현해 보세요. 사실 한국에
서 살면서 병원, 학원, 은행업무, 식당에서 영어로 말할 일은 거의 없지요. 하지만
부부가 함께 또는 아이와 다같이 역할극을 해보면서 엄마 아빠의 영어 자신감과 아
이의 영어 호기심을 키워보는 것은 어떨까요?

1단계
오늘 말할 문장

우리말을 보면서 영어로 할
말을 생각해 보세요.

오늘의 영어 미션

아이와 함께 병원, 학원, 은행, 식당 들르기

저희 아들이 콧물이 나고 기침을 조금 해요.

이틀 정도 된 거 같아요.

실례합니다. 저희 아들 영어수업을 알아보려고요.

언제 테스트 보러 오면 될까요?

아들 유치원용으로 계좌를 새로 만들어야 해요.

(신분증을 요청하는 상대에게) 운전면허증도 되나요?

여기는 뭐가 맛있나요?

→ 여러분은 곧 이 문장들을 영어로 말할 수 있게 됩니다.

111

잘 듣고 따라 하면서 회화 핵심표현을 정리하세요.

① 아이와 병원 가기

 의사   아빠

1 Please take a seat. What's the matter today?
앉으세요. 오늘은 어디가 아파요?

2 My son has a runny nose and a slight cough.
저희 아들이 콧물이 나고 기침을 조금 해요.

3 When did these symptoms start? 언제부터 그랬죠?

4 It's been about 2 days.
이틀 정도 된 거 같아요.

5 Is his mucus yellow or white?
콧물이 흰색인가요? 노란색인가요?

6 It's still white in color.
아직은 흰색이에요.

7 Could you hold up his T-shirt?
옷 좀 위로 잡아주시겠어요?

8 *(to his son)* It's not going to take long.
(아들에게) 오래 안 걸릴 거야.

9 Drink plenty of fluids and come back in 3 days.
수분 섭취 충분히 하고, 3일 후에 다시 오세요.

10 Thank you, doctor.
감사합니다, 선생님.

---

1 **What's the matter?**는 병원에서 의사가 환자에게 "어디가 아프세요?"라고 묻는 표현입니다. 이때 matter는 '문제'라는 뜻이죠. **What seems to be the problem?**도 같은 말입니다.

2 콧물이 나고, 기침을 하고, 목이 아프고, 열이 나는 등의 증상을 말할 때는 **have**동사가 잘 쓰여요.
예 **have** a runny nose 콧물이 나다   **have** a cough 기침을 하다
     have a sore throat 목이 아프다   **have** a fever 열이 나다

3 **When did these symptoms start?**는 직역하면 '이런 증상들이 언제부터 시작됐죠?'라는 의미입니다. symptom은 '증상'이란 뜻이죠.

4 **It's been + 기간 (기간이)** ~ 됐어요. 이때 It's는 It has의 줄임말이죠. 구체적으로 '무엇을 한 지' 얼마나 됐다고 말하려면 뒤에 〈since 주어 + 과거동사〉로 밝혀주면 됩니다.
예 **It's been** a year **since** I moved to Seoul. 서울로 이사온 지 1년이 되었어요.

5 **mucus** 콧물. 콧물을 딱 집어 말할 때는 mucus라고 하지만, '콧물이 흐르다'고 할 때는 보통 have a runny nose라고 하죠. runny nose는 '흐르는 코', 즉 '콧물이 흐르는 것'을 말합니다.

7 **Could you ~?**는 Can you ~?보다 정중한 느낌이므로, 조심스럽거나 대하기 어려운 상대에게 부탁을 할 때 활용해 보세요. 또, '움직이지 않게 잡는다'고 할 때는 hold up을 써보세요.

8 **long**은 길이를 의미하기도 하지만 기간을 의미하기도 합니다.
예 It's been so **long**. (오랜만에 본 친구에게 반갑게) 오랜만이야. (= It's been a while.)

9 외국 의사들이 가장 자주 하는 말이 바로 **drink plenty of fluids**(수분을 충분히 섭취하다)예요. fluid는 액체를 의미하는데 물, 주스 등 마실 것들을 다 포함하는 단어입니다.

10 **doctor**에는 2가지가 있어요. 의사를 의미하는 doctor가 있고, 박사학위를 딴 박사님을 의미하는 doctor가 있죠. 박사학위가 있는 사람들은 이름 앞에 Dr.를 붙여 Dr. Kim 해주는 것을 좋아하죠.

 잠깐만요~

일상생활에서 What's the matter (with you)?라고 하면 '문제가 뭐야?' '대체 왜 그래?' 등의 뜻으로, 뭔가 평소와 달라 보이는 상대에게 무슨 일이냐며 관심을 보일 때 자주 씁니다.

 잠깐만요~

'침, 타액'은 콕 집어 얘기할 때는 saliva라고 합니다. 하지만 '침을 뱉다'고 할 때는 그냥 동사 spit을 쓰죠.

❷ 학원 가기

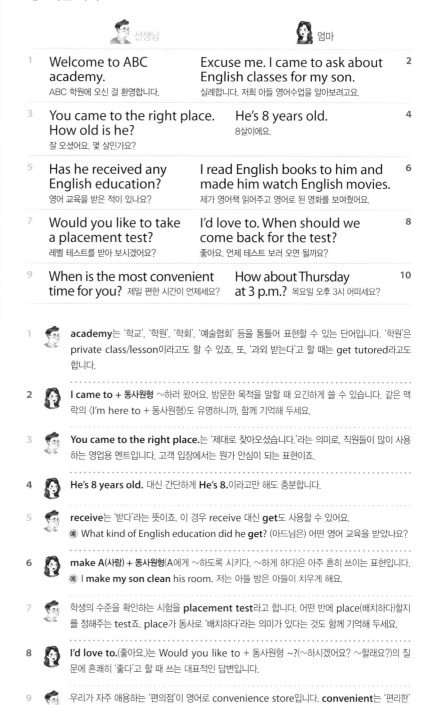

	🧑‍🏫 선생님	👩 엄마	
1	**Welcome to ABC academy.** ABC 학원에 오신 걸 환영합니다.	**Excuse me. I came to ask about English classes for my son.** 실례합니다. 저희 아들 영어수업을 알아보려고요.	2
3	**You came to the right place. How old is he?** 잘 오셨어요. 몇 살인가요?	**He's 8 years old.** 8살이에요.	4
5	**Has he received any English education?** 영어 교육을 받은 적이 있나요?	**I read English books to him and made him watch English movies.** 제가 영어책 읽어주고 영어로 된 영화를 보여줬어요.	6
7	**Would you like to take a placement test?** 레벨 테스트를 받아 보시겠어요?	**I'd love to. When should we come back for the test?** 좋아요. 언제 테스트 보러 오면 될까요?	8
9	**When is the most convenient time for you?** 제일 편한 시간이 언제세요?	**How about Thursday at 3 p.m.?** 목요일 오후 3시 어떠세요?	10

1. **academy**는 '학교', '학원', '학회', '예술협회' 등을 통틀어 표현할 수 있는 단어입니다. '학원'은 private class/lesson이라고도 할 수 있죠. 또, '과외 받는다'고 할 때는 get tutored라고도 합니다.

2. **I came to + 동사원형** ~하러 왔어요. 방문한 목적을 말할 때 요긴하게 쓸 수 있습니다. 같은 맥락의 〈I'm here to + 동사원형〉도 유명하니까, 함께 기억해 두세요.

3. **You came to the right place.**는 '제대로 찾아오셨습니다.'라는 의미로, 직원들이 많이 사용하는 영업용 멘트입니다. 고객 입장에서는 뭔가 안심이 되는 표현이죠.

4. **He's 8 years old.** 대신 간단하게 **He's 8.**이라고만 해도 충분합니다.

5. **receive**는 '받다'라는 뜻이죠. 이 경우 receive 대신 **get**도 사용할 수 있어요.
   예 What kind of English education did he **get**? (아드님은) 어떤 영어 교육을 받았나요?

6. **make A(사람) + 동사원형**(A에게 ~하도록 시키다, ~하게 하다)은 아주 흔히 쓰이는 표현입니다.
   예 I **make my son clean** his room. 저는 아들 방은 아들이 치우게 해요.

7. 학생의 수준을 확인하는 시험을 **placement test**라고 합니다. 어떤 반에 place(배치하다)할지를 정해주는 test죠. place가 동사로 '배치하다'라는 의미가 있다는 것도 함께 기억해 두세요.

8. **I'd love to.**(좋아요.)는 Would you like to + 동사원형 ~?(~하시겠어요? ~할래요?)의 질문에 흔쾌히 '좋다'고 할 때 쓰는 대표적인 답변입니다.

9. 우리가 자주 애용하는 '편의점'이 영어로 convenience store입니다. **convenient**는 '편리한'이란 의미의 형용사이고, **convenience**는 '편리(함)'를 의미하는 명사이죠.

10. **How about ~?**(~ 어때요?)은 상대에게 제안할 때 아주 간편하게 쓸 수 있는 유명한 표현이죠.
    예 **How about** lunch tomorrow? 내일 점심 어때? (점심 같이 먹자고 제안하는 말)

잠깐만요~ 📝

말 그대로 level test라고 해도 좋습니다.

113

❸ 은행업무 보기

 은행직원   아빠

1 Good morning, sir. How can I help you?
좋은 아침입니다. 무엇을 도와드릴까요?

2 I need to open a new account for my son's kindergarten.
아들 유치원용으로 계좌를 새로 만들어야 해요.

3 Can I have your identification, please? 신분증을 볼 수 있을까요?

4 Will a driver's license work? 운전면허증도 되나요?

5 Sure. Can you write your name on the screen?
그럼요. 화면에 성함을 적어 주시겠어요?

6 You mean the box on the screen?
화면의 박스 말씀하시는 거죠?

7 Yes, sir. You can write your name and put your signature.
네. 성함과 서명을 해주시면 됩니다.

8 I did.
했어요.

9 Here is your new account. Do you want online access? 여기 새 통장 받으세요. 온라인 뱅킹도 사용하시겠어요?

10 Yes, please. That would be helpful.
네. 그러면 좋을 것 같아요.

---

1 영업장에서 직원이 고객을 존중하는 의미로 여성에게는 **ma'am**, 남성에게는 **sir**이라고 칭하는데요. 상황에 따라 우리말의 '선생님, 사모님, 사장님, 고객님, 손님' 등에 모두 해당되는 표현입니다.

2 은행에서 말하는 **account**는 '계좌'를 뜻합니다. 우리는 보통 '통장을 만든다/해지한다'라고 하지만 영어에서는 open/close an account와 같이 '계좌'라는 말을 선호하죠.

3 **identification**은 '신분증'을 뜻하는 표현으로, 줄여서 ID라고도 많이 씁니다.

4 여기서 **work**는 '효력이 있다'는 의미입니다. 동사 work는 '일하다'는 뜻 외에도 기계가 '작동하다', 약이 '듣다, 효과가 있다', 어떤 일/것/상황이 '효력이 있다' 등의 의미로 두루두루 쓰이죠.

5 극장의 화면도, TV의 화면도, 컴퓨터의 화면도, 휴대폰의 화면도 모두 screen이라고 할 수 있습니다. '화면에 있는' 것을 가리킬 때는 **on the screen**을 활용하세요.
  예 Can you see what is **on the screen**? 화면에 있는 게 보이나요?

6 **You mean ~?**(~라는 말씀이신가요?)은 상대의 말을 확인할 때 쓰기 좋죠. 문법을 따지자면 Do you mean ~?이라고 해야겠지만, 실생활에서는 Do를 빼고 말하는 경우가 많습니다.

7 계약서나 신용카드 결제 시에 하는 '서명, 사인'은 영어로 **signature**입니다. sign은 동사로 '사인을 하다, 서명하다'는 의미로 쓰이죠. sign이 명사일 땐 '징후, 흔적, 간판'이란 뜻이에요.

9 **access**는 기본적으로 '접근'이란 뜻인데, 〈access to + 접근하는 대상〉의 형태로 잘 쓰입니다. 특히 인터넷 등의 데이터에 '접속해 이용할 수 있는 권한'을 말할 때 흔히 쓰죠.

10 뭔가를 '해드릴까요?'라고 묻는 상대에게 '네, 그렇게 해주세요.'라고 답하려면 **Yes, please.**라고만 하면 됩니다. 아주 간단하면서도 매너 있는 표현이죠.

잠깐만요~ 📝

kindergarten[킨더가아튼]은 우리의 '유치원'에 해당되는 표현이고, 이보다 더 어린아이들이 가는 '어린이집'은 daycare center라고 합니다. 참고로, preschool은 유치원과 어린이집을 통틀어 칭하는 표현이죠.

잠깐만요~

팬이 유명인에게 해달라고 하는 '사인'은 autograph라고 합니다. 따라서 유명인에게 '사인 좀 해주시겠어요?'라고 하려면 Can I get an autograph?라고 하세요.

114

④ 식당 가기

 웨이터   엄마

1 **Can I take your order?**
주문 도와 드릴까요?

2 **What's good here?**
(여기는) 뭐가 맛있나요?

3 **Our tomato pasta is the best seller.**
토마토 파스타가 제일 잘 나갑니다.

4 **That sounds good. We'll have that and this salad, please.**
좋아요. 그거랑 이 샐러드 주세요.

5 **What about drinks?**
음료는 어떻게 할까요?

6 **I'd like a glass of cold water and orange juice.**
찬물 한 잔과 오렌지 주스 주세요.

7 **Of course. Anything else?**
그럼요. 다른 거 더 필요한 건 없으시고요?

8 **Can we get children's cutlery and some napkins, please?**
어린이용 수저랑 냅킨 좀 갖다 주시겠어요?

9 **Coming right up.**
바로 가지고 오겠습니다.

10 **Thank you.**
감사합니다.

잠깐만요~

상대의 제안에 동의할 때 That sounds good.(좋아.)을 자주 쓰죠. That을 생략하고 Sounds good.으로도 많이 씁니다.

---

1 **Can I take your order?**(주문 도와 드릴까요? 주문하시겠어요?)는 식당에서 직원이 주문을 받을 때 쓰는 대표적인 표현입니다. **Are you ready to order?**(주문할 준비 되셨어요? 주문하시겠어요?)라고도 많이 쓰죠.

2 **What's good here?** 여기는 뭐가 맛있나요? 식당에서 음식 추천을 받고 싶을 때 아주 간단하게 쓸 수 있는 표현이죠. 어떤 미국 드라마에서 **They are all good.**(다 맛있어요.)이라고 대답하던 웨이터가 생각이 나네요.

3 **~ is the best seller**(~가 제일 잘 나가요/팔려요)는 가게나 식당에서 제일 잘 팔리는 제품이나 음식을 말할 때 쓰는 표현입니다. **best seller**는 책에만 사용하는 말이 아니라는 거, 아셨죠?

4 **I'll/We'll have + 음식**(~ 주세요)은 식당에서 음식을 주문할 때 쓰는 대표적인 표현이에요. 가게에서 물건을 선택할 때도 〈I'll have + 물건〉과 같이 활용하면 되죠.

5 **drink**는 동사(마시다, 술을 마시다)뿐 아니라 명사(음료, 술)로도 쓰이는 단어이죠. 식당에서 음료를 주문받을 때도 **What about drinks?**(음료는 어떻게 할까요?)처럼 쓰입니다.

6 **I'd like + 음식**(~ 주세요)도 식당에서 음식을 주문할 때 쓰는 전형적인 표현입니다. 이때 **I'd**는 I would의 축약형이죠.

7 **Anything else?** 다른 거 더 필요한 거 없으세요? 식당이나 호텔 등 서비스업에 종사하는 직원들이 고객의 요청사항을 다 받은 후에 꼭 덧붙이는 표현입니다.

8 fork(포크), spoon(숟가락), knife(칼), chopsticks(젓가락)를 다 포함하는 단어가 **cutlery**입니다.

9 **Coming right up.**은 식당 직원이 특히 많이 사용하는 표현입니다. '바로 가져다 드릴게요.'라는 뜻이에요. 같은 의미로 **I'll be right back.**도 많이 쓰죠.

🎧 15-2.mp3

3단계

회화 연습하기

이제 여러분의 영어회화 실
력을 확인할 차례입니다.

Let's Speak! 🔊 다음 우리말을 영어로 한번 말해보세요.

❶ 저희 아들이 콧물이 나고 기침을 조금 해요.

🎤
....

❷ 이틀 정도 된 거 같아요.

🎤
....

❸ 오래 안 걸릴 거야.

🎤
....

❹ 실례합니다. 저희 아들 영어수업을 알아보려고요.

🎤
....

❺ 목요일 오후 3시 어떠세요?

🎤
....

❻ 아들 유치원용으로 계좌를 새로 만들어야 해요.

🎤
....

❼ (신분증을 요청하는 상대에게) 운전면허증도 되나요?

🎤
....

❽ 여기는 뭐가 맛있나요?

🎤
....

❾ 저희 그거랑 이 샐러드 주세요.

🎤
....

❿ 저희 어린이용 수저랑 냅킨 좀 갖다 주시겠어요?

🎤
....

◐ 정답은 p.224를 확인하세요.

116

16

회화 심화편 | 아침부터 밤까지 영어로 말해보기

4:00 PM

아이와 오후시간 보내기

강의 및 예문듣기

준비단계

엄마 아빠에게

학습 전 영어교육 전문가의
코멘트를 읽어보세요.

매일 하는 활동에 영어를 살짝 녹여 보세요.

본격적인 육아가 시작되는 하원 혹은 하교 시간입니다. 반갑게 웃으며 영어로 아이를 맞이해 주세요. 영어가 공부하는 과목이 아닌 일상생활에서 편안하고 기분 좋게 사용할 수 있는 의사소통의 매개체라는 것을 보여주세요. 매일매일 하는 활동에 영어를 살짝 녹여서 영어를 쉽게 접할 수 있도록 도와주면 더욱 더 큰 효과가 나타날 거예요.

1단계

오늘 말할 문장

우리말을 보면서 영어로 할
말을 생각해 보세요.

오늘의 영어 미션

아이 하원 후 놀아주고 저녁밥 먹이고 알림장 확인하기

오늘 학교생활 어땠어?

간식거리 좀 줄까?

우리 나가서 놀까?

신발 신고 마스크도 잊지 말고.

저녁 준비 다 됐어.

오늘 숙제가 뭐야?

수학 시험이 언제지? 시험 준비는 다 했어?

→ 여러분은 곧 이 문장들을 영어로 말할 수 있게 됩니다.

117

2단계
핵심표현 익히기

잘 듣고 따라 하면서 회화 핵심표현을 정리하세요.

❶ 하원시키기

 엄마   아들

1 How was school?
오늘 학교생활 어땠어?

2 It was awesome. I made a new friend.
너무 좋았어요. 새 친구를 사귀었어요.

3 That's good to hear. You didn't make any trouble, right?
잘됐네. 말썽을 피우지는 않았지?

4 Of course not. I'm a good student.
당연하죠. 전 모범생이에요.

5 What did you have for lunch? Did you like it?
점심은 뭐 먹었니? 맛있었어?

6 We had pork cutlet. It was delicious.
돈까스 먹었어요. 맛있었어요.

7 Are you hungry? Do you want something else to nibble on?
배고프니? 간식거리 다른 거 좀 줄까?

8 Nope. I'm still stuffed from lunch.
아뇨, 아직 점심 먹은 게 꽉 찼어요.

9 Take off your socks and put them in the laundry bag.
양말 벗어서 빨래통에 넣어.

10 Can you wash my pants as well? I spilled milk on them today.
바지도 빨아주실래요? 오늘 우유를 흘렸어요.

---

2 awesome은 '아주 좋은, 멋진, 대단한, 끝내주는'이란 뜻으로, good보다 좋다는 어감이 훨씬 강하죠. 어떤 것에 대한 소감을 말할 때 It's awesome. / It was awesome.이라고 잘 써요.

3 make trouble(말썽을 피우다, 문제를 일으키다) 대신 get in trouble(곤경에 빠지다, 말썽스런 상황에 휘말리다)을 써서 You didn't get in any trouble, right?이라고 해도 같은 맥락의 질문이 됩니다.

4 상대의 말에 "당연하죠." "그럼요."로 긍정 답변을 할 때 Of course.를 쓰는데요. 상대의 질문이 부정문일 때는 이렇게 Of course not.(당연히 아니죠.)을 씁니다. 여기서는 당연히 말썽을 피우지 않았다는 의미로 이렇게 대답한 거죠.

5 무엇을 '먹는다'고 할 때 일상적으로 have동사를 많이 씁니다.
예 have lunch 점심을 먹다   I had pasta for lunch. 점심으로 파스타 먹었어.

6 인사치레가 아니라 진짜로 맛있다고 할 때는 형용사 delicious(맛있는)를 잘 쓰는데요. 미국에서는 속어로 delish라고도 합니다. 좀 더 캐주얼한 표현으로 yummy도 많이 쓰고요.

7 nibble on은 '~을 조금씩 뜯어먹다', '깨작깨작 먹다'는 의미입니다. 따라서 거하게 정식으로 밥을 먹는 게 아니라 그냥 '간식거리로 다른 거 먹을 걸 조금 줄까?'라는 맥락에서 Do you want something else to nibble on?이라고 물어보는 거죠.

8 I'm stuffed.는 '배가 꽉 찼어.'라는 의미로, 배부르다고 할 때 쓰는 표현이에요. 보통 I'm full.이라는 표현도 많이 쓰죠.

9 옷, 신발 등을 '벗는다'고 할 때는 take off를 씁니다. '입는다, 신는다'고 할 땐 put on을 쓰고요.
예 Take off your coat. 외투 벗어.   Please take off your shoes. 신발은 벗어주세요.

10 물로 깨끗하게 씻어내는 것에 대해서는 동사 wash를 씁니다. wash one's face(세수하다), wash someone's pants(~의 바지를 빨다), wash the dishes(설거지하다)처럼 말이죠.

잠깐만요~

'친구를 새로 사귄다'고 할 때는 make a new friend를 씁니다. 우리말이 '사귄다'라고 해서 뭐 특별한 동사를 쓸 것 같지만 그냥 기본동사인 make를 쓴다는 점, 알아두세요.

잠깐만요~

앞서 옷이나 신발 등을 '입다', '신다'라고 할 때 wear를 쓴다고 했잖아요. 그런데 wear은 입고 신고 착용하는 '상태'를 나타내는 표현이에요. 입고 신고 착용하는 '동작' 자체를 나타낼 때는 put on을 씁니다.

❷ 놀이터 가기

 아빠   딸

잠깐만요~

'밖에 나가서 놀다', '밖에 놀러 나가다'는 go outside to play라고 하면 됩니다.

1 Do you want to go outside to play? 우리 나가서 놀까?

I'd love to. Let's go to the playground. 좋아요. 놀이터에 가요. **2**

3 Are you taking your kickboard or bicycle? 킥보드 가지고 갈까? 자전거 가지고 갈까?

I want to take my remote control car. 무선 자동차 가지고 갈래요. **4**

5 Okay. Let's check if we need to change the batteries. 그래. 건전지 갈아야 하는지 확인하자.

Dad, we changed them yesterday. 아빠, 우리 어제 갈았잖아요. **6**

잠깐만요~

신발(shoes, sandals, sneakers)이나 바지(pants), 안경(glasses), 가위(scissors) 등과 같이 두 개가 한 짝인 물건은 보통 복수형으로 씁니다.

7 Oh, you're right. Put on your shoes and don't forget your mask. 아, 맞다. 신발 신고 마스크도 잊지 말고.

Can I wear my sandals? 샌들 신어도 돼요? **8**

9 It's still cold outside. You should wear your sneakers. 아직 밖은 추워. 운동화를 신으렴.

Okay, if you insist. I'll wear my grey sneakers. 네, 알겠어요. 회색 운동화 신을게요. **10**

---

1 **Do you want to + 동사원형 ~?** ~할까? 직역하면 '~하고 싶니?'인데요, 아이가 좋아할 만하다 싶은 일을 제안할 때 쓰기 좋은 표현입니다. 아이의 의견을 존중해 주겠다는 어감이 묻어나죠.

2 **I'd love to.**(I'd는 I would의 줄임말)는 상대의 제안에 '그러면 (참) 좋겠다.'고 흔쾌히 수락하는 답변이죠. 이처럼 동사 **love**는 단순히 뭔가를 '(참) 좋아한다'고 의사 표시할 때도 자주 쓴답니다.
예 I **love** pizza. 피자 (참) 좋아해요. (like를 쓸 때보다 좋아하는 어감이 좀 더 강함)

3 동사 **take**는 참 다양한 의미로 활용되는데요, 여기서는 물건을 '가지고 가다'는 의미랍니다. 뒤에 사람을 쓰면 '데려가다'라는 의미고요. 이 경우 take 대신 bring을 써도 좋습니다.

4 **remote control car** 무선 (조정) 자동차. 우리가 RC car라고 부를 때, 이 RC가 remote control을 줄인 말입니다. remote control은 '리모컨, 원격조정'이라는 의미죠.

5 **Let's check if ~** ~인지 (어떤지) 확인해보자. Let's ~(우리 ~하자)는 함께 뭔가를 하자고 제안할 때 흔히 쓰는 표현이고, if는 '~인지 (어떤지)'라는 의미입니다.

7 **Don't forget ~**(~ 잊지 마)은 잊지 말고 뭔가를 챙기라고 할 때 잘 쓰는 표현입니다. 뒤에는 명사 또는 〈to + 동사원형〉이 오죠.
예 **Don't forget to** turn off the light. 불 끄는 거 잊지 마.

8 '샌들'은 영어로도 sandals입니다. 샌들 중에서도 엄지 발가락에 고리를 끼워서 신는 신발은 flip-flops라고 하죠. Crocs(크록스)는 신발 종류가 아닌 브랜드입니다.

10 상대방의 권유나 제안에 알겠다고 대답할 때 Okay나 All right 뒤에 **if you insist**를 붙여 쓰곤 하는데요. 이 경우 if you insist는 '그렇게 말씀하신다면', '정 그렇다면'이란 어감입니다.

❸ 저녁 먹이기

 엄마　　　　　　　　　　 아들

	엄마	아들	
1	Min, your dinner is ready. 민아, 저녁 준비 다 됐어.	Okay, Mom. I'm coming. 네, 엄마. 지금 가요.	2
3	Do you want to use a fork or chopsticks? 포크 줄까? 젓가락 줄까?	I feel like using a fork today. 오늘은 포크를 쓰고 싶어요.	4
5	Please don't leave the table until you are done. 밥 다 먹고 일어나야지.	But I'm bored. 심심하단 말이에요.	6
7	Would you like more kimchi? 김치 더 줄까?	No, thank you. It's a little bit spicy. 괜찮아요. 좀 매워요.	8
9	Don't talk with your mouth full. 입에 음식 든 채로 말하지 마.	I'm sorry. 죄송해요.	10

 잠깐만요~

자리를 '뜨다, 떠나다'는 뜻의 leave는 [리입]로 [이] 발음을 길게 빼주세요. 짧게 발음하면 '살다'는 뜻의 live[립]이 되거든요.

1 저녁 준비 다 됐다고 할 때는 be ready(준비가 되다)를 이용해 **Dinner is ready.**라고 합니다. 다른 말로 Dinner is served.라고 해도 되죠. 이때 serve는 음식을 상에 '차려주다', 식당 등에서 음식을 '제공하다'라는 의미이기 때문에 식당이나 호텔 등에서도 쉽게 접할 수 있는 표현이에요.

2 바로 갈 수 없다면 '잠시만요.'라는 의미의 Give me a minute. / Wait a sec (second). 등을 쓰면 되죠.

3 '젓가락'도 두 개를 한 짝으로 쓰는 물건이니까, chopsticks처럼 항상 복수로 씁니다.

4 **I feel like + -ing**는 '~하고 싶다, ~하고 싶은 기분이다'라는 뜻으로 자주 쓰이는 표현입니다.
예 **I feel like** watching a movie today. 오늘은 영화를 보고 싶은 기분이네요.

5 **Don't A until B**는 직역하면 'B할 때까지는 A하지 마라'인데요. 결국 **'B하고 나서 A해라'**라는 개념이에요. 그래서 이 문장도 결국 "밥 다 먹고 일어나야지."라는 의미인 거죠.

6 심심하다는 말, 아이들이 자주 하죠? 영어로는 **I'm bored.**(나 심심해요.)라고 합니다. 어떤 것이 지루하고 재미가 없을 때는 It's boring.(지루해요.)이라고 하고요.

7 구체적으로 어떤 음식을 '더 줄까?'라고 물어보려면 **Do you want more + 음식?** 또는 **Would you like more + 음식?**(Do you want ~?보다 부드러운 표현)을 활용하세요. 어떤 음식인지 뻔할 때는 그냥 Do you want some more?(더 줄까?)라고 물어보면 됩니다.

8 상대방이 음식 등을 더 줄까라고 호의를 보이는 말에 거절할 때는 No 뒤에 thank you를 붙여 쓰는 게 습관입니다. **No, thank you.**처럼 말이죠. No, I'm good. / It's okay.라고도 할 수 있습니다.

9 full은 형용사로 '가득 찬'이란 의미. 따라서 **talk with one's mouth full** 하면 '가득 찬 입으로 말하다', 즉 '입에 음식 든 채로 말하다'는 의미입니다.

10 영어에는 감사의 표현만큼 사과의 표현도 많은데요. **I'm sorry.**가 누구나 쓸 수 있는 가장 만만한 표현이죠. My apologies.라는 표현도 있는데, 이건 보통 어른들이 사용하는 표현이에요.

4 알림장 확인하기

 아빠　　　　　　　　　　　　　　 딸

1 **Can I see the school bullet journal?** 알림장 좀 보여줄래?

2 **It's in my bag.** 가방 안에 있어요.

3 **Do you have any homework today?** 오늘 숙제가 뭐야?

4 **I have to read the history textbook.** 역사 교과서를 읽어야 해요.

5 **When is your math test?** 수학 시험이 언제지?

6 **I think it's on Friday.** 금요일인 거 같아요.

7 **Are you ready for the test?** 시험 준비는 다 했어?

8 **I need to go over the equations.** 방정식을 조금 더 봐야 해요.

9 **Let me see. Did you bring the supply list?** 보자. 준비물 목록 가지고 왔어?

10 **Oops, I left it at school.** 앗, 학교에 두고 왔어요.

잠깐만요~

시험 및 공부 관련 표현
midterm exam 중간고사
finals (= final exams) 기말고사
review / revise 복습하다
go over 훑어보다
look over 대충 훑어보다

1 '학교 알림장'은 **school homework book**, **homework checklist**, **bullet journal** 등으로 표현할 수 있죠. 학교, 나라마다 쓰는 단어가 다를 수 있어요. 요즘은 classroom news라는 이메일을 보내거나 웹사이트를 통해서 공지(notification)를 하는 곳이 많아요.

2 **bag**은 모든 '가방'을 아우르는 기본적이고 포괄적인 단어이죠. '등에 매는 배낭 식의 책가방'을 콕 집어 말하고 싶다면 **backpack**이라고 하면 됩니다.

3 **homework**는 복수로 사용하지 않아요. 숙제가 아무리 많아도 -s를 붙이지 않는답니다.
예 I have a lot of **homework**. 저는 숙제가 정말 많아요.

4 '교과서'나 '교재'는 **textbook**이라고 합니다. text는 '본문'이라는 뜻인데 읽을거리가 많아서 textbook인가 봐요.

5 '수학'은 mathematics라고 하는데 보통 줄여서 **math**라고 말하죠.

6 요일과 날짜 앞에는 보통 전치사 **on**을 붙여요.
예 My son has art class **on Fridays**. 우리 아들은 금요일마다 미술 수업이 있어요.
　　Are you free **on March 13th**? 3월 13일에 시간 있어요?

잠깐만요~

on Fridays(금요일마다)는 every Friday를 의미합니다. 이처럼 on 뒤에 요일의 복수형을 쓰면 '매주 ～요일마다'라는 의미가 되죠.

7 **Are you ready for ~?** ~ 준비는 다 했어? 이 경우 ready 대신 prepared를 써도 돼요.
예 Are you **ready/prepared for** the presentation? 프레젠테이션 준비 다 됐어?

8 **go over**는 서류 등을 '검토하다, 살펴보다, 훑어보다'라는 의미로 자주 쓰이는 표현이에요.
예 I need to **go over** the document. 서류를 검토해야 해요.

9 뭔가를 살펴봐야 하거나 판단해야 하는 상황에서 우리도 '자', '어디 보자.' '가만있어보자.' 같은 말을 나도 모르게 꺼내는 경우가 많은데요. 영어도 마찬가지입니다. 이럴 때 입 밖으로 튀어나오는 말이 바로 **Let me see.**이죠.

10 **leave**에는 자리를 '떠나다, 뜨다'라는 뜻도 있지만, 여기서처럼 물건을 '놔두고 오다'라는 의미도 있습니다. 둘 다 많이 쓰이니까, 기본 예문들을 잘 익혀뒀다가 상황에 맞춰 자주 응용해 보세요.

Let's Speak! 🔊 다음 우리말을 영어로 한번 말해보세요.

❶ 오늘 학교생활 어땠어?

🎤
....

❷ 양말 벗어서 빨래통에 넣어.

🎤
....

❸ 우리 나가서 놀까?

🎤
....

❹ 신발 신고 마스크도 잊지 말고.

🎤
....

❺ 아직 밖은 추워. 운동화를 신으렴.

🎤
....

❻ 밥 다 먹고 일어나야지.

🎤
....

❼ 김치 더 줄까?

🎤
....

❽ 입에 음식 든 채로 말하지 마.

🎤
....

❾ 오늘 숙제가 뭐야?

🎤
....

❿ 수학 시험이 언제지? 시험 준비는 다 했어?

🎤
....

◐ 정답은 p.224를 확인하세요.

17

회화 심화편 아침부터 밤까지 영어로 말해보기

8:30 PM
아이 재우기

강의 및 예문듣기

준비단계
엄마 아빠에게

학습 전 영어교육 전문가의
코멘트를 읽어보세요.

다정한 굿나잇 인사로 하루를 마무리해 보세요.

하루를 마무리하는 시간은 매우 중요합니다. 잠자리에 들기 전 아이를 씻겨줄 때도, 잠들기 전 다정하게 책을 읽어줄 때도(영어 동화책이 좋겠죠?) 간단한 영어로 해주세요. 특히 아이의 침대를 정리해주며 다정하게 굿나잇 인사를 해주는 것, 절대 빼먹으면 안 됩니다. 간단하지만 다정한 표현, 아이에게 사랑을 드러내는 표현을 많이 해줄수록 아이의 생활 속에 영어가 편안하게 자리 잡게 되니까요.

1단계
오늘 말할 문장

우리말을 보면서 영어로 할
말을 생각해 보세요.

오늘의 영어 미션

아이 씻기고 책 읽어주고 굿나잇 인사로 하루 마무리하기

벌써 저녁 8시야. 이제 목욕해야지.

눈 감아. 머리 감겨줄게.

어금니까지 닦는 거 알지?

입 헹구렴.

오늘밤에 읽고 싶은 책 3권 골라볼래?

식물에 대한 이 책은 어때?

잘 자고 좋은 꿈 꾸렴

→ 여러분은 곧 이 문장들을 영어로 말할 수 있게 됩니다.

잘 듣고 따라 하면서 회화
핵심표현을 정리하세요.

잠깐만요~ 📝

오후시간은 시간 뒤에
p.m.을 붙이고, 오전시간
은 시간 뒤에 a.m.을 붙여
서 정확하게 구분해 주는데
요. 보통 a.m.이나 p.m.을
붙이지 않아도 오전인지 오
후인지 웬만큼 파악되기 때
문에 안 붙이고 쓰는 경우
가 많답니다. 여기서는 저
녁시간이라는 걸 강조하기
위해 p.m.을 붙인 거죠.

❶ 씻기기

 엄마   아들

1 Can you come here and take off your clothes, please?
이리 와서 옷 벗을래?

2 It's time for my bath already? I'm not done playing.
벌써 목욕시간이에요? 아직 다 못 놀았는데요.

3 It's already 8 p.m. It's time for your bath.
벌써 저녁 8시야. 이제 목욕해야지.

4 Okay. Can I play a little more after my bath?
알겠어요. 목욕하고 조금 더 놀아도 돼요?

5 Okay. Please come into the bathroom now.
알았어. 얼른 욕실로 들어와.

6 Alright.
알았다고요.

7 How's the water? Is it hot or cold? 물은 어때? 뜨거워? 차가워?

8 Nope. It's the right temperature. 아뇨. 온도 딱 맞아요.

9 Close your eyes. Let me wash your hair. 눈 감아. 머리 감겨줄게.

10 I hate this part. Please be quick. 이게 제일 싫어. 빨리 해주세요.

1 **Come here.**(여기로 와.)는 엄마들이 자주 사용할 수 있는 좋은 표현입니다. 목소리 톤에 따라 느낌이 달라지겠지만 please를 뒤에 붙이면 좀 더 부드러워지죠. **Come here at once.** 하면 조금 더 단호하게 '지금 당장 여기로 오라.'는 말이 되죠. 한 번 말할 때 바로 들으라는 어감입니다.

2 **done**은 finished와 같은 의미로 일상생활에서 제법 많이 사용됩니다. 특히 **Is it done?**(다 했어?) 요 문장 하나 알아두면 "숙제 다 했어?" "밥 다 먹었어?" 등등, 다양한 상황에서 간단히 활용할 수 있죠.

3 **It's time for + 명사** 이제 (진짜) ~할 시간이야. '시간됐으니까 하라'고 할 때 요긴한 표현이죠. 앞에 나온 〈It's time to + 동사원형〉과 같은 의미입니다.
예 **It's time for** your bath. = **It's time to** bathe. 이제 목욕할 시간이야.

4 **bath**는 명사로, '목욕'이고, 동사형은 뒤에 -e를 붙인 bathe[beɪð]입니다. 같은 말이라도 보통 bathe보다는 take a bath(목욕하다)를 많이 쓰죠.

5 **come into + 장소** 하면 그 장소 '안으로 들어간다'는 의미입니다. 안으로 쏙 들어가는 동작의 이미지가 강하게 드러나는 표현이죠.

7 많이 뜨거울 때는 boiling hot이라는 표현을 쓸 수 있어요. 물이 끓을 정도로 뜨겁다는 뜻이죠. 반대로 많이 차가울 때는 물이 얼 정도로 차갑다는 의미인 freezing cold를 쓰면 된답니다.

8 **온도(temperature)** 얘기가 나온 김에 하나 알아둘까요? 우리는 온도를 말할 때 섭씨(Celsius)를 사용하는데, 미국은 화씨(Fahrenheit)를 사용해요. 그래서 미국 매체에서 86 degrees(86도)라고 하면 우리의 30도에 해당되는 온도입니다.

9 **Let me + 동사원형**은 '내가 ~해줄게'라고 호의를 베풀 때 자주 쓰이는 표현이에요.
예 **Let me** help you. 제가 도와드릴게요.

10 맘에 들거나 좋아하는 것에 대해서 I like ~라고 표현한다면, 싫어하거나 싫은 것에 대해서는 보통 **I hate ~**라고 말합니다. hate는 '~을 싫어하다'는 의미이죠.

❷ 이 닦기

 아빠   딸

1 **Let me squeeze the toothpaste for you.** 치약 짜줄게.

2 **Just a little, please.** 조금만 짜주세요.

3 **Don't forget to brush your molars.** 어금니까지 닦는 거 알지?

4 **It's difficult. I can't reach my molars.** 어려워요. 어금니는 잘 안 닿아요.

5 **Rinse your mouth.** 입 헹구렴.

6 **I did. Can I go now?** 했어요. 이제 가도 돼요?

7 **Nope, you need to do it one more time.** 아니야. 한 번 더 닦아야 해.

8 **Again? Why?** 또요? 왜요?

9 **You had jelly today. Let's be extra thorough today.** 오늘 젤리 먹었잖아. 오늘은 더 꼼꼼하게 닦자.

10 **Ahh, must I?** 아~, 꼭 그래야 해요?

잠깐만요~ 📝

'어금니'는 영어로 molar [모울러ㄹ]예요. 발음이 우리말의 '몰라'에 가까워서 "어금니가 영어로 뭘까? 몰라? 모울러!!" 이런 식으로 농담하듯 아이에게 알려줘 보세요. 아이들은 요런 말장난하기 좋은 단어를 참 좋아하잖아요.

---

1 **squeeze the toothpaste** 치약을 짜다. 즙이나 치약 등을 '짜다, 짜내다'고 할 때는 squeeze를 씁니다. '치약'을 뜻하는 toothpaste도 기본적으로 알고 있어야 하는 단어예요.

2 어떤 상황에서는 양적으로 '조금만 달라'고 할 때는 **Just a little, please.**라고 간단히 말하면 됩니다. 수적으로 '몇 개만 달라'고 할 때는 Just a few, please.라고 하면 되죠.

3 **Don't forget to + 동사원형**(~하는 거 잊지 마, 잊지 말고 ~해.)은 아이에게 꼭 하라고 당부할 때 요긴한 표현이죠. '이를 닦다'는 brush one's teeth인데, '어금니를 닦다'도 이를 응용해 **brush one's molars**라고 하면 됩니다.

4 동사 **reach**는 '닿다, 도달하다'는 뜻이에요. 목표에 '도달하다' 등과 같은 추상적인 개념으로도 쓰인답니다. rich[뤼치]보다 모음을 길게 발음해 reach[뤼이치]라고 해주세요.
   예 I'm studying hard to **reach** my goal. 목표에 도달하기 위해 열심히 공부하고 있어요.

5 머리를 헹구다. 입을 헹구다 등과 같이 '헹구다'는 말을 하고 싶을 때는 동사 **rinse**를 쓰세요.

7 '한 번 더'는 말 그대로 **one more time**이라고 하면 됩니다. 그래서 '그것을 한 번 더 하다'는 do it one more time이죠.

8 아이들은 질문이 많습니다. 특히 어떤 일을 시킬 때 '왜 그래야 하나?'고 물을 때가 많죠. 그럴 때 간단히 Why?라고 해도 되지만, **Why should I?**(제가 왜 그래야 해요?)라는 말도 많이 써요.

9 **thorough**는 '빈틈없는', '철두철미한', '꼼꼼하게 하는'이라는 의미의 형용사입니다. 부사형 **thoroughly**도 많이 쓰이니까 함께 기억해 두세요.
   예 You must read the book **thoroughly**. 책을 꼼꼼히 읽어야지.

10 '꼭 그래야만 해요?'라고 항변할 때는 간단히 **Must I?**라고 하면 되는데요. Must I?라고 하는 아이에게 '꼭 그래야 한다.'고 단호하게 말할 때는 You must.라고 하면 됩니다.

125

③ 책 읽어주기

	아빠	딸	
1	**Please pick 3 books you want to read tonight.** 오늘밤에 읽고 싶은 책 3권 골라볼래?	**I want to read these three.** 이 3권 읽고 싶어요.	2
3	**What about this book on plants?** 식물에 대한 이 책은 어때?	**Nope, we already read it several times.** 싫어요. 이거는 이미 몇 번이나 읽었던 말이에요.	4
5	**Okay. Let's read these three you picked.** 알겠어. 네가 고른 이거 3권 읽자.	**Thank you, Dad. You are the best.** 고마워요. 우리 아빠 최고.	6
7	**Do you want to read these in bed?** 침대에서 읽을까?	**Yes, I'd love that.** 네, 좋아요.	8
9	**Come and lie down next to me.** 아빠 옆에 와서 누워.	**Please read me this book about dinosaurs.** 이 공룡책 읽어주세요.	10

1. '오늘밤'은 today night이라고 하지 않고 **tonight**이라고 합니다. '어젯밤'은 yesterday night이 아니라 **last night**이라고 해요.

2. **I want to + 동사원형** ~하고 싶어. 내가 하고 싶은 게 뭐라고 말할 때 쓰는 대표적인 표현입니다. 미국 구어체에서는 want to를 wanna로 편하게 발음하는 경우가 많아요.

3. **What about ~?** ~ 어때? 뭔가를 제안할 때 쓰는 표현이에요. 이때 about의 의미는 굳이 따지지 말고 What about ~?을 통째 익혀두는 게 중요합니다. 뒤에 나오는 전치사 on은 '~에 대한'이란 뜻이죠.

4. **time**은 한 번(one time = once), 두 번(two times = twice), 여러 번(several times) 할 때의 횟수를 나타내는 표현으로도 쓰입니다. 이 경우 앞에 오는 숫자에 따라 단복수를 맞춰주어야 하죠.

6. 아이들이 부모에게 해줄 수 있는 최고의 칭찬은 **You are the best.**입니다. '우리 엄마 최고야.' 혹은 '우리 아빠 최고야.'라는 뜻이죠. 물론 엄마/아빠가 아이에게도 해줄 수 있는 표현이죠.

7. '침대에서' 무얼 한다고 할 때는 보통 습관적으로 **in bed**를 씁니다. 침대 위니까 전치사 on을 쓸 거 같지만 침대에서 무얼 한다는 건 보통 '침대 이불 안에 들어가서' 뭘 한다는 이미지로 굳어져 있거든요.

8. Do you want to ~?라는 아빠의 질문에 **I'd love that.**(좋아요.)이라고 대답했네요. 역시 이때 I'd는 I would의 줄임말이죠. 앞서 계속 나온 I'd love to.와 같은 말입니다.

9. 누구/무엇 '옆에'라고 할 때는 전치사 next to를 활용하면 됩니다. next to me(내 옆에), next to the post office(우체국 옆에)처럼 말이죠.
   예 Who's the man **next to** Julie? 줄리 옆에 있는 남자 누구야?

10. 아이들은 공룡을 참 좋아하죠? '공룡'은 영어로 dinosaur[dáinəsɔ̀:r]라고 하는데, -saur 부분의 발음이 만만치가 않습니다. mp3를 들으면서 최대한 원어민 발음에 가깝게 발음해 보세요.

잠깐만요~

동사 read는 현재, 과거, 과거분사형의 철자가 모두 같습니다. 하지만 현재일 때는 [뤼ㄷ], 과거/과거분사일 때는 [뤠ㄷ]로 발음하죠. 이 대화에서는 4번 문장(과거형) 빼고는 다 현재형으로 쓰였네요.

잠깐만요~

'~에 관한, ~에 대한'이라고 하면 제일 먼저 떠오르는 전치사가 about일 텐데요. about은 일반적이고 포괄적으로 쓰이고요. 좀 전문적인 내용에 관한 것일 때는 보통 on을 쓰죠.

④ 굿나잇 인사해주기

 엄마   아들

잠깐만요~

영어에서는 bed(침대)가
'자는 행위'를 상징하는 표
현으로 제법 쓰이는데요.
제일 유명한 표현이 '자다,
자러 가다'는 뜻의 go to
bed이고, 여기 나온 time
for bed(잘 시간), ready
for bed(잘 준비), before
bed(자기 전에)도 아주 흔
히 쓰이는 표현이죠.

1 Come on, let me tuck you in. 이리 와. 이불 덮어줄게.

2 It's already time for bed? 벌써 잘 시간이에요?

3 You need a good night's sleep to grow. 크려면 잘 자야지.

4 Alright. Can I do one last thing before bed? 알겠어요. 마지막으로 딱 하나만 해도 돼요?

5 Sure, but be quick. 알았어. 근데 금방 와야 해.

6 I need to organize the blocks. Okay, I'm ready for bed now. 블록을 정리해야 해요. 됐다. 이제 잘 준비 됐어요.

7 Did you have a good day? 오늘 좋은 하루 보냈어?

8 Yes, I had a pleasant day. 네, 좋은 하루를 보냈어요.

9 Sleep tight and sweet dreams. 잘 자고 좋은 꿈 꾸렴.

10 Good night, Mom. 안녕히 주무세요, 엄마.

---

1 **Let me tuck you in.**은 잘 시간이 되어 엄마가 잠자리를 봐주면서 아이에게 쓰는 말입니다. '(엄마가) 이불 덮어줄게.'라는 뜻인데요. 그니까 어서 와서 자라는 뉘앙스를 품고 있죠. 동사 tuck 은 '밀어 넣다, 쑤셔 넣다', 〈tuck + 사람 + in〉은 '~에게 이불을 덮어주다'란 뜻입니다.

2 '벌써 ~할 시간이에요?'라고 할 때는 It's time for ~에 '벌써'를 뜻하는 already를 끼워서 말 끝을 올리기만 하면 됩니다. **It's already time for ~?**처럼 말이죠.

3 '푹 잘 자는 것'을 영어로는 **good night's sleep**이라고 씁니다.
예 I study better after a **good night's sleep**. 푹 자고 나면 공부가 더 잘 되더라.

4 지금까지 계속 나와서 이제 잘 아시겠지만, 아이들이 엄마에게 허락을 구할 때 가장 많이 사용하 는 표현이 **Can I ~?**(~해도 돼요?)입니다. 뒤에 동사원형만 붙이면 되죠.

5 빨리 하고 오라는 의미로 **Be quick.**뿐 아니라 Hurry.(빨리 와.) / Don't make me wait.(나 (너무) 기다리게 하지 마라.) 같은 표현도 써보세요.

6 **organize**는 어떤 것을 틀에 맞춰 '조직하다, 조직화하다'라는 뜻으로도 많이 쓰이고요, 여기서처 럼 어떤 것을 정해진 대로 질서정연하게 딱 '정리한다'고 할 때도 쓰이는 동사예요.

7 아이에게 오늘 하루 어땠는지를 확인해보는 표현으로 **Did you have a good day?**(오늘 좋 은 하루 보냈어?)도 좋은 표현입니다. '좋은[즐거운, 재미있는] 하루를 보내다'는 뜻의 have a good day를 활용한 질문이죠.

8 좋은 하루 보냈냐는 질문에 대한 대답도 have a good day를 활용하면 되는데요. **good** 대신 **great**(아주 좋은), **wonderful**(아주 좋은, 멋진, 끝내주는), **pleasant**(기분 좋은) 등의 다양한 형용사로 바꿔 말할 수 있죠.

9 **Sleep tight.**(잘 자.)와 **Sweet dreams.**(좋은 꿈 꿔.)는 부모가 아이에게 굿나잇 인사를 할 때 자주 쓰는 표현이에요. **Sleep well.**(잘 자.)도 마찬가지고요.

10 이 경우, '엄마도요.'라는 의미로 **You too, Mom.** 이렇게 대답해도 좋아요.

Let's Speak! 📢 다음 우리말을 영어로 한번 말해보세요.

① 벌써 저녁 8시야. 이제 목욕해야지.

🎤 ....

② 눈 감아. 머리 감겨줄게.

🎤 ....

③ 치약 짜줄게.

🎤 ....

④ 어금니까지 닦는 거 알지?

🎤 ....

⑤ 입 헹구렴.

🎤 ....

⑥ 오늘밤에 읽고 싶은 책 3권 골라볼래?

🎤 ....

⑦ 식물에 대한 이 책은 어때?

🎤 ....

⑧ 이리 와. 이불 덮어줄게. (어서 자자.)

🎤 ....

⑨ 크려면 잘 자야지.

🎤 ....

⑩ 잘 자고 좋은 꿈 꾸렴.

🎤 ....

⬦ 정답은 p.225를 확인하세요.

엄마 아빠 100명에게 물어봤어요
우리 아이 영어교육 FAQ ④

Q 영어 공부 어떤 순서로 시키는 게 좋을까요?

영어교육에 정답은 없습니다. 남들과 비교하지 말고 조급해하지 말고 우리 아이가 즐겁게 영어를 접할 수 있도록 엄마 아빠가 도와주세요.

A 우리가 한국어를 배우는 과정을 생각해 봅시다. 태어나서 첫 2년 정도 아이들은 말은 거의 하지 못하고 듣기만 합니다. 즉, 인풋의 과정이 매우 길어요. 그 다음에 옹알이를 합니다. 알아들을 수 없는 소리를 내다가 얼핏 비슷하게 따라 하게 됩니다. 처음에는 문법도, 발음도 다 어눌합니다. 그러다가 엄마 아빠의 한국어를 많이 듣고 따라 하면서 자연스럽게 체득하게 되죠. 이제 본인이 스스로 하고 싶은 말을 하면서 언어가 폭발적으로 늘게 됩니다. 한글은 독서를 통해서 자연스럽게 습득하는 아이들도 있고 학습지나 문제집을 통해서 공부를 하는 아이들이 있습니다. 대부분 아이들은 어느 정도 쓸 수 있게 되면 자기가 원하는 글을 쓰면서 표현을 하는데, 그 과정에서 많이 늘게 됩니다.

3~6세의 어린 아이들은 모국어를 배우듯 영어를 체득하는 것이 가장 이상적입니다. 물론 그런 환경을 만들어주는 것은 너무 어렵죠. 그나마 비슷한 환경을 만들어주는 것이 영어 '흘려듣기'를 많이 하도록 하는 겁니다. 미디어를 틀어주고, 책 음원을 틀어주는 거죠. 중요한 포인트는 학습이 아니라 자연스럽게 노출이 되도록 하는 거예요.

이제 아이들이 7~8세 정도가 되면 뭐든지 스스로 이해를 하고 싶어 합니다. 영어는 왜 그런지, 영어로는 그걸 어떻게 표현하는지 궁금해하기 시작합니다. 그리고 한국어 이해도가 높아졌기 때문에 학습이 조금씩 들어가도 좋습니다. 알파벳을 쓰게 하고, 단어와 문장을 외우게 할 수 있습니다. 그리고 이제 미디어의 의존도는 조금씩 줄여야 합니다. 대신 책을 더 읽게 해주고 대화를 조금 더 해줘야 합니다. 학습의 느낌이 나기 시작하면서 의무감을 심어줘야 하는데 이때부터 엄마 아빠의 역할이 더 중요합니다. 영어를 싫어하지 않도록 즐겁게 이끌어 주려면 아이의 관심 분야에서 시작해 주세요. 그리고 아이가 매일 사용할 수 있는 패턴영어로 시작해 주세요.

그리고 이제 어느 정도 알파벳을 알고, 단어를 알고, 표현들을 안다면 책과 미디어의 수준을 높여줘야 합니다. 책을 읽고 독후감을 쓰게 하거나, 영어일기를 쓰게 하고, 영어로 조금씩 의견을 표현하게 합니다. 여기서 중요한 포인트가 있습니다. 아직 초등학생들에게는 무리해서 문법을 고쳐줄 필요가 없습니다. 한국식으로 문법규칙을 외우거나 문제를 푸는 것은 필요하지 않습니다. 아이들에게 인풋이 계속 제공되면 영어에 대한 감은 쌓이고, 문법은 문법인지도 모른 채 자연스레 체득되는 부분이 있습니다. 아이들이 하는 영어는 조금씩 틀리더라도 들어주고 칭찬해 주세요. 영어로 말하고 표현하는 걸 장려해 주세요. 기를 죽이면 안 돼요. 자신감을 가지고 더 많이 사용하도록 응원해 주세요.

엄마 아빠를 위한
영문법 무작정 따라하기

첫째 마디

•

문법 1단계

회화를 위한 영문법

18

문법 1단계　회화를 위한 영문법

동사만 알면 영어의 절반 완성
be동사, 일반동사

강의 및 예문듣기

동사가 빠진 문장은 존재할 수 없습니다.

문장을 만들 때 가장 기본이 '주어(누가)'와 '동사(행동을 하다, 상태가 어떻다)'입니다. 그런데 주어가 빠진 문장은 있어도 동사가 빠진 문장은 없습니다. 아이에게 "공부해!", "밥 먹어!" 같은 잔소리를 할 때 "Study!", "Eat!"로는 의미를 전달할 수 있지만, "Book", "Food"만으로는 정확한 전달이 어렵죠. 영어 문장에서 핵심인 동사부터 여러분이 헷갈리는 문법의 첫 단추를 하나씩 채워가시기 바랍니다.

오늘의 영어 미션

영어 문장에서 동사를 정확하게 사용하기

우리 아들은 열 살이에요.
My son a~~re~~ 10 years old.

걔 어제 수업에 늦었어요.
He ~~is~~ late for class yesterday.

나는 지금 매우 피곤해요.
I b~~e~~ very tired now.

그 집 아들은 아침 일찍 일어나나요?
D~~o~~ your son get up early in the morning?

그 애는 책 많이 읽어요?
D~~o~~ he read many books?

→ 이번 과를 끝내면 여러분은 이 문장들을 오류 없이 말할 수 있게 됩니다.

문법 설명을 차근차근 읽어
보세요.

 잠깐만요~

사실 일상에서 말하거나
글을 쓸 때 현재형으로 말
하는 경우는 거의 없지요.
다음 과에서 "밥 먹었어.",
"밥 먹을 거야." 같이 시제
에 따른 동사 변화도 알려
드릴게요.

① 일반동사

 My son (get / gets) up early in the morning.
우리 아들은 아침 일찍 일어납니다.

He (read / reads) many books.
그 애는 책 많이 읽어요.

동사는 크게 주어의 움직임(어찌하다)과 상태(어떻다)를 나타냅니다. 이어서 곧 배울 be동사가 주어의 상태를 나타낸다면 일반동사는 주어의 움직임을 나타냅니다. eat(먹다), study(공부하다), run(뛰다), sleep(자다), read(읽다), drink(마시다) 등이 일반동사입니다.

I sleep.	나는 잔다.
You study.	너는 공부한다.
He runs.	그 남자는 달린다.
She reads.	그 여자는 읽는다.
We eat.	우리는 밥 먹는다.
They drink.	그 사람들은 마신다.

동사가 문장에서 중요하긴 하지만 문장의 주인공은 주어입니다. 그래서 동사는 주어에 따라 조금씩 형태가 달라집니다. 3인칭 단수(She, He, It)가 현재형으로 쓰일 때는 동사원형(변형 없는 상태) 뒤에 -(e)s가 붙습니다.

주어	eat (밥) 먹다	do 하다	think 생각하다	feel 느끼다
I	eat	do	think	feel
You	eat	do	think	feel
She/He/It	eats	does	thinks	feels
We	eat	do	think	feel
They	eat	do	think	feel

엄마 아빠가 아이에게 가장 자주 쓰는 문장 형태는 명령문이 아닐까 해요. Eat!이라고 동사만으로도 명령문이 완성됩니다. 이때 Eat, please. 하고 끝에 please를 붙여주면 어감이 훨씬 부드러워집니다. Come and eat.(와서 먹어.)

134

❷ 일반동사의 의문문

 (Do / <u>Does</u>) your son get up early in the morning?
그 집 아들은 아침 일찍 일어나나요?

(Do / <u>Does</u>) he read many books?
그 애는 책 많이 읽어요?

엄마 아빠가 명령문 못지않게 많이 쓰는 문장은 의문문입니다. 일반동사의 의문문은 do라는 단어를 맨 앞에 붙여야 합니다. 주어가 3인칭 단수(She, He, It)일 때는 does를 붙이고 주어 뒤의 동사는 동사원형(변형 없는 상태)으로 바꿔줍니다.

Do you study?	너 공부하니?
Does he run?	그는 달리나요?

★ Does를 붙이고 runs를 동사원형인 run으로 변경했습니다.

Does she like apples?	그 여자 사과 좋아해요?
Do we eat lunch at 12:00?	우리 점심 12시에 먹나요?
Do they drink milk every day?	그들은 매일 우유 마시나요?

아이에게는 보통 '~했니?'라는 과거로 물어볼 때가 많죠. 과거형은 Did ~? 뒤에 주어와 동사(동사원형)를 붙여주면 됩니다.

Did you sleep?	너 잤어?
Did you study?	너 공부했어?
Did you run?	너 뛰었어?
Did you read?	너 책 읽었어?
Did you eat?	너 밥 먹었어?
Did you drink?	너 마셨어?

주어가 3인칭 단수일 때도 Did를 앞에 붙이고 동사원형을 연결해주면 됩니다.

He went to school.	그는 학교에 갔다.
→ Did he go to school?	그는 학교에 갔니?

be동사

I (<u>am</u> / is) tired now.   나는 지금 피곤해요.
My son (be / <u>is</u>) 10 years old.   우리 아들은 열 살입니다.

남들 앞에서 자기소개할 때 이름, 나이, 소속(직업) 등을 말하잖아요. be동사는 이렇게 우리의 상태나 기분, 외모를 표현할 때 필요한 동사입니다. be동사는 아래와 같이 주어나 시제에 따라서 다양한 모양으로 바뀝니다.

주어	현재	과거	미래
I	am	was	am going to / will
You	are	were	are going to / will
She/He/It	is	was	is going to / will
We	are	were	are going to / will
They	are	were	are going to / will

 잠깐만요~

인칭대명사와 be동사는 다음과 같이 줄여서 말하는 게 보통입니다.

I am ⋯ I'm
You are ⋯ You're
She/He/It is
⋯ She's / He's / It's
We are ⋯ We're
They are ⋯ They're

1 상태를 표현할 때

I was tired.   나는 피곤했어요.

She is hungry.   그 여자는 배가 고파요.

They are sleepy.   그 사람들은 졸려요.

2 기분을 표현할 때

I am excited.   나는 기대돼요.

He was happy.   그 남자는 행복했어요.

They were angry.   그 사람들은 화가 났었어요.

3 외모를 표현할 때

I am short.   나는 키가 작아요.

Jane is tall.   제인은 키가 커요.

You are slim.   너는 날씬해.

 어휘

tired 피곤한
sleepy 졸린
excited 신이 난, 흥분한

4 be동사의 의문문

(Is / <u>Are</u>) you tired now? 너 지금 피곤해?
(<u>Is</u> / Are) your son 10 years old? 네 아들 열 살이야?

의문문을 만들 때는 주어와 be동사의 순서만 바꾸면 됩니다. You are tired.를 질문으로 바꾸면 Are you tired?가 됩니다. Your son is 10 years old.를 질문으로 바꾸면 Is your son 10 years old?가 되죠. 이때 your son(너의 아들)은 대명사로 생각하면 he에 해당되는 3인칭이기 때문에 be동사는 is를 쓴 거죠. 앞서 나온 my son(나의 아들)도 마찬가지고요.

I am short. 나는 키가 작아.
→ Am I short? 나 키 작아?

She is hungry. 그녀는 배가 고파.
→ Is she hungry? 그녀가 배고파?

He is happy. 그는 행복해.
→ Is he happy? 그는 행복해?

They are sleepy. 쟤들은 졸려.
→ Are they sleepy? 쟤들 졸려?

We are slim. 우리는 날씬해.
→ Are we slim? 우리 날씬해?

slim 날씬한

Quiz be동사의 위치에 유의하면서 다음을 의문문으로 말해보세요.

❶ They are angry. 쟤들은 화가 났어요.
→ ....

❷ She is tall. 그녀는 키가 커요.
→ ....

| 정답 |
❶ Are they angry?
그 애들은 화났니?
❷ Is she tall?
그녀는 키가 커?

137

TEST A 다음 중 올바른 동사 형태를 골라보세요.

❶ My son (be / is) 10 years old.

❷ He (be / was) late for class yesterday.

❸ I (am / is) very tired today.

❹ The school (be / is) closed for 2 weeks.

❺ This sandwich (be/ is) delicious.

TEST B 다음 문장을 의문문으로 바꿔보세요.

❶ You are thirsty.

....

❷ She is late.

....

❸ You like strawberries.

....

❹ He reads many books.

....

❺ Your son wakes up early.

....

🔵 정답은 p.225를 확인하세요.

19

언제라고? 오늘? 어제? 내일?
기본 시제

강의 및 예문듣기

준비단계
엄마 아빠에게

학습 전 영어교육 전문가의
코멘트를 읽어보세요.

✏️ 말을 할 때는 언제인지 시제를 정확히 표현해야합니다.

한국인이 가장 많이 틀리는 문법 중 하나가 바로 시제입니다. 우리말의 시제 표현
과 공통된 부분도 있지만 다소 다른 면도 있기 때문이죠. 우리말과 마찬가지로 영
어 시제의 핵심도 바로 동사입니다. 시제에 맞게 동사의 형태가 조금씩 바뀌는데
요. 현재, 현재진행, 미래, 과거, 이렇게 4가지 시제만 완벽히 구사해도 간단한 의
사소통에는 문제가 없습니다.

1단계
오늘 배울 문법

시제에 유의하면서 문장의
문법 오류를 찾으세요.

오늘의 영어 미션

영어 문장에서 시제를 정확하게 맞추기

오늘은 월요일입니다.
Today wɑ̶s Monday.

영화는 7시에 시작해.
The movie stɑ̶rt at 7:00.

저는 지금 이 책을 읽고 있어요.
I reɑ̶d this book right now.

이미 점심을 먹었어요.
I already haᵥ̶e lunch.

전 세계를 여행할 거예요.
I trɑ̶vel around the world.

→ 이번 과를 끝내면 여러분은 이 문장들을 오류 없이 말할 수 있게 됩니다.

문법 설명을 차근차근 읽어 보세요.

잠깐만요~

일반동사의 경우, 주어가 3 인칭 단수일 때 현재 시제 는 뒤에 -(e)s를 붙여야 한 다는 사실, 기억하죠?

capital 수도
set (해가) 지다
work at ~에서 일하다

---

❶ 현재 시제: 사실 또는 변함없는 일을 말할 때

 You (are / were) so pretty.
너는 너무 예뻐.

제가 아이에게 매일 하는 말이에요. 저도 모르게 입에서 자동으로 나오니까 못 말 리는 도치맘이죠. 아이가 제 눈에 예쁜 건 사실, 변함없는 fact입니다. 이렇게 변함 없는 일, 모두가 인정하는 사실에는 현재 시제(simple present)를 씁니다.

Seoul is the capital of South Korea.
서울은 대한민국의 수도입니다.

The sun rises from the east and sets in the west.
태양은 동쪽에서 떠서 서쪽으로 집니다.

My father works at a car company.
저희 아빠는 자동차 회사에서 일하십니다.

❷ 현재 시제: 반복적이거나 습관적인 것을 말할 때

 My son (wake / wakes) up at 6:30 in the morning.
저희 아들은 아침 6시 30분에 일어나요.

아이가 태어난 뒤 저희 부부는 늦잠을 자본 게 손꼽을 정도입니다. 이렇게 반복해 서 일어나는 일, 습관적인 일에도 현재 시제를 사용합니다.

My son goes to his art class on Wednesdays.
우리 아들은 수요일마다 미술 수업에 가요.

My daughter comes home late most evenings.
우리 딸은 저녁에 대부분 늦게 집에 와요.

I don't drink coffee in the evening.
저는 저녁에는 커피를 마시지 않아요.

wake up (잠에서) 깨다, 일어나다
in the morning 아침에
on Wednesdays 수요일 마다 (= every Wednesday)
late 늦게

❸ 현재 시제: 확실히 정해진 미래를 말할 때

 The movie (start / <u>starts</u>) at 7:00.
영화는 7시에 시작해.

우리말도 "영화는 7시에 시작해." "그 기차는 6시에 도착해." 등과 같이 현재로 미래의 일을 말할 때도 있잖아요. 영어도 마찬가지입니다. 확실히 정해져 있는 미래의 일은 현재 시제로 나타내기도 하는데요. start(시작하다), arrive(도착하다), leave(떠나다), go(가다), come(오다) 등 출발과 도착을 나타내는 경우(왕래발착 동사)가 특히 그렇습니다.

The concert starts this Sunday at 6 p.m.
콘서트는 이번 주 일요일 오후 6시에 시작합니다.

The train for Busan leaves soon.
부산행 열차가 곧 출발합니다.

The train leaves Seoul at 3:00 and arrives in Busan at 6:20.
열차는 3시에 서울을 떠나 6시 20분 부산에 도착합니다.

this Sunday
이번 주 일요일에
soon 곧

❹ 현재진행 시제

 I (read / <u>am reading</u>) this book right now.
저는 지금 이 책을 읽고 있어요.

지금 진행되고 있는 일은 〈be동사 + 일반동사ing〉 형태의 현재진행 시제를 사용합니다. "지금 뭐하고 있어?(What are you doing now?)"라는 질문에 대한 대답으로 적절한 문장이 바로 현재진행형입니다.

I'm studying English grammar.   나는 영어 문법을 공부하고 있어요.

My son is taking a shower.   아들은 샤워하고 있어.

My wife is preparing dinner.   아내가 저녁을 준비하고 있어.

That car is driving too fast.   저 차는 너무 빨리 달리고 있어.

They are talking to each other.   그들은 대화하고 있어.

 잠깐만요~

영어는 my son(나의 아들), my husband(나의 남편)와 같이 my를 꼭 밝혀줍니다. 하지만 우리말은 맥락상 굳이 필요 없는 경우 그냥 '아들', '남편'과 같이 말하거나 my보다는 '우리'라는 표현을 많이 쓰죠.

take a shower 샤워하다
each other 서로

⑤ 과거 시제

I already (have / <u>had</u>) lunch.
이미 점심을 먹었어요.

과거에 있었던 일은 과거 시제를 씁니다. 동사는 뒤에 -(e)d를 붙여 과거 시제를 만드는 규칙동사(regular verbs)와 아예 철자가 바뀌는 불규칙 동사(irregular verbs)가 있습니다. 정확한 의미 전달을 위해 시제를 정확히 써주세요. 어제 누구를 만났으면 I met Mrs. Kim yesterday.(어제 김 여사를 만났어.)와 같이 정확히 표현해야 의미 전달에 오해가 없습니다.

잠깐만요~ 📝

동사 read는 과거형일 때도 형태가 동일합니다. 다만 발음이 [red]로 바뀌죠.
read[ri:d] - read[red]

규칙 동사 Regular Verbs		불규칙 동사 Irregular Verbs	
동사원형	과거	동사원형	과거
study 공부하다	studied	stand 일어서다	stood
want 원하다	wanted	wake up 일어나다	woke up
walk 걷다	walked	drink 마시다	drank
work 일하다	worked	read 읽다	read
like 좋아하다	liked	buy 사다	bought
talk 말하다	talked	teach 가르치다	taught
type 타이핑하다	typed	dream 꿈꾸다	dreamt
prepare 준비하다	prepared	eat 먹다	ate
present 발표하다	presented	drive 운전하다	drove
clean 청소하다	cleaned	write 적다	wrote
adjust 적응하다	adjusted	take 가지고 가다	took

I bought a new laptop yesterday.
저 어제 새 노트북 샀어요.

My husband went to watch a movie.
남편은 영화를 보러 갔어요.

My son ran towards the gate and fell on his nose.
아들이 문을 향해 뛰어가다가 넘어져서 코를 다쳤어요.

어휘

laptop 노트북
went go(가다)의 과거형
ran run(달리다)의 과거형
fell fall(떨어지다, 넘어지다)의 과거형

❻ 미래 시제

 I (travel / will travel / am going to travel) around the world.
전 세계를 여행할 거예요.

미래 시제는 가장 나중에 추가된 시제라고 해요. 그래서인지 다른 시제보다 비교적 쉽고 간단합니다. 미래 시제에는 〈will + 동사원형〉과 〈be going to + 동사원형〉의 2가지 형태가 있습니다.

1 will을 사용하는 경우

주어의 의지를 표현할 때는 will을 씁니다. 그래서 말하는 순간 즉흥적으로 하는 미래 계획이나 약속 또는 부탁/거절을 할 때 will을 사용하죠. 이밖에도 다음과 같은 경우에 will을 쓸 수 있습니다.

Stop nagging me, Mom. I will study now. [말하는 순간 즉흥적으로 하는 계획]
잔소리 좀 그만하세요. 이제 공부할게요.

I will not accept your offer. [거절]
제안을 거절하겠습니다.

I won't let you down. [약속, 다짐]
실망시키지 않겠습니다.

Will you call me later? [부탁]
이따가 전화 줄래요?

I think it will rain today. [의견을 토대로 한 예측]
오늘 비가 올 거 같은데.

The sun will rise tomorrow. [미래에도 적용되는 사실]
내일도 해는 뜰 거예요.

2 be going to를 사용하는 경우

이미 정해놓은 미래 계획이나 논리적이고 이유 있는 예측을 말할 때 be going to를 씁니다. 물론 to 뒤에는 동사원형이 오죠.

I'm going to travel next year. [이미 정해놓은 미래 계획]
내년에 여행할 거예요.

It's going to rain soon. The sky is very cloudy, and it's getting chilly. [논리적이고 이유 있는 예측]
곧 비가 올 거예요. 구름도 많고 쌀쌀해지고 있어요.

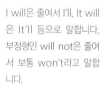

잠깐만요~

I will은 줄여서 I'll, It will은 It'll 등으로 말합니다. 부정형인 will not은 줄여서 보통 won't라고 말합니다.

어휘

nag ~에게 잔소리하다
accept someone's offer ~의 제안을 거절하다
let someone down ~를 실망시키다
later 이따가, 나중에
cloudy 구름 낀
chilly 쌀쌀한

143

TEST   주어진 시제에 맞춰 다음 문장의 동사를 바꿔주세요.

❶ She **read** 3 books today. [과거]

....

❷ I **drink** at least 2 cups of coffee every day. [현재]

....

❸ My son **run** fast. [현재진행]

....

❹ She **clean** the table. [미래]

....

❺ John **come** to school this morning. [미래]

....

❻ It **rain** every day. [현재진행]

....

❼ That phone **ring**. [현재진행]

....

❽ My husband **prepare** dinner. [과거]

....

❾ This book **be** difficult. [현재]

....

❿ I **travel** next year. [미래]

....

◐ 정답은 p.226을 확인하세요.

20

자연스러운 회화의 치트키

구동사 (동사 + 부사)

강의 및 예문듣기

준비단계

준비단계

엄마 아빠에게

학습 전 영어교육 전문가의
코멘트를 읽어보세요.

일상생활에서 자주 쓰이는 구동사를 익혀두세요.

영어에는 take off(~을 벗다), show up(나타나다)처럼 〈동사 + 부사〉로 이루어진
구동사 표현이 있습니다. 일상생활에서 원어민들은 같은 값이면 한 단어짜리 동사
보다는 구동사를 많이 사용하죠. 그래서 회화를 자연스럽게 하려면 이런 구동사에
익숙해질 필요가 있습니다. 이런 구동사를 활용할 때 특히 유의해야 할 점과 자주
쓰는 구동사 표현들을 익혀두세요.

1단계

오늘 배울 문법

구동사에 유의하면서 문장
의 문법 오류를 찾으세요.

오늘의 영어 미션

영어 문장에서 구동사를 정확하게 사용하기

내가 그 사람을 (차로) 데려올게요.
I'll pick up him.

그는 회의에 나타나지 않았어요.
He didn't show up the meeting.

우산 다시 돌려줬어?
Did you give the umbrella?

이 신청서를 언제 제출해야 하나요?
When should I hand this application?

너, 컴퓨터 꺼야 해.
You need to turn your computer.

→ 이번 과를 끝내면 여러분은 이 문장들을 오류 없이 말할 수 있게 됩니다.

20-1.mp3

2단계
핵심문법 익히기

문법 설명을 차근차근 읽어 보세요.

잠깐만요~

〈동사 + 부사〉로 이루어진 구동사의 경우 각 단어의 뜻을 통해 그 의미를 파악할 수 없는 경우도 많기 때문에 그냥 하나의 표현으로 묶어서 알아두는 것이 좋습니다. 이 점이 또한 〈동사 + 전치사〉 표현과는 다른 점이죠.

❶ 목적어가 필요한 구동사

Please (take off your shoes / take your shoes off).
신발을 벗어주세요.
I'll (pick up him / pick him up).
내가 그 사람을 (차로) 데려올게요.

구동사를 활용할 때 꼭 알아두어야 하는 사항이 있습니다. 바로 구동사 뒤에 목적어가 오는 경우인데요. 뒤에 일반명사가 목적어로 오면 〈take off + 일반명사〉, 〈take + 일반명사 + off〉처럼 둘 다 쓸 수 있지만, 인칭대명사가 목적어로 오면 〈take + 인칭대명사 + off〉처럼 동사와 부사 사이에 인칭대명사를 써야 한다는 점에 주의하세요.

We have to put off the deadline. [put off ~을 연기하다]
= We have to put the deadline off. 우리 마감을 연기해야 해요.
We have to put it off. 우리 그거 연기해야 해요.

Did you make out what I said? [make out ~을 확실히 이해하다, 알아듣다]
내가 한 말 확실히 이해했어?
Did you make it out?
(그거) 확실히 이해했어?

★ what I said(내가 말한 것, 내가 한 말)처럼 목적어가 긴 경우에는 〈동사 + 부사〉 뒤에 옵니다.

자동사로 쓰이는 경우 뒤에 바로 목적어가 올 수 없기 때문에 〈전치사 + 명사〉의 형태로 목적어를 취하는 동사들이 있습니다. 이때 잘 어울려 쓰이는 동사와 전치사의 짝이 있는데요. 이런 경우는 〈자동사 + 전치사〉 형태니까, 일반명사이든 인칭대명사이든 당연히 전치사 뒤에 목적어가 옵니다. 구동사(동사 + 부사)와는 본질적으로 다른 점이죠. 그러면 구동사와 〈자동사 + 전치사〉를 어떻게 구분하느냐? 구동사를 접할 때마다 표현과 의미, 쓰임새를 그때그때 따로 익혀두는 수밖에 없습니다. 우선은 이 책에 나온 구동사부터 접수하세요!

● [자동사 + 전치사]의 활용

어제 애 담임과 전화 통화했어.
I **talked to** his teacher on the phone yesterday. (O)
I **talked** his teacher **to** on the phone yesterday. (X)

146

❷ 목적어가 필요 없는 구동사

 ### He didn't show up (the meeting / at the meeting).
그는 회의에 나타나지 않았어요.

구동사는 한 단어짜리 동사와 똑같습니다. 한 단어짜리 동사 중에도 목적어가 필요한 타동사가 있고, 목적어가 필요 없는 자동사가 있듯 구동사 중에도 목적어 없이 쓰이는 것들이 있죠. 약속장소에 '나타나다'는 의미의 show up 같은 경우입니다. 따라서 '회의에' 나타나다는 말은 show up 뒤에 바로 the meeting을 쓰면 안 되고 전치사 at을 써서 at the meeting이라고 해줘야 하죠.

Girls like to dress up for school. [dress up 잘 차려입다]
여자애들은 학교 갈 때 좍 빼입는 것을 좋아해요.

This medicine wears off after 4 hours. [wear off 효과가 사라지다]
이 약은 4시간 후면 효과가 사라집니다.

Your daughter stood out among all the students.
[stand out 단연 눈에 띄다, 두드러지다, 뛰어나다]
너희 딸이 전체 학생 중에 단연 눈에 띄더라.

The movie comes out next week. [come out (제품이) 시장에 나오다]
그 영화는 다음 주에 개봉됩니다.

It's just impossible to work out every day. [work out 운동하다]
매일 운동하는 건 불가능해요.

한 단어짜리 동사도 자동사로도 쓰이고 타동사로도 쓰이듯 구동사도 마찬가지입니다. 이 책에 계속 등장하는 wake up은 '잠에서 깨다, 일어나다'는 뜻으로 쓰일 때는 목적어가 필요 없고, '~를 깨우다'라는 의미로 쓰일 때는 목적어가 필요하죠.

He woke up late in the morning. [wake up 잠에서 깨다, 일어나다]
그는 아침에 늦게 일어났어.

Can you wake me up at 6 in the morning? [wake up ~를 깨우다]
아침 6시에 나 좀 깨워줄 수 있어?

❸ 자주 쓰는 give 관련 구동사

 The new store is (giving / <u>giving out</u>) free samples.
새로 생긴 가게가 무료 샘플을 나눠준대요.

give만으로 표현할 수 없는 다양한 뜻을 〈give + 부사〉 구동사 표현으로 메꿀 수 있습니다. 자주 쓰는 다음의 구동사는 이 자리에서 꼭 익혀두고 넘어가세요.

give out ~을 나눠주다, 배포하다	**give up** ~을 포기하다, (습관을) 끊다
give away ~을 무료로 나눠주다, 거저 주다	**give back** (빌린 것을) 돌려주다

I like to give away my kids' old clothes.
저는 애들 예전 옷들을 그냥 주는 걸 좋아해요.

My husband gave up smoking. 남편은 담배를 끊었어요.
Did you give back the umbrella? 우산 다시 돌려줬어?

❹ 자주 쓰는 hand 관련 구동사

 When should I (hand / <u>hand in</u>) this application?
이 신청서를 언제 제출해야 하나요?

hand 하면 명사로 많이 알고 있는데요. '건네다'라는 의미의 동사로도 자주 쓰인답니다. 이 경우 구동사 표현으로 쓰일 때가 많은데요. 자주 쓰이는 〈hand + 부사〉 표현은 다음과 같아요.

hand in ~을 제출하다	**hand over** ~을 넘겨주다
hand out ~을 돌리다, 나눠주다	**hand down** ~을 물려주다

The teacher handed out these application forms.
선생님이 이 신청서를 나눠 주셨어요.

Jane handed over the paper to me.
제인이 이 서류를 나한테 넘겨줬어요.

My older sister used to hand down her clothes to me.
예전에는 언니가 나한테 옷을 물려줬었지.

Can you (look / <u>look after</u>) your little sister?
여동생을 돌봐줄래?

look은 '보다'는 뜻의 동사입니다. 뒤에 다양한 의미의 부사가 붙어서 '돌보다', '살펴보다', '찾아보다' 등과 같이 더욱 다양하게 활용되죠.

look after ~를 돌보다	**look for** ~을 찾다
look into ~을 살펴보다	**look up** (사전이나 인터넷에서 정보를) 찾아보다

I'll look into it and tell you later.
내가 살펴보고 나중에 얘기해 줄게요.

My son is looking for his toy.
우리 아들이 장난감을 찾고 있어요.

Look up some good restaurants on the Internet.
인터넷으로 맛집 좀 검색해봐.

⑥ 자주 쓰는 turn 관련 구동사

It's time to (turn / <u>turn in</u>).
이제 잘 시간이야.

turn은 '돌다', '~을 돌리다, 바꾸다' 등과 같이 그 자체로도 다양한 의미로 쓰이는 동사인데요. turn만으로는 표현할 수 없는 것들을 〈turn + 부사〉 표현으로 다양하게 확장해 더욱 풍성하게 쓰이죠.

turn in 잠자리에 들다	**turn on** (기계의 전원을) 켜다
turn down ~을 거절하다	**turn off** (기계의 전원을) 끄다

My daughter turned down his offer.
우리 딸이 그의 제안을 거절했어요.

Could you turn on the television?
TV 좀 켜줄래?

You need to turn off your computer.
너, 컴퓨터 꺼야 해.

잠깐만요~

look for는 잃어버린 물건을 찾고 있다고 할 때도 쓰고, 상점에서 점원에게 찾는 물건을 말할 때도 자주 씁니다. 주로 be looking for와 같이 진행형으로 쓰이죠.

on the Internet
인터넷에서, 인터넷으로
(= online)

offer 제안, 제의
need to + 동사원형
~해야 할 필요가 있다,
~해야 하다

3단계
문법 완성하기

앞에서 배운 문법을 확실하
게 연습해 보세요.

잠깐만요~

paper는 비즈니스에서 쓰
이는(businesslike) '서
류'뿐 아니라 학생들이 쓰
는 '리포터'나 '논문'을 말할
때도 씁니다.

TEST A 보기에서 알맞은 구동사를 골라 문장을 완성하세요.
(의미에 적절한 형태로 바꿔 넣을 것)

┌─ 보기 ──────────────────────────────────┐
give out   give up   look up   look for

hand in   hand down   turn on   turn off

put off   come out   wake up   make out
└──────────────────────────────────────┘

❶ 나 술 끊었어.

I .... drinking.

❷ 리포터 어제 제출했어요.

I .... the paper yesterday.

❸ 우리 딸 생일선물로 귀여운 인형을 찾고 있습니다.

I'm .... a cute doll for my daughter's birthday.

❹ 불 끄는 거 잊지 마.

Don't forget to .... the light.

❺ 아침 5시에 나 좀 깨워줄 수 있어?

Can you .... me .... at 5 in the morning?

TEST B 다음 문장에서 잘못된 곳을 찾아 바르게 고치세요.
(잘못된 부분이 없을 수도 있음)

make up ～에 화장을 하다

❶ A lot of men make up themselves these days.

....

❷ I think we have to put off the deadline.

....

run into
～를 우연히 마주치다

❸ I ran her into on my way here.

....

○ 정답은 p.227을 확인하세요.

Q 시험영어준비가 꼭 필요할까요?

영어교육에 정답은 없습니다. 남들과 비교하지 말고 조급해하지 말고 우리 아이가 즐겁게 영어를 접할 수 있도록 엄마 아빠가 도와주세요.

A JET(Junior English Test), TOFLE 주니어, TOSEL 주니어 등 영어 인증 시험을 준비하는 아이들이 많습니다. 그래서 시험영어에 대한 엄마들의 관심도 높지요. 저는 시험영어준비는 점수가 꼭 필요한 수험생의 경우에게는 필수지만 어린 학생들은 굳이 필요하지 않다고 생각합니다. 혹시 아이의 성향이 목표가 뚜렷해야 공부를 더 잘한다면 시험이라는 방법을 선택해도 좋습니다. 하지만 그게 아니라면 영어시험을 꼭 준비해야 할 필요는 없습니다. TOEFL 같이 한국에서 접하는 영어 시험들은 사실 지적 수준이 고등학생을 위한 시험들이어서 초등학생이나 중학생이 하기에는 상식적인 부분에서도 부담이 됩니다. 그래서 아이들에게 더욱 스트레스로 다가올 수 있어요.

영어교육학에서 시험을 위한 영어 공부와 재미를 위한 영어 공부를 구분합니다. 두 번째 이유를 위한 영어 공부가 더 효과가 크다는 연구결과가 있습니다. 의사소통을 위한 영어 공부는 주로 Communicative Learning Method를 사용하게 되는데 대화를 중요시하는 영어 공부 방법입니다.

한국에서 주로 사용하는 방법은 언어학적인 접근으로 Grammar Translation Method라고 하는데 효과가 없다는 것을 우리 세대가 누구보다 더 잘 알고 있습니다. 10년을 공부했는데 '영어로 말이 안 되는' 이유가 여기에 있습니다. Grammar Translation Method는 rote learning(그냥 무작정 외우고 문제풀기)을 주로 하는데, 우리 한국 학교에서 영어를 배우는 방법이 바로 이 방법입니다. 문제를 풀면서 문법 규칙을 외우는 거죠. 효과가 매우 적다고 볼 수 있죠.

English Test
Choose the best answer.

1. These houses have been built since 2000.
 a. Active voice
 ⓑ Passive voice

2. You should study hard to pass the final exam.
 Active voice

문법이나 문제풀이보다는 회화를 위한 영어 공부를 하는 것을 추천합니다. 특히 학생이 어릴 경우는 회화를 더 중요시하는 것이 좋습니다. 아이들에게 간단한 회화를 가르쳐주고 본인이 원하는 것을 영어로 요구할 수 있도록 해주세요. 아이들이 간단한 감정 표현을 영어로 할 수 있도록 지도해 주세요. 영어가 공부의 대상이 아닌 의사소통의 방법이라는 것을 알게 해준다면 이미 반은 성공입니다.

둘째 마디

·

문법 2단계

리딩을 위한 영문법

21

문법 2단계　리딩을 위한 영문법

동화책 주인공 찾기
명사 그리고 전치사

강의 및 예문듣기

준비단계
엄마 아빠에게

학습 전 영어교육 전문가의
코멘트를 읽어보세요.

🚩 **명사를 알면 '주인공이' '무엇을' 했는지를 이해하기 쉬워져요.**

영어로 말할 때도 그렇지만 영어 동화책을 읽을 때도 가장 기본이 주어와 동사 파악입니다. '누가' 했는지를 파악하는 것이 기본이고, 더불어 '무엇을' 했는지를 파악하는 것이 필수이죠. 이때 '누가'와 '무엇을'을 얘기해주는 단어의 부류가 바로 명사입니다. 또, 전치사가 이런 명사와 결합하여 '언제' '어디에서' 등을 구체적으로 묘사합니다. 이번 과에서는 영어 동화책을 잘 이해하기 위해 탑재해야 할 명사의 기본적인 개념과 기본 전치사에 대해 살펴보겠습니다.

1단계
오늘 배울 문법

문장에 쓰인 명사와 전치사를 있는 대로 찾으세요.

오늘의 영어 미션

영어 문장에서 명사와 전치사의 쓰임에 익숙해지기

작은 새 한 마리가 내게 속삭였어요.
A little **bird** whispered **to** me.

한국의 수도는 서울입니다.
The **capital of South Korea** is Seoul.

로버트는 13살입니다. 그는 나의 가장 친한 친구입니다.
Robert is 13 **years** old. **He** is my best **friend**.

남자아이들 몇 명이 뒷마당에서 술래잡기를 하고 있었어요.
A few **boys** were playing **tag in the** backyard.

왕자님은 파티에서 그녀를 보지 못했어요.
The **prince** didn't see **her at the** party.

→ 이번 과를 끝내면 여러분은 이 문장들을 막힘없이 읽을 수 있게 됩니다.

본격적으로 명사에 들어가기에 앞서 잠깐! 영어단어는 이름을 지칭하는 명사, 행동을 묘사하는 동사, 명사를 꾸며주는 형용사, 동사 및 형용사와 부사를 꾸며주는 부사 등, 문장에서의 역할에 따라 품사가 나뉩니다. 그리고 품사에 따라 문장 속 단어의 위치가 정해집니다.

Students are studying quietly in their well-organized classroom.
　명사　　　　동사　　　　부사　　　　　　　　형용사　　　명사
학생들이 잘 정돈된 교실에서 조용히 공부하고 있다.

1 명사 Noun

A few boys were playing tag.
남자아이들 몇 명이 술래잡기를 하고 있었어요.

세상의 모든 것에는 이름이 있습니다. 그 이름을 지칭하는 단어가 바로 명사입니다. 주변에 있는 사람과 사물을 떠올려 보세요. 여러분이 가장 많이 알고 있는 영단어가 명사입니다.

종류	명사			
사람	**boy** 남자아이	**girl** 여자아이	**mother** 엄마	**doctor** 의사
장소	**house** 집	**school** 학교	**hospital** 병원	**cafe** 카페
동물	**dog** 개	**horse** 말	**cat** 고양이	**mouse** 쥐
식물	**plant** 식물	**flower** 꽃	**tree** 나무	**leaf** 잎
사물	**desk** 책상	**book** 책	**toy** 장난감	**pan** 프라이팬
감정	**anger** 화	**happiness** 기쁨	**fear** 두려움	**surprise** 놀라움
개념	**love** 사랑	**time** 시간	**religion** 종교	**norm** 규범

명사는 문장에서 주어, 보어, 목적어 자리에 올 수 있습니다. 주어는 동사 앞에, 보어나 목적어는 동사 뒤에 위치하죠.

A little bird whispered to me.　　　　작은 새 한 마리가 내게 속삭였어요.
　　　주어

The bird is my friend.　　　　그 새는 내 친구예요.
　주어　　　보어

I love the little cute bird.　　　　난 그 작고 귀여운 새를 사랑해요.
　　　　목적어

📝 어휘

quietly 조용히
well-organized
잘 정돈된
a few 몇몇의
play tag
술래잡기(tag)를 하다
whisper 속삭이다

② 고유명사 Proper Noun

 BTS is a South Korean boy band.
방탄소년단은 대한민국의 보이밴드입니다.

명사 중에서도 사람 이름, 나라 이름, 회사 이름 등 하나밖에 없는 존재를 칭하는 이름을 고유명사라고 합니다. 고유명사는 보통 대문자로 시작하죠.

일반 명사	고유명사
person 사람	**Barak Obama** 버락 오바마
mountain 산	**Mount Kilimanjaro** 킬리만자로 산
country 나라	**South Korea** 한국, 대한민국
city 도시	**New York** 뉴욕
movie 영화	**Avengers** 어벤져스
restaurant 식당	**McDonald's** 맥도날드
singer 가수	**BTS** 방탄소년단
university 대학교	**Harvard University** 하버드 대학교
car 자동차	**BMW** 비엠더블유
company 회사	**Samsung** 삼성
ocean 대양, 바다	**Pacific Ocean** 태평양
building 건물	**Empire State Building** 엠파이어 스테이트 빌딩
website 웹사이트	**Google** 구글

Barak Obama was born on August 4, 1961.
　　주어
버락 오바마는 1961년 8월 4일에 태어났습니다.

The capital of South Korea is Seoul.
　　　　　　　　　　　　　　　　보어
한국의 수도는 서울입니다.

I watched *Avengers* last Saturday.
　　　　　　목적어
지난주 토요일에 〈어벤져스〉를 봤어.

 잠깐만요~

on August 4, 1961
(1961년 8월 4일에),
of South Korea(한국의)
등과 같이 전치사 뒤에도
명사가 옵니다. 이에 대해
서는 뒤에서 구체적으로 다룹니다.

 어휘

born 태어난
capital 수도

❸ 대명사 Pronoun

 Laura is an English teacher. (Laura / She) is a mother of a 6-year-old son.
로라는 영어 선생님입니다. 그녀는 6살 남자아이의 엄마입니다.

명사를 대체해서 사용할 수 있는 단어를 대명사라고 합니다. 영어는 같은 명사를 반복하는 것을 좋아하지 않습니다. 예를 들어, Laura에 대한 글을 쓸 때 Laura를 계속 반복해서 사용하는 것이 아니라 she라는 대명사를 사용하는 거죠. 대명사의 종류는 다음과 같은데요. 어떤 자리에 쓰느냐에 따라 형태가 바뀝니다.

대명사	주어로 사용될 때	목적어로 사용될 때
I	I	me
You (단수)	You	you
He	He	him
She	She	her
It	It	it
We	We	us
You (복수)	You	you
They	They	them

주어	I missed you.	나는 당신이 그리웠어요.
목적어	Did you miss me?	당신은 내가 그리웠나요?
주어	Did you give the letter?	당신은 편지를 줬나요?
목적어	Did I give you the letter?	제가 당신에게 편지를 줬던가요?
주어	He is going to be late.	그는 늦을 거예요.
목적어	I will make him wait.	나는 그를 기다리게 할 거예요.
주어	It is very big.	이것은 크네요.
목적어	Let me carry it for you.	내가 이것을 대신 들어드릴게요.

 잠깐만요~

대명사는 명사 앞에서 그 명사를 한정해주는 역할도 할 수 있습니다. 일명 소유격이라고 하는데. 형태는 다음과 같습니다.
I ⋯ my 나의
You ⋯ your 너의, 너희들의
He ⋯ his 그의
She ⋯ her 그녀의
It ⋯ its 그것의
We ⋯ our 우리의
They ⋯ their 그들의

어휘

숫자-year-old ~살의
(이 경우 years가 아니라 단수 year를 씀)
miss ~를 그리워하다
carry (물건을) 나르다

156

잠깐만요~

짧은 동화에서 긴 동화로 리딩의 저변을 넓혀갈수록 '누가' '무엇을' 했는지 정도에서 그치는 것이 아니라 '언제' '어디에서' 했는지 등등. 구체적인 묘사가 점점 늘어나게 됩니다. 〈전치사 + 명사〉로 구체적인 묘사를 하게 되죠.

④ 전치사 Preposition

A few boys were playing tag (to / <u>in</u>) the backyard.

남자아이들 몇 명이 뒷마당에서 술래잡기를 하고 있었어요.

'뒷마당에서(in the backyard)', '궁전으로(to the palace)', '아침 6시에(at 6 in the morning)', '공주님의 생일에(on the princess' birthday)'와 같은 무궁무진한 부사 표현에 딱 떨어지는 한 단어 부사는 무궁무진하지 않습니다. 그래서 전치사가 필요한 것이죠. 영어에서 전치사는 몇 개 안 되며, 전치사 뒤에는 항상 명사가 옵니다. 몇 개 안 되는 전치사의 쓰임에만 익숙해지면 〈전치사 + 명사〉 형태로 무궁무진한 표현을 할 수 있습니다. 여기서는 기본 전치사 6가지를 간단히 정리해 봅니다.

at 특정 시점/지점에	[특정 시간에] at **4 p.m.** 오후 4시에 at **midnight** 한밤중에	[특정 장소/행사에서] at **a cafe** 카페에서 at **the concert** 콘서트에서
on 면에 접촉하여	[요일/구체적인 날짜/특별한 날에] on **Fridays** 금요일에 on **March 3** 3월 3일에 on **your birthday** 네 생일에	[특정 사물 위에 면해서 → 교통수단을 타고 / ~거리/층에] on **the bus** 버스에서 on **the 5th floor** 5층에
in 특정 시공간 안에	[계절/월에] in **spring** 봄에 in **March** 3월에	[특정 공간 안에 → 나라/도시에] in **this bag** 이 가방 안에 in **Seoul** 서울에
to 목표 지점으로/까지	[from과 함께 써서 언제까지] from Monday to **Friday** 월요일에서 금요일까지	[어디로/어디까지/누구에게] to **the park** 공원으로, 공원까지 to **me** 나에게
from 출발 시점/장소로부터	[언제부터] from **nine to five** 9시부터 5시까지	[어디로부터/누구로부터] from **New York** 뉴욕에서 from **Jane** 제인에게서
of 소속된	[사람에 소속되거나 관련된: ~의] the role **of parents** 부모의 역할	[사물에 소속되거나 관련된: ~의] the lid **of this container** 이 통의 뚜껑

The prince didn't see her at the party. 왕자는 파티에서 그녀를 못 봤어요.

The shop is on the next street. 가게는 다음 거리에 있어요.

Korea is beautiful in spring. 한국은 봄이 아름다워요.

The elf gave his dirty socks to Larry.
요정은 래리에게 더러운 양말을 줬어요.

어휘

backyard 뒷마당
elf 요정
socks 양말

157

TEST A 다음 문장에서 주어를 찾아 밑줄로 표시하고 명사에 동그라미를 치세요.

① Her sister is coming to visit next week.

② Books on cooking are on the top shelf.

③ Did you watch the news?

④ When does the store open?

⑤ How much is this skirt?

TEST B 빈칸에 적절한 전치사를 넣어 문장을 완성하세요.

① The Pilates class is .... the 2nd floor.

② The yellow rabbit always comes home .... 3 p.m.

picture 사진

③ Did you see the picture .... our son?

④ There are many things we can do .... summer.

plate 접시

⑤ Where did you get this plate .... ?

⑥ I already gave the key .... you.

⑦ What do you do .... weekends?

⑧ I need to talk .... Jane today.

magical 마법의, 신비한

⑨ The magical train left .... San Francisco .... 3 a.m.

⑩ Max lost the belt .... his uniform.

↻ 정답은 p.228을 확인하세요.

22

여유로운 리딩의 치트키

형용사, 부사

강의 및 예문듣기

준비단계

엄마 아빠에게

학습 전 영어교육 전문가의
코멘트를 읽어보세요.

이야기에 생동감을 불어넣는 형용사와 부사에 익숙해지세요.

해리포터를 영어원서로 읽어보셨나요? 아이들을 위한 소설이지만 이미 챕터1부터
백기를 드는 한국 어른들이 많습니다. 시험영어와 교과서 영어에 물든 우리가 항상
접하는 형용사는 제한적이죠. 하지만 작가들은 동사로 표현이 안 되는 상황이나 상
태를 묘사하고 명사의 상황이나 상태를 구체적으로 그려주기 위해 다양한 형용사
를 사용합니다. 또 부사를 과하지 않으면서도 꼭 필요할 때 꼭 필요한 곳에 절묘하
게 사용해서 이야기를 더욱 이야기답게, 더욱 흥미진진하게 만들어주죠.

1단계

오늘 배울 문법

문장에 쓰인 형용사와 부사
를 있는 대로 찾으세요.

GRAMMAR

오늘의 영어 미션

영어 문장에서 형용사와 부사의 쓰임에 익숙해지기

한국은 뚜렷하게 구분되며 아름다운 4계절이 있어요.
Korea has **4 distinct and beautiful** seasons.

옆집 아이가 우리 아이보다 키가 더 커.
The boy **next** door is **taller** than my son.

이 책이 더 좋은 것 같아.
This workbook looks **better**.

당신은 세상에서 제일 아름다운 여인이에요.
You are **the most beautiful** woman in the world.

그들은 해지기 전에 그곳에 가기 위해 빨리 걸어야 했어요.
They need to walk **fast** to get **there** before sunset.

→ 이번 과를 끝내면 여러분은 이 문장들을 막힘없이 읽을 수 있게 됩니다.

159

① 형용사 Adjective

Korea has 4 seasons. 한국은 4계절이 있어요.
Korea has 4 distinct and beautiful seasons.
한국은 뚜렷하게 구분되며 아름다운 4계절이 있어요.

형용사는 명사를 꾸며주는 말입니다. 명사 앞에 쓰거나, be동사 뒤에서 주어의 상태와 상황, 외형을 묘사할 수 있습니다. 형용사는 동사로 표현이 안 되는 상황이나 상태를 표현하고, 문장을 더욱 구체적이고 풍성하게 만들어 줍니다.

① 앞에서 명사를 꾸밀 때

형용사가 명사 앞에 올 때는 '~한', '~된', '~로운', '~인' 등의 의미로 쓰입니다.

I want to live in a big house. 나는 큰 집에서 살고 싶어요.
My son solved a difficult math question.
우리 아들이 어려운 수학 문제를 풀었어요.

② be동사 뒤에 나올 때

형용사가 be동사 다음에 나올 때는 '~하다, ~(한 상태)이다'라는 의미로 쓰입니다.

I am young. 나는 젊다.
My son is tall. 우리 아들은 키가 크다.
Cooking is hard. 요리는 힘들다.

그럼 영어 리딩에서 자주 접할 수 있는 형용사 몇 개 알려드릴게요. 물론 영어회화에도 많이 쓰이고요.

외모 묘사	healthy 건강한	adorable 사랑스러운	handsome 잘생긴	blonde 금발의
	slender 날씬한	graceful 우아한	plain looking 평범하게 생긴	neat 깔끔한
성격 묘사	positive 긍정적인	talkative 수다스러운	diligent 성실한	naughty 까부는
	outgoing 활발한	timid 소심한	considerate 배려심 깊은	childish 유치한
기분 묘사	comfortable 편안한	excited 흥분된, 기대된	anxious 걱정되는	annoyed 짜증이 난
	satisfied 만족하는	jolly 즐거운	frightened 겁이 난	exhausted 피곤한

② 비교급 Comparative

The boy next door is (tall / <u>taller</u>) than my son.
옆집 아이가 우리 아이보다 키가 더 커.

taller, more important, better 같은 단어가 비교급입니다. 말 그대로 다른 어떤 것과 비교해서 '더 ~한'이라는 의미이죠. 그래서 필요한 경우 뒤에 〈than + 비교 대상(~보다)〉을 덧붙이기도 합니다. 비교급에는 규칙과 불규칙이 있습니다.

1 규칙 형용사

형용사에 -er을 붙이거나 형용사 앞에 more를 추가하면 되는 경우이죠. 어떤 단어에 -er를 붙이고 more를 붙이느냐는 음절의 개수에 따라서 결정됩니다. 음절은 모음 소리를 의미합니다. 모음은 a, e, i, o, u이고, 나머지 알파벳은 모두 자음입니다. 보통 음절이 1개나 2개일 때는 형용사 뒤에 -er을 붙여주고 셋 이상이 되면 형용사 앞에 more를 추가해 줍니다.

다음 단어들이 몇 개의 음절인지 확인해 볼까요?

tall **big** – 1개 **happy** **tiresome** – 2개 **difficult** **important** – 3개

Canadian winters are colder than Korea.
캐나다의 겨울이 한국보다 더 추워요.

This math problem is more difficult.
이 수학 문제가 더 어렵네요.

I don't know why I'm more tired today.
오늘 왜 더 피곤한지 모르겠어요.

★ 분사형 형용사(-ed, -ing)의 경우 음절에 관계없이 more를 앞에 붙여줍니다.

2 불규칙 형용사

비교급 형태가 제각각인 형용사들을 몇 가지 살펴보죠.

형용사	비교급	형용사	비교급
good 좋은	**better** 더 좋은	**bad** 나쁜	**worse** 더 나쁜
little 적은	**less** 더 적은	**much** 많은	**more** 더 많은

This workbook looks better.   이 책이 더 좋은 것 같아.

❸ 최상급 Superlative

My daughter is (taller / **the tallest**) in her class.
우리 딸은 반에서 제일 키가 커요.

the tallest, the most famous, the best 같은 단어가 최상급입니다. 말 그대로 다른 어떤 중에서도 '최고로/제일 ~한'이라는 의미이죠. 그래서 필요한 경우 뒤에 in the world(전 세계에서), in my class(우리 반에서)와 같이 그 범위를 정의해주기도 합니다.

▣ 규칙 형용사

최상급도 비교급과 마찬가지로 같은 음절의 규칙을 따릅니다. 1, 2음절일 때는 형용사 뒤에 -est를, 3음절 이상일 때는 형용사 앞에 most를 쓰죠. 특이점이라면 최상급은 앞에 관사 the를 붙여야 한다는 거예요.

Jacky was the smallest but smartest in her class.
재키는 자기 반에서 덩치는 제일 작았지만 제일 똑똑했어요.

Kimchi is the most famous Korean food.
김치는 가장 유명한 한국 음식입니다.

▣ 불규칙 형용사

형용사	비교급	최상급
good 좋은	**better** 더 좋은	**best** 제일 좋은, 최고의
bad 나쁜	**worse** 더 나쁜	**worst** 제일 나쁜, 최악의
little 적은	**less** 더 적은	**least** 제일 적은
much 많은	**more** 더 많은	**most** 제일 많은
far 먼	**farther/further** 더 먼	**farthest/furthest** 제일 먼

★ farther는 거리만 의미하는 단어이고 further는 추상적인 개념까지 포함합니다.

Mr. Lee gave the best presentation.
미스터 리가 발표를 제일 잘했어요.

Cooking is my least favorite thing to do.
요리는 내가 제일 하기 싫은 일이에요.

★ 앞에 my, his 등과 같은 소유격이 the를 대신해 들어갈 수 있습니다.

어휘

famous 유명한

give a presentation
발표를 하다

give the best
presentation
최고의 발표를 하다
→ 발표를 제일 잘하다

favorite 제일 좋아하는

my least favorite
나의 제일 적게 좋아하는
→ 내가 제일 싫어하는

잠깐만요~

부사도 비교급과 최상급이
있습니다.

Would you like some
more? 더 줄까?

Elsa likes winter (the)
best. 엘사는 겨울을 가장 좋
아했지요.

❹ 부사 Adverb

 **My son eats slowly. He takes forever to eat.
I have to feed him.**

우리 아들은 천천히 먹어요. 먹는 데 한참이 걸려요. 먹여줘야 합니다.

부사는 동사를 꾸미는 단어입니다. 동사뿐 아니라 형용사나 다른 부사를 꾸밀 수도
있죠. 부사는 대부분 〈형용사 + ly〉 형태이지만, 모든 부사가 그런 것은 아닙니다.

My husband drives carefully.

우리 남편은 운전을 조심히 해요.

My son plays with his robots passionately.

우리 아들은 로봇을 갖고 아주 열을 내며 놀아요.

They need to walk fast to get there before sunset.

그들은 해지기 전에 그곳에 가기 위해 빨리 걸어야 했어요.

The tree was surprisingly tall.

그 나무는 놀라울 정도로 키가 컸습니다.

■ 형용사에 -ly를 붙인 부사

형용사	부사	형용사	부사
easy 쉬운	**easily** 쉽게	**quick** 빠른	**quickly** 빠르게
loud 소리가 큰	**loudly** 큰 소리로	**polite** 공손한	**politely** 공손히

2 형용사와 부사의 형태가 같은 경우

형용사	부사	형용사	부사
fast 빠른	**fast** 빠르게	**fair** 공평한	**fair** 공평하게
early 이른	**early** 일찍	**late** 늦은	**late** 늦게

3 형용사와 부사의 형태가 다른 경우

형용사	부사
good 좋은	**well** 잘

어휘

slowly 천천히

forever 영원히 (영원한 것
처럼 느껴질 정도로 시간이
'오래' 걸린다고 할 때도 씀)

feed ~에게 밥을 먹이다

passionately
열정/열성적으로

get there 거기에 가다
(get to + 장소명사 ~에 가
다/도착하다)

TEST A 주어진 표현 중 적절한 것을 고르세요.

❶ I'm (good / well) at baking.

❷ You need to walk (fast / fastly).

❸ My son can solve this question (easy / easily).

❹ Please read this page (loud / loudly).

❺ She came home (quick / quickly).

❻ Are you (happy / happily) with the test result?

TEST B 주어진 형용사를 문맥에 맞게 비교급 또는 최상급으로 바꾸세요.

Korean letters 한글
scientific 과학적인

❶ Korean letters are recognized as the .... (good)
scientific letters.
한글은 가장 과학적인 글자로 인식되고 있어요.

❷ Cooking is my .... (less) favorite thing to do.
요리는 내가 제일 하기 싫은 일이에요.

❸ This dish is .... (delicious) than that one.
이 요리가 저것보다 더 맛있어요.

❹ My daughter thinks that pink looks .... (good)
on her.
우리 딸은 분홍색이 자기한테 더 잘 어울린다고 생각해요.

❺ I want to run .... (fast).
더 빨리 달리고 싶어요.

fat 살찐, 뚱뚱한 (타인에게 함
부로 사용하지 말 것)

❻ I think I look .... (fat) in this dress.
이 드레스를 입으면 더 뚱뚱해 보이는 것 같아요.

○ 정답은 p.229를 확인하세요.

23

동사의 변신에 당황하지 않기
동명사, to부정사, 분사

강의 및 예문듣기

준비단계
엄마 아빠에게

학습 전 영어교육 전문가의
코멘트를 읽어보세요.

 동사의 변신을 알면 영어 리딩이 쉬워집니다.

우리말도 '~하다'라는 동사를 '~하는 것, ~하기', '~하는', '~된' 등과 같이 변형해 명사나 형용사 등으로 폭넓게 활용하는 것처럼 영어도 마찬가지입니다. 영어에서는 어떤 식으로 동사를 변신시켜 이렇게 활용하는지 기본 원리 정도는 알아둬야 영어로 된 글을 무리 없이 이해할 수 있어요. 일명 동명사, to부정사, 분사라고 부르는 이런 형태들은 일상 대화뿐 아니라 동화나 소설에서 시도 때도 없이 등장합니다.

1단계
오늘 배울 문법

동사가 명사/형용사로 변신한 경우를 있는 대로 찾아보세요.

 **오늘의 영어 미션**

영어 문장에서 동사의 변신에 익숙해지기

남자아이는 말했어요, "거짓말 좀 그만해!"
The boy said, "Stop lying to me!"

여자아이는 숲에서 시간을 보내는 것을 아주 좋아했어요.
The girl loved to spend her time in the woods.

(아이에게) 구구단 공부해.
I need you to study the multiplication table.

메리는 부러진 요술 지팡이를 발견하고 불안했어요.
Mary was nervous when she found the broken wand.

괴물은 몇 가지 놀라운 능력을 갖고 있었어요.
The monster had several amazing powers.

→ 이번 과를 끝내면 여러분은 이 문장들을 막힘없이 읽을 수 있게 됩니다.

문법 설명을 차근차근 읽어
보세요.

잠깐만요~

stop 뒤에 동명사가 오면
'~하는 것을 그만두다, 그
만 ~하다'는 뜻으로 동명
사가 stop의 목적어입니
다. stop 뒤에 to부정사가
오면 '~하기 위해서 멈추
다'란 뜻으로 to부정사가
부사로 쓰이게 되죠.

어휘

stop -ing
~하는 것을 그만두다,
그만 ~하다

lie 거짓말하다

couch 소파

on weekends 주말마다
(= every weekend)

---

① 동사에서 명사로 변신하기: 동명사

 ### The boy said, "Stop lying to me!"
남자아이는 말했어요, "나한테 거짓말하는 것 좀 멈춰! (거짓말 좀 그만해!)"

우리말도 동사의 '~하다'를 '~하는 것', '~하기'로 바꿔 명사로 쓰듯 영어도 마찬가
지입니다. 영어는 동사에 -ing를 붙여 명사로 사용할 수 있죠. 이것을 동명사라고
합니다.

1 walk 걷다 + ing → walking ⑲ 걷는 것, 걷기

My doctor said that walking is the best exercise.
우리 의사선생님이 걷기가 가장 좋은 운동이라고 하셨어요.

2 swim 수영하다 + ing → swimming ⑲ 수영하는 것, 수영하기

Swimming makes me tired and hungry.
수영하는 것은 저를 피곤하고 배고프게 만들어요. (수영하면 피곤하고 배고파져요.)

3 study 공부하다 + ing → studying ⑲ 공부하는 것, 공부하기

His favorite hobby was studying.
그가 가장 좋아하는 취미는 공부하기였죠.

4 sleep 잠자다 + ing → sleeping ⑲ 잠자는 것, 잠자기

Just sleeping on the couch is what the man does
on weekends.
그저 소파에서 자는 것이 그 남자가 주말에 하는 일입니다. (주말이면 남자는 소파에서 잠만 잡니다.)

Quiz 주어진 표현 중 가장 알맞은 것을 골라 문장을 완성하세요.

❶ Please stop (nag / nagging) me.
제발 잔소리 좀 그만해요.

❷ The king enjoyed (watch / watching / to watch) movies
on NETFLIX.
왕은 넷플릭스에서 영화를 보는 것을 즐겼어요. (왕은 넷플릭스 영화를 즐겨 봤어요.)

| 정답 |
❶ nagging
❷ watching (동사 enjoy
는 목적어로 to부정사는
쓰지 않음)

❷ 동사에서 명사로 변신하기: to부정사

 The girl loved to spend her time in the woods.
여자아이는 숲에서 시간을 보내는 것을 아주 좋아했어요.

동사원형 앞에 to를 붙여도 '~하는 것', '~하기'란 뜻의 명사로 사용할 수 있습니다. 이것을 to부정사라고 하죠.

1 to + walk 걷다 → to walk (명) **걷는 것, 걷기**

She liked to walk around the neighborhood.
그 여자아이는 동네를 걷는 것을 좋아했죠.
★ 동사 love와 like 뒤에는 동명사(walking)를 써도 됩니다.

2 to + swim 수영하다 → to swim (명) **수영하는 것, 수영하기**

Do you want to swim in the ocean?
바다에서 수영하기를 원하니? (바다에서 수영하고 싶어?)

3 to + study 공부하다 → to study (명) **공부하는 것, 공부하기**

I need you to study the multiplication table.
나는 네가 구구단 공부하는 것을 필요로 해. (구구단 공부해.)

4 to + sleep 잠자다 → to sleep (명) **잠자는 것, 잠자기**

I decided to sleep before midnight.
자정 전에 잠을 자기로 결정했어. (자정 전에 잘 거야.)
★ 동사 want, need, decide는 목적어나 목적보어로 동명사는 쓰지 않습니다.

Quiz 주어진 표현 중 가장 알맞은 것을 골라 문장을 완성하세요.

❶ She needed (sweep / to sweep) the floor and (do / to do) the dishes before going to the party.
그녀는 파티에 가기 전에 바닥을 쓸고 설거지를 해야 했어요.

❷ My husband decided (to stop / stopping) (to smoke / smoking) this year.
우리 남편은 올해 담배를 끊기로 결심했어요.

❸ 동사에서 형용사로 변신하기: 과거분사

Mary was nervous when she found the broken wand.
메리는 부러진 요술 지팡이를 발견하고 불안했어요.

잠깐만요~

과거분사가 be동사 뒤에 오는 경우를 보통 수동태 (be + p.p.) 문장이라고 하죠.
The castle was built in the 1500s.

우리말도 동사의 '~하다'를 '~하는', '~된'으로 바꿔 형용사로 쓰듯 영어도 마찬가지입니다. 우선 영어는 동사에 -ed를 붙여 형용사로 사용할 수 있죠. 이것을 과거분사라고 하며, '~된'이라는 의미입니다. 형용사이기 때문에 명사 앞에 오거나 be동사 뒤에 쓰면 되죠. 우리가 자주 쓰는 단어 중에 '후라이드 치킨'이 있죠? 이때 fried(튀긴)는 동사 fry(튀기다)에 -ed를 붙인 과거분사입니다.

1 frighten 겁먹게 하다, 놀라게 만들다 → frightened 혱 겁먹은, 무서워하는

I saw a frightened boy on the street.
겁먹은 남자아이를 길에서 봤어요.
★ fright 몡 놀람, 두려움

2 fold 접다 → folded 혱 접힌

My son's teacher gave me a folded paper.
저희 아들 선생님이 접힌 종이를 주셨어요.

3 spoil 망치다, 버릇없게 키우다 → spoiled 혱 버릇없는

I don't want to raise a spoiled kid.
버릇없는 아이로 키우기는 싫어요.

과거분사에는 broken, given과 같이 -ed가 아닌 다른 형태로 바뀌는 경우도 있습니다.

4 break 부수다, 고장 내다 → broken 혱 고장 난

Jane wore a broken hairpin.
제인은 망가진 머리핀을 했어요.

어휘

nervous
긴장되는, 초조한, 불안한
wand 요술 지팡이
raise 키우다
task 일, (주어진) 업무

5 give 주다 → given 혱 주어진

Please finish your given task.
주어진 일을 다 하렴.

④ 동사에서 형용사로 변신하기: 현재분사

 The monster had several amazing powers.
괴물은 몇 가지 놀라운 능력을 갖고 있었어요.

잠깐만요~

현재분사가 be동사 뒤에 오는 경우를 보통 현재진행형(be + -ing) 문장이라고 하죠.

동사에 -ing를 붙여 형용사로도 쓸 수 있습니다. 이 경우 형용사는 '~하는'이란 의미입니다. 이것을 현재분사라고 하죠. 마찬가지로 명사 앞에 오거나 be동사와 함께 사용하면 됩니다. 오랫동안 인기 있었던 예능 프로그램 중 〈러닝맨〉은 '뛰고 있는 사람'이라는 뜻으로 running이 run에 -ing가 붙은 현재분사이죠.

★ amaze (너무 훌륭하거나 대단해서) 놀라게 하다 → amazing 형 놀라게 하는, 놀라운

1 work 일하다 → working 형 일하는

I'm a working mom.
저는 일하는 엄마입니다.

2 fly 하늘을 날다 → flying 형 하늘을 나는

Don't try to catch a flying bird.
날아가는 새를 잡으려고 하지 마.

3 interest 관심을 끌다 → interesting 형 흥미로운, 재미있는

This is an interesting movie.
재미있는 영화네요.

4 touch 만지다, 감동을 주다 → touching 형 감동을 주는

What a touching song!
감동적인 노래예요!

5 bore 지루하게 만들다 → boring 형 지루한

It was such a long and boring flight.
길고 지루한 비행이었죠.

several 몇몇의, 몇 가지의
flight 비행, 비행편

169

3단계
문법 완성하기

앞에서 배운 문법을 확실하게 연습해 보세요.

replace 교체하다
flicker 깜박이다

ingredient 재료, 성분
chop 잘게 썰다

put someone to bed
~를 재우다
be supposed to + 동사원형
(세간에 들리는 말에 의하면)
~라고 한다

TEST 주어진 동사를 문맥에 맞게 명사형(동명사, to부정사)이나 형용사형(과거분사, 현재분사)으로 바꾸세요.

❶ .... (clean) was his least favorite house chore.
청소는 그가 가장 싫어하는 집안일이었어요.

❷ I need to replace the .... (flicker) light.
깜빡거리는 등을 바꿔야 해요.

❸ Be quiet! There is a .... (sleep) baby in the other room.
조용! 다른 방에 잠든 아기가 있어요.

❹ Little Snow White always wanted .... (play) with her dad.
어린 백설공주는 늘 아빠와 놀고 싶어 했어요.

❺ The main ingredient is .... (chop) vegetables.
주재료는 잘게 썬 채소입니다.

❻ .... (read) to your kids before putting them to bed is supposed to be very educational.
자기 전에 아이들에게 책을 읽어주는 것이 매우 교육적이라고 합니다.

❼ Her house is well .... (organize).
그녀의 집은 정리정돈이 잘 되어 있어요.

❽ Stop .... (jump) around the house!
집안에서 펄쩍펄쩍 그만 좀 뛰어다녀!

❾ The backyard has a pile of .... (break) toys.
뒷마당에는 부서진 장난감들이 한가득 있어요.

❿ The announcement said that you need .... (wear) the uniform tomorrow.
공지 보니까 내일 교복을 입어야 한대.

○ 정답은 p.230을 확인하세요.

우리 아이 영어교육 FAQ ❻

Q 엄마 아빠의 영어 공부는 어떻게 계속 하면 좋을까요?

영어교육에 정답은 없습니다. 남들과 비교하지 말고 조급해하지 말고 우리 아이가 즐겁게 영어를 접할 수 있도록 엄마 아빠가 도와주세요.

A 일단 로라쌤과 함께 이 책에 나오는 영어의 기초들을 다시 잘 정리해 주세요. 아이들과 집에서 영어 공부를 하기에 충분한 기본 실력이 다져질 거예요. 엄마 아빠도 지속적인 영어 인풋이 필요해요.

❶ 영어책을 읽어보세요.

엄마 아빠도 영어책으로 독서를 시작하세요. 쉬운 영어 소설책으로 시작해 보세요. Who Moved My Cheese?(누가 내 치즈를 옮겼을까?) 같은 책도 쉽고 좋아요. 엄마 아빠의 영어 실력도 쌓고 영어책 읽는 모습도 아이들에게 보여줄 수 있으니 1석2조네요.

❷ 미드나 영화를 무자막이나 영어자막으로 보세요.

엄마 아빠 영어 공부도 즐겁게 해봐요. 유행하는 드라마를 영어로 보면서 간단한 대화들은 따라 해보세요. 그리고 마음에 드는 표현들은 공책에 적어봐요. 일상생활에서 하나씩 사용해 보세요. 즐기면서 영어 공부를 할 수 있어요.

❸ 엄마 아빠가 서로에게 영어를 사용해 보세요.

간단한 일상생활의 대화를 서로에게 영어로 해보세요. "아침은 뭐야?" What is for breakfast? "오늘 뭐 할까?" What do you want to do today? 등 간단한 회화를 집에서 써보세요. 오글거리지만 그래도 시작만 할 수 있다면 금방 습관이 될 거예요.

❹ 유튜브 영어 강의를 활용해 보세요.

요즘 좋은 강의들이 너무 많아요. 본인의 실력에 맞춰서 강의를 다양하게 선택할 수 있죠. 한국 강사들뿐만 아니라 미국의 강사들도 유튜브에 강의를 많이 올려놓았어요. 시간을 꼭 정해놓고 규칙적으로 조금씩 들어보세요.

❺ 쉐도잉 연습을 해보세요.

조금 더 효율적으로 영어 실력을 늘리고 싶다면 쉐도잉이 좋아요. 듣고 똑같이 따라서 말하는 건데 외울 때까지 하는 것이 좋죠. 공부 자료는 미드도 좋고 애니메이션 영화도 좋고 테드(TED) 강의도 좋아요. 스크립트가 제공되는 것을 여러 번 듣고 똑같이 따라서 말해보세요. 외울 수 있는 표현들은 외워서 꼭 아이한테 써보세요.

엄마 아빠를 위한
영어리딩 무작정 따라하기

첫째 마디 • 리딩 기초편 | 영어 동화책에 자주 나오는 문장 공부하기
둘째 마디 • 리딩 실전편 | 단계별 영어리딩 연습

첫째 마디

•

리딩 기초편

영어 동화책에 자주
나오는 문장 공부하기

24

리딩 기초편　영어 동화책에 자주 나오는 문장 공부하기

언제 어디서
배경을 설명하는 표현들

강의 및 예문듣기

 배경 정보를 파악하세요.

소설(fiction)을 이해하려면 언제 어디서 벌어지는 일인지 배경 정보를 파악하는 것이 중요합니다. 아이들 동화책도 '옛날 옛적에 어느 마을에 아름다운 공주님이 살았어요'와 같이 장소, 시대 등 배경 정보부터 등장합니다. 다행히 영어 동화책에 나오는 배경 묘사 표현은 제한적이고 반복되죠. 자신감 있는 영어 리딩의 시작을 위해 배경 묘사 표현부터 꼼꼼히 챙겨주세요.

 **오늘의 영어 미션**

영어 동화책에 자주 나오는 배경 묘사 표현 익히기

옛날 옛적에 아름다운 공주님이 있었어요.

오래 전에 사람들을 괴롭히는 괴물이 살고 있었어요.

(그곳은) 조용하고 차분한 시골이었어요.

숲 속의 우뚝 솟은 나무들이 압도적이었죠.

도시의 분주함이 아이들을 깨웠어요.

한밤중에 큰 소리가 들렸어요.

한 남자가 아침 일찍 우리 집 문을 두드렸어요.

→ 여러분은 곧 이 문장들을 영어로도 읽을 수 있게 됩니다.

24-1.mp3

2단계

핵심표현 익히기

설명을 잘 보고 리딩 핵심 표현을 내 거로 만드세요.

어휘

Once upon a time, there was/were ~
옛날 옛적에 ~이 있었어요
harass 괴롭히다
magic 마법의, 마술의
curse 저주를 걸다
witch 마녀

❶ 어느 시대 time period

Once upon a time, there were two beautiful princesses.
옛날 옛적에 아름다운 공주님이 두 명 있었어요.

once upon a time은 영어 동화책의 첫 문장에 자주 등장하는 표현입니다. 우리말로 '옛날 옛적에'라는 뜻이죠. 비슷한 표현으로 a long time ago, long ago 등이 있습니다.
★ 공주가 두 명이어서 be동사의 복수 are의 과거시제 were를 썼어요.

Long ago, there was a monster harassing people.
오래 전에 사람들을 괴롭히는 괴물이 살고 있었어요.

A long, long time ago, there was a magic tree with magic apples.
옛날 옛적에 마법 사과가 열리는 마법 나무가 있었어요.

A long time ago, there was a kingdom cursed by a witch.
옛날에 마녀의 저주에 걸린 왕국이 있었어요.

❷ 하루 중 어느 때 time of the day

A man knocked on our door early in the morning.
한 남자가 아침 일찍 우리 집 문을 두드렸어요.

하루 중 어느 때를 표현할 때 전치사를 헷갈려 하는 분이 많습니다. 이런 표현은 in the morning(아침에), in the afternoon(오후에), in the evening(저녁에), at noon(정오에), at night(밤에), at midnight(자정에), at dawn(새벽에)처럼 전치사와 같이 외워두면 좋습니다.

어휘

knock 노크하다
loud (소리가) 큰
in the middle of + 때/장소/행동 ~의 한가운데, 한창 ~하는 중에
mysterious 신비한, 불가사의한, 비밀스러운
spot (특정) 장소, 지점, 곳
werewolf [wíərwùlf] 늑대인간
turn back to ~로 되돌아오다

There was a loud sound in the middle of the night.
한밤중에 큰 소리가 들렸어요.

Tim goes to a mysterious spot in the early afternoon.
팀은 이른 오후에 비밀스러운 장소에 가요.

The werewolf turns back to a handsome prince at dawn.
늑대인간은 새벽이 되면 잘생긴 왕자님으로 바뀌어요.

176

country는 '나라'라는 뜻
도 있지만 '시골'이란 뜻으
로도 쓰이죠. 이처럼 단어
하나가 여러 의미로 쓰이는
경우가 많으므로 평소 사전
(특히 영영사전)을 활용하
여 다양한 의미를 예문을
통해 익히는 게 좋습니다.

어휘

quiet 조용한

calm 차분한

butterfly
나비 (dragonfly 잠자리)

towering 우뚝 솟은

overwhelming
압도적인

soothing
달래는, 위로하는

③ 시골 풍경 the countryside

It was quiet and calm in the country.
조용하고 차분한 시골이었어요.

시골은 country나 countryside라고 합니다. country는 '나라'로도 쓰이지만, '시골'이란 뜻도 있어요. It is rainy.(비가 오다.), It is noisy.(시끄럽다.), It is dark.(어둡다.) 등 배경이나 분위기, 날씨를 설명할 때 It is를 사용해 문장을 간단하게 만들 수 있습니다.

There are many butterflies and dragonflies in the countryside.
시골에는 나비와 잠자리들이 많아요.

Towering trees in the forest were overwhelming.
숲 속의 우뚝 솟은 나무들이 압도적이었어요.

The greens and blues of the lakeside view were soothing.
초록초록 파릇파릇한 호숫가의 풍경이 위로가 되었어요.

'도시의 분주함 때문에 아
이들이 잠에서 깼다'거나
'러시아워의 교통체증을 보
고 깜짝 놀랐다'는 등의 표
현을 영어에서는 사물이나
현상을 주어로 해서 표현하
곤 합니다.

어휘

hustle and bustle
분주함, 바쁘고 부산함

awaken ~를 깨우다

rigid 단단한

rush hour 러시아워
(출퇴근 교통혼잡 시간대)

traffic jam 교통체증

startle 놀라게 하다

brighten ~를 밝히다

entire 전체의

④ 도시 풍경 the city

The hustle and bustle of the city awakened the children.
도시의 분주함이 아이들을 깨웠어요.

도시 하면 어떤 이미지가 떠오르나요? hustle and bustle(분주함, 바쁘고 부산함), grey concrete(회색빛 콘크리트), rush hour traffic jam(러시아워의 교통체증), neon light(네온불빛) 등이 도시를 배경으로 한 이야기 속에서 흔히 볼 수 있는 표현들입니다.

The grey concrete was cold and rigid.
회색빛 콘크리트는 차갑고 단단했어요.

The rush hour traffic jam startled me.
러시아워의 교통체증에 나는 깜짝 놀랐어요.

Neon lights brightened the city the entire night.
네온빛이 밤새 도시를 밝혔어요.

Let's Read! 📖 배경묘사 표현에 유의하면서 다음 문장을 해석해 보세요.

❶ **Once upon a time,** there were two beautiful princesses.

....

❷ **A long time ago,** there was a kingdom cursed by a witch.

....

❸ **Long ago**, there was a monster harassing people.

....

❹ There was a loud sound **in the middle of the night**.

....

❺ The werewolf turns back to a handsome prince **at dawn**.

....

❻ It was quiet and calm **in the country**.

....

❼ Towering trees **in the forest** were overwhelming.

....

❽ The greens and blues **of the lakeside view** were soothing.

....

❾ The **hustle and bustle of the city** awakened the children.

....

❿ The **grey concrete** was cold and rigid.

....

◐ 정답은 p.231을 확인하세요.

25

누가
주인공을 설명하는 표현들

강의 및 예문듣기

준비단계
엄마 아빠에게

학습 전 영어교육 전문가의
코멘트를 읽어보세요.

주요 인물의 특징을 파악하세요.

이야기 속에는 늘 그 이야기를 이끄는 인물이 있기 마련이며, 그런 인물의 특징을
외모나 성격 묘사를 통해 전반적으로 전달하는 부분이 등장합니다. 이런 캐릭터의
특징이 이야기의 분위기를 형성하며, 특정 상황에서는 눈빛이나 얼굴빛 묘사를 통
해 인물의 감정이나 분위기도 전달하죠. 따라서 인물의 특징을 묘사하는 표현들도
놓치면 안 되겠죠?

1단계
오늘 읽을 문장

우리말을 보면서 영어 문장
을 떠올려 보세요.

오늘의 영어 미션
주요 등장인물의 외모와 성격을 묘사하는 표현 익히기

그녀의 금빛 머리는 부드럽고 숱이 많았어요.

그의 눈은 호기심으로 반짝였어요.

멋진 왕자님이 방에 들어오자 알렉스의 얼굴이 빨개졌어요.

작고 통통한 천사들이 아름다운 노래를 불렀어요.

키가 작고 배가 나온 남자가 개를 쫓아갔어요.

왕은 까다롭고 이기적이었으며 성질을 곧잘 부렸어요.

성격이 고약한 스크루지 영감은 지독한 구두쇠였어요.

→ 여러분은 곧 이 문장들을 영어로도 읽을 수 있게 됩니다.

179

설명을 잘 보고 리딩 핵심
표현을 내 거로 만드세요.

 잠깐만요~ 📝

자주 등장하는 머리 색 표현

blond (남성) 금발의
blonde (여성) 금발의
brunet (남성) 갈색 머리의
brunette (여성) 갈색 머리의
red-headed 빨간 머리의

어휘

silky 비단결 같은, 부드러운

thick 숱이 많은
(↔ thin 숱이 적은)

braid (머리를) 땋다, 땋은
머리

① 머리 스타일 hairstyle

 Her blonde hair was silky and thick.
그녀의 금빛 머리는 부드럽고 숱이 많았어요.

머리가 '길다/짧다', 머리 숱이 '많다/적다', 머리 결이 '부드럽다' 등과 같은 말은 주어를 hair로 하면 〈be + 형용사〉로, 주어를 사람으로 하면 〈have + 형용사 + hair〉로 표현합니다. 이밖에 자주 등장하는 머리 스타일 표현으로 braid someone's hair(머리를 땋다), fringe/bangs(주로 여자의 '앞머리') 등이 있죠.

Jennifer had long and curly hair.
제니퍼는 긴 곱슬 머리였어요.

Catherine's mother braided her hair every morning.
캐서린의 엄마는 매일 아침 그녀의 머리를 땋아줬어요.

Rachel hated it when her fringe grew long.
레이첼은 앞머리가 길게 자라는 것을 싫어했어요.

② 얼굴 face

 His eyes sparkled with curiosity.
그의 눈은 호기심으로 반짝였어요.

얼굴의 특징 묘사를 통해 독자들이 주인공의 이미지를 그릴 수 있죠. 눈빛이나 얼굴빛, 표정 묘사 속에서는 주인공의 감정이나 분위기가 드러나고요. 기쁨이나 기대감으로 눈빛이 반짝 반짝하는 모습은 sparkle(반짝거리다), 수줍거나 당황해서 얼굴이 붉어지는 것은 blush(얼굴이 빨개지다), 울적하거나 침울한 표정은 long face 등으로 표현할 수 있습니다.

His cute little dimples made me smile.
그의 작고 귀여운 보조개에 미소가 지어졌어요.

Alex blushed when the handsome prince entered the room.
멋진 왕자님이 방에 들어오자 알렉스의 얼굴이 빨개졌어요.

The witch had a long face as her plan didn't work.
마녀는 계획이 뜻대로 안 되자 침통한 표정이었어요.

 어휘

sparkle 반짝이다, 반짝거리다

with curiosity
호기심으로

dimple 보조개
(freckle 주근깨)

A make me + 동사원형
A 때문에 내가 ~해진다

blush 얼굴이 빨개지다

long face 침통한/침울한
표정

work (계획이) 들어맞다

❸ 체형/인상 body/image

 Hercules was muscular and athletic.
헤라클레스는 근육질에 탄탄한 몸을 가졌어요.

체형적 특징이나 전반적인 인상도 등장인물 묘사에서 빠질 수 없는 부분입니다. muscular and athletic은 '몸이 근육질이고 운동선수처럼 탄탄한' 모습을 나타냅니다. '통통하게 살이 오른' 모습을 나타내는 chubby나 '아주 다부지게 살이 쪄서 뚱뚱한' 모습을 묘사하는 stout도 책에 자주 등장하죠.

The little chubby angels sang a beautiful song.
작고 통통한 천사들이 아름다운 노래를 불렀어요.

The short and stout man chased after a dog.
키가 작고 배가 나온 남자가 개를 쫓아갔어요.

Her breathtaking beauty was all it took for her to get her way.
그녀의 숨막히는 아름다움은 그녀가 원하는 모든 것을 얻게 해주기에 충분했어요.

★ [문장 뜯어보기] Her breathtaking beauty / was all it took / for her to get her way.
그녀의 숨막히는 아름다움은 / 그것만 있으면 다 되는 거였다 / 그녀가 바라는 것을 얻기 위해서는.

어휘

muscular 근육질의

athletic
(체격이) 운동선수 같은

chubby
통통한, 토실토실한

stout 살이 다부지게 찐,
뚱뚱한, 육중한

breathtaking
(너무 아름답거나 놀라워서)
숨막힐 정도인

all it takes 필요한 것은
그게 전부, 그것만 있으면 됨

get one's way
바라는 것을 얻다

❹ 성격 personality

 The king was demanding, selfish and short-tempered.
왕은 까다롭고 이기적이었으며 성질을 곧잘 부렸어요.

등장인물의 성격이나 기질을 묘사하는 표현은 주로 형용사가 많이 쓰입니다. demanding은 '요구사항이 많아서 만족시키기가 어렵고 까다로운' 성향을, selfish는 '이기적인' 성향을, short-tempered는 '성격이 불 같아서 금방 화를 내는' 성향을 나타내죠. 다음 예문을 통해 성향 묘사 표현들을 좀 더 알아두세요.

The friendly witch's generosity confused the little ones.
친절한 마녀의 관대함에 어린아이들은 어리둥절했어요.

The lazy elf forgot to grant the little boy's wish.
게으른 요정은 어린 남자아이의 소원을 들어주는 것을 까맣게 잊었어요.

The grumpy old Scrooge was very stingy.
성격이 고약한 스크루지 영감은 지독한 구두쇠였어요.

어휘

friendly 친절한

generosity
관대함, 아낌없이 주는 행위

confuse
어리둥절하게 하다

grant
(소원이나 요구를) 들어주다

grumpy
성격이 고약한, 심술궂은

stingy 인색한, 구두쇠인

Let's Read! 📖 외모와 성격 묘사 표현에 유의하면서 다음 문장을 해석해 보세요.

❶ Her **blonde hair** was **silky and thick**.

....

❷ Jennifer had **long and curly hair**.

....

❸ Catherine's mother **braided her hair** every morning.

....

❹ His **eyes sparkled** with curiosity.

....

❺ Alex **blushed** when the handsome prince entered the room.

....

❻ Hercules was **muscular and athletic**.

....

❼ The **short and stout** man chased after a dog.

....

❽ Her **breathtaking beauty** was all it took for her to get her way.

....

❾ The **lazy** elf forgot to grant the little boy's wish.

....

❿ The **grumpy** old Scrooge was very **stingy**.

....

● 정답은 p.232를 확인하세요.

26

리딩 기초편　영어 동화책에 자주 나오는 문장 공부하기

~했대요
행동을 설명하는 표현들

강의 및 예문듣기

📋 자주 나오는 기본 동사를 익혀두세요.

대화를 할 때도 그렇지만 책 속에서도 동사는 중요합니다. 스토리를 이끄는 건 등
장인물의 행동이니까요. 이야기 속에서 펼쳐지는 사건을 이해하려면 등장 인물이
무엇을 했는지를 알아야 합니다. 상황이나 사건을 묘사하는 동사는 아주 다양하지
만, 동화책에 기본적으로 등장할 수밖에 없는 동사들은 정해져 있죠. 자주 나오는
이런 기본 동사들을 미리 익혀두면 영어책 읽기에 빨리 익숙해질 수 있습니다.

1단계
오늘 읽을 문장

우리말을 보면서 영어 문장
을 떠올려 보세요.

오늘의 영어 미션

영어 동화책에 기본적으로 나오는 행동 묘사 표현 익히기

계모가 톡 쏘았어요, "조용히 해!"

작은 새가 속삭였어요, "쉿! 괴물들이 너를 찾고 있어."

아이들은 반짝이는 마법 나무 쪽으로 갔어요.

요정은 창문 밖으로 서둘러 나갔어요.

엄마는 사진을 지긋이 바라보며 미소 지었어요.

죠셉은 처음으로 침대를 정리했어요.

쟈니는 할머니의 심부름을 하느라 집이 아니었어요.

→ 여러분은 곧 이 문장들을 영어로도 읽을 수 있게 됩니다.

설명을 잘 보고 리딩 핵심
표현을 내 거로 만드세요.

true love's kiss는 '진정
으로 사랑하는 사람의 입맞
춤'을 의미해요. 영어동화
나 만화영화에 자주 등장하
는 표현입니다.

어휘

curse 저주
stepmother 계모
look for ~를 찾다

어휘

went to + 장소 ~에 갔다
(went는 go의 과거형)

for the first time
난생 처음

head toward + 장소
~ 쪽으로 가다, 향하다

fairy 요정

---

❶ 말했다 said

 The witch said, "The curse can only be broken by a true love's kiss."

마녀가 말했어요. "이 저주는 진정한 사랑의 입맞춤으로만 깨질 거야."

단순한 소리(의성어)가 아니라 뭔가 의미가 있는 말을 그대로 인용하거나 대사를 그대로 적어서 표현할 때는 said 뒤에 쉼표를 쓴 다음 대사를 따옴표 안에 넣어줍니다. 책 속 등장인물이 한 말도 이런 식으로 곧잘 표현하는데요. 이때 said 대신 등장인물이 말할 때의 감정이나 상태에 맞게 yelled(소리쳤다), cried(울부짖었다, 소리쳤다), snapped(톡 쏘아부쳤다), growled(화가 나서 으르렁대며 말했다), whispered(속삭였다) 등 다양한 동사가 쓰이죠.

Tom's little brother yelled, "Stop touching my toys!"
탐의 남동생이 소리쳤어요. "내 장난감 그만 만져!"

Their stepmother snapped, "Be quiet!"
계모가 톡 쏘았어요. "조용히 해!"

A little bird whispered, "Shh! The monsters are looking for you."
작은 새가 속삭였어요. "쉿! 괴물들이 너를 찾고 있어."

---

❷ 갔다 went

 Elizabeth went to the beach for the first time.
엘리자베스는 난생 처음 바닷가에 갔어요.

동화책에는 등장인물이 어디로 갔다, 확 뛰쳐나갔다, 서둘러 갔다 등과 같이 어딘가로 가거나 향하는 모습을 상황에 맞게 여러 동사로 표현합니다. 자주 등장하는 기본 동사로, go(가다), head(가다, 향하다), dash(급히 가다, 돌진하다), rush(서둘러 가다, 돌진하다) 등이 있습니다.

The children headed towards the sparkling magic tree.
아이들은 반짝이는 마법 나무 쪽으로 갔어요.

The prince rushed out the door after fighting with the king.
왕자는 왕과 싸우고 난 뒤 문밖으로 뛰쳐나갔어요.

The fairy dashed out the window when the father came into the room.
아빠가 방 안으로 들어오자 요정은 창문 밖으로 서둘러 나갔어요.

❸ 쳐다봤다 looked at

The old man with a long beard looked at the clock on the wall for a long time.
턱수염이 긴 영감이 벽시계를 오랫동안 쳐다보았어요.

look at은 누구를/무언가를 쳐다보다, 바라보다고 할 때 쓰는 대표적인 표현입니다. 비슷한 표현으로 gaze at과 stare at이 있는데요. gaze at은 무언가를 지긋이 바라보는 것을, stare at은 약간 기분 나쁘게 째려보는 상황을 나타내죠.

Jane looked at him and waited for his answer.
제인은 그를 바라보며 대답을 기다렸어요.

Mrs. Maudie stared at the boy stomping on her flowers.
마우디 아줌마는 그녀의 꽃을 밟는 남자아이를 째려봤어요.

Mother gazed at the picture and smiled.
엄마는 사진을 지긋이 바라보며 미소 지었어요.

beard 턱수염

for a long time
오랫동안

stomp 쿵쿵 밟다

❹ 집안일을 했다 did the household chores

Joseph made his bed for the first time, and he was proud of himself.
죠셉은 처음으로 침대를 정리하고 매우 뿌듯해 했어요.

chore는 이런저런 '잡일, 허드렛일'이란 뜻인데, 주로 '집안일'을 말할 때 자주 쓰입니다. 영어권 동화책에 자주 등장하는 각종 집안일 중에는 make one's bed(침대를 정리하다), mow the lawn(잔디를 깎다), clear the table(식탁을 치우다), run an errand(심부름하다), sweep the floor(바닥을 쓸다), mop the floor(대걸레로 바닥을 닦다) 등 아주 다양하죠.

Mowing the lawn is not an easy chore.
잔디를 깎는 것은 쉬운 일이 아니에요.

Jonny was out running an errand for his grandmother.
쟈니는 할머니의 심부름을 하느라 집이 아니었어요.

My sister and I had to clear the table after dinner every day.
나와 언니는 매일 저녁식사 후에 식탁을 치워야 했어요.

be proud of oneself
뿌듯해하다

be out 밖에 있다 (집이나 사무실에 없다는 의미)

after dinner
저녁식사 후에

every day 매일 (형용사로 쓸 때는 everyday 한 단어로 붙여 씀)

185

Let's Read! 📖 행동 묘사 표현에 유의하면서 다음 문장을 해석해 보세요.

❶ The witch **said**, "The curse can only be broken by a true love's kiss."

....

❷ Their stepmother **snapped**, "Be quiet!"

....

❸ A little bird **whispered**, "Shh! The monsters are looking for you."

....

❹ The children **headed** towards the sparkling magic tree.

....

❺ The fairy **dashed** out the window when the father came into the room.

....

❻ Mrs. Maudie **stared at** the boy stomping on her flowers.

....

❼ Mother **gazed at** the picture and smiled.

....

❽ Joseph **made his bed** for the first time, and he was proud of himself.

....

❾ Jonny was out **running an errand** for his grandmother.

....

❿ My sister and I had to **clear the table** after dinner every day.

....

○ 정답은 p.233을 확인하세요.

27 　리딩 기초편　 영어 동화책에 자주 나오는 문장 공부하기

기분이 어땠어요
감정을 설명하는 표현들

강의 및 예문듣기

준비단계
엄마 아빠에게

학습 전 영어교육 전문가의
코멘트를 읽어보세요.

📣 **인물의 감정에 동화되어 동화책을 읽어주세요.**

이야기 속에는 우리가 살면서 느끼는 희로애락의 감정들이 모두 등장합니다. 인물의 감정에 동화되어 때로는 공감하고 때로는 위로 받으며 이야기 속에 빠지게 되죠. 이런 부분을 아이에게 읽어줄 때는 인물의 감정을 충분히 살려주세요. 감정 이입해 아이와 함께 큰소리로 읽어보는 것도 좋습니다. 이 자리에서는 기본적인 감정 묘사 표현들을 몇 가지 살펴보도록 하겠습니다.

1단계
오늘 읽을 문장

우리말을 보면서 영어 문장을 떠올려 보세요.

오늘의 영어 미션

영어 동화책에 기본적으로 나오는 감정 묘사 표현 익히기

킴은 크리스마스 선물을 열어보고 기쁨으로 벅찼어요.

그녀는 너무 기뻐서 행복을 감출 수 없었어요.

제임스는 몇 달 동안이나 죽은 개를 애도했어요.

영화가 끝나자, 그녀의 뺨을 타고 눈물이 흘렀어요.

거대한 괴물이 순식간에 작은 쥐로 변하자 고양이는 너무 놀랐어요.

제임스는 놀라 말문이 막혔어요.

여왕은 불같이 화를 냈어요.

→ 여러분은 곧 이 문장들을 영어로도 읽을 수 있게 됩니다.

❶ 기쁨 **happy**

 She was overjoyed **and** couldn't hide her happiness.

그녀는 너무 기뻐서 행복을 감출 수 없었어요.

기쁨, 설렘, 행복을 나타내는 표현에는 여러 가지가 있죠. 형용사로 happy(기쁜, 행복한), overjoyed(매우 기쁜), thrilled(짜릿한, 아주 기쁜), excited(신나는, 설레는) 등이 있습니다. 또, 명사로 happiness(행복), joy/delight(기쁨, 즐거움) 등도 있죠. 형용사는 보통 be동사와 함께 자주 등장하고, 명사는 전치사 with와 함께 자주 등장합니다.

She was thrilled with her granddaughter's visit.

그녀는 손녀의 방문에 매우 기뻤습니다.

Paul was excited about the upcoming family trip.

폴은 다가오는 가족여행 생각에 신이 났어요.

Kim's heart was filled with joy when she opened her Christmas present.

킴은 크리스마스 선물을 열어보고 기쁨으로 벅찼어요.

 어휘

hide 숨기다

be thrilled with
~로 짜릿하다, 아주 기쁘다

be excited about
~ 생각에 신이 나다, 들뜨다

upcoming 곧 다가오는

be filled with
~로 가득 차다

present 선물

❷ 슬픔 **sad**

 His heart broke **when his team lost the game.**

팀이 경기에 져서 그는 마음이 아팠어요.

one's heart break(가슴이 찢어질 정도로 마음이 아프다), the tears roll down one's cheeks(뺨을 타고 눈물이 흐르다), tears fill one's eyes(눈에 눈물이 가득 고이다), feel down(마음이 울적하다), mourn(애도하다, 애통해하다), cry in pain(고통으로 울부짖다) 등, 슬픔, 울적함, 고통을 나타내는 표현도 참 다양합니다.

James mourned over his dead dog for months.

제임스는 몇 달 동안이나 죽은 개를 애도했어요.

She was feeling down because her favorite TV show was cancelled.

가장 좋아하는 TV 프로그램이 취소되자 그녀는 울적해하고 있었어요.

When the movie ended, the tears rolled down her cheeks.

영화가 끝나자, 그녀의 뺨을 타고 눈물이 흘렀어요.

 어휘

favorite 제일 좋아하는

roll down (또르르) 흘러
내리다

cheek 볼, 뺨

잠깐만요~ 📝

break one's heart 하면
'~의 마음을 아프게 하다'
는 의미입니다.

❸ 놀람 surprised

 The huge monster transformed into a tiny mouse within a second and the cat was shocked.
거대한 괴물이 순식간에 작은 쥐로 변하자 고양이는 너무 놀랐어요.

놀라는 감정을 나타내는 가장 일반적인 표현은 surprised(놀란)입니다. 하지만 이야기 속에서는 놀람의 감정도 더욱 디테일하게 표현되죠. shocked(예상치 못한 일을 마주해서 '충격적인', '너무 놀란'), stunned(즉시 반응할 수 없을 정도로 놀란, 어안이 벙벙한), startled(화들짝 놀란), be taken aback(예상치 못한 말이나 행동을 접해서 '흠짓/소스라치게 놀란'), speechless(놀라서 말문이 막힌) 등, 아주 다양합니다.

The door slammed shut and the sound startled Tom.
문이 쾅 닫치는 소리에 탐은 깜짝 놀랐어요.

She was taken aback when she received the letter.
그녀는 그 편지를 받고 흠짓 놀랐어요.

When Santa Clause finally appeared through the chimney, James became speechless.
산타클로스가 정말 굴뚝을 통해 들어오자 제임스는 놀라 말문이 막혔어요.

❹ 화남 angry

 The gatekeeper would have fits whenever someone entered the magic land without permission.
허락 없이 마법의 땅에 들어오는 이에게 문지기는 발끈하곤 했지요.

'화난' 감정을 표현하는 가장 일반적인 표현은 angry(화난)이죠. 이 밖에도 '기분이 안 좋고 속상한' 감정까지 내포한 upset, '노발대발 수준으로 화가 난' 감정을 나타내는 furious, '짜증난' 감정을 표현하는 cross 등, 참 다양합니다. have fits는 '화가 나서 발끈하다'는 뜻이죠.

The witch was cross when she found the broken vase.
마녀는 깨진 꽃병을 발견하고는 짜증이 났어요.

Bart was upset because he couldn't save the little birds in the cage. 바트는 새장의 작은 새들을 구하지 못하자 속상해 했어요.

The queen was furious when she found out that the prince came to rescue the locked-up princess.
갇힌 공주를 구하러 왕자가 왔다는 것을 알게 되자 여왕은 불같이 화를 냈어요.

Let's Read! 📖 감정 묘사 표현에 유의하면서 다음 문장을 해석해 보세요.

❶ She was **thrilled** with her granddaughter's visit.

....

❷ She was **overjoyed** and **couldn't hide her happiness**.

....

❸ Kim's heart was filled **with joy** when she opened her Christmas present.

....

❹ James **mourned** over his dead dog for months.

....

❺ When the movie ended, **the tears rolled down her cheeks**.

....

❻ The door slammed shut and the sound **startled** Tom.

....

❼ When Santa Clause finally appeared through the chimney, James became **speechless**.

....

❽ Bart was **upset** because he couldn't save the little birds in the cage.

....

❾ The witch was **cross** when she found the broken vase.

....

❿ The gatekeeper would **have fits** whenever someone entered the magic land without permission.

....

⭕ 정답은 p.234를 확인하세요.

엄마 아빠 100명에게 물어봤어요

우리 아이 영어교육 FAQ ⑦

Q 리딩이 왜 중요한가요?

영어교육에 정답은 없습니다. 남들과 비교하지 말고 조급해하지 말고 우리 아이가 즐겁게 영어를 접할 수 있도록 엄마 아빠가 도와주세요.

A 영어책 읽기는 엄마 아빠가 해줄 수 있는 가장 좋은 영어교육 방법입니다.
리딩은 모든 언어 능력에 기본이 됩니다. 한국어 리딩도 중요합니다. 문해력을 논할 때는 언어의 구분이 없습니다. 국어 독해가 되어야 영어 독해가 가능해집니다. 리딩을 통해서 영어만 배우는 것이 아니라 영어권의 문화도 익힐 수 있습니다. 어릴수록 영어에 대한 감을 더 키울 수 있습니다. 영어를 잘하는 아이로 키우려면 영어독서의 생활화는 꼭 필요합니다.

영어로 리딩을 하면 풍부한 어휘와 문법을 자연스럽게 체득할 수 있습니다. 어휘나 문법을 하나씩 힘들게 적으면서 외우는 고통스러운 공부가 아닌 자연스럽게 한국어를 배우듯이 할 수 있습니다. 굳이 다 번역을 해주지 않아도 그림으로 어느 정도 추측하는 방법도 좋습니다.

영어 강사를 하면서 수많은 학생들을 만났습니다. 최근 들어 해외거주 경험이 전혀 없지만 유창한 영어 실력을 자랑하는 학생들을 많이 보았습니다. 그런 학생들은 어릴 때부터 꾸준히 영어 미디어에 노출이 되고 영어독서를 합니다. 영어책은 가장 좋은 인풋이 됩니다.

아이가 좋아하는 캐릭터나 토픽으로 시작해 주세요. 공룡을 좋아하는 아이면 공룡에 대한 영어책을 보여주고, 자동차를 좋아하는 아이라면 자동차에 대한 영어책을 보여주세요. 아이와 함께 그런 그림을 보면서 단어를 하나씩 읽어주세요. 영어가 힘들고 고통스러운 공부가 아닌 즐거운 습득이 될 수 있다는 것을 보여주세요.

둘째 마디

•

리딩 실전편

단계별 영어리딩 연습

28

리딩 실전편 단계별 영어리딩 연습

1단계 어린이집 4-5세 수준
의성어 위주의 동화

강의 및 예문듣기

준비단계

엄마 아빠에게

학습 전 영어교육 전문가의
코멘트를 읽어보세요.

 재미있는 의성어 동화로 시작하세요.

언어가 형성되는 유아기부터 영어 동화와 동요를 접하게 해주는 것이 좋습니다. 자연스럽게 영어 감각을 익히고 영미권 문화를 체험할 수 있거든요. 영어를 처음 접하는 어린아이들에게는 재미있는 소리가 나오는 의성어 위주의 동화책을 읽어주면 좋아요. 처음에는 한 페이지에 한 문장 혹은 단어 한두 개만 있는 짧은 동화부터 시작하세요. 자주 쓰는 의성어들을 익혀두면 영어 동화책 읽기가 한층 쉬워질 거예요.

1단계

오늘 읽을 문장

우리말을 보면서 영어 문장
을 떠올려 보세요.

 **오늘의 영어 미션**

의성어가 많이 나오는 영어 동화 읽어보기

동물농장은 재미난 소리로 가득해요.

외양간 옆에 앉아 있는 개는 "멍멍"

지붕을 거닐고 있는 수탉은 "꼬끼오"

집 뒤를 기어 다니는 뱀은 "쉬익 쉬익"

늙고 지혜로운 당나귀는 "히이 힝"

그리고 참새는 "짹짹"거려요.

전 뭐라고 할까−요?

"동물농장이 좋아요."라고 하죠.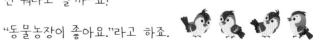

→ 여러분은 곧 이 문장들을 영어로도 읽을 수 있게 됩니다.

설명을 잘 보고 리딩 핵심
표현을 내 거로 만드세요.

잠깐만요~ 📝

고양이의 울음소리는
meow(야옹), mew(작게
우는 소리), purr(기분 좋
아 가르랑대는 소리)로 표
현합니다.

어휘

sit by ~곁에 앉다

barn 외양간, 헛간

go + 동물소리
~라는 소리를 내다

loud 소리가 큰

scared ~를 놀라게 하다

❶ woof-woof 멍멍

 A dog sitting by the barn goes "woof-woof".
외양간 옆에 앉아 있는 개는 "멍멍" 해요.

개가 내는 소리 중에 가장 유명한 영어 표현이 bow-wow입니다. 조금 귀여운 표현이에요. 가장 자연스러운 소리는 woof-woof 같아요. 조금 더 큰 개들이 내는 ruff-ruff라는 의성어도 있죠. 개도 늑대처럼 구슬프게 울부짖을 때가 있는데요. 울부짖는 소리는 howl로 표현할 수 있습니다.

The big dog next to the door cried "bow-wow".
문 옆에 있던 큰 개가 "멍멍"이라고 짖었어요.

The puppy went "ruff-ruff", but it wasn't loud enough.
강아지가 "멍멍" 했는데 소리가 별로 안 컸어요.

The wolf in the zoo went "howl" and scared the guards.
동물원의 늑대가 "아우~~~" 하며 울부짖어서 경비원들이 놀랐어요.

❷ cock-a-doodle-doo 꼬끼댁

 A rooster walking around the roof goes "cock-a-doodle-doo".
지붕을 거닐고 있는 수탉은 "꼬끼오" 해요.

암탉은 hen, 수탉은 rooster라고 합니다. 아침을 알리는 수탉의 '꼬끼오' 소리는 cock-a-doodle-doo(발음 [카커두우를두위])입니다. 암탉이 우는 소리는 cluck-cluck(구구) 또는 coo-coo라고 표현할 수 있죠.

The old hen went "cluck-cluck" around the barn.
나이 든 암탉이 "구구" 울면서 헛간을 돌았어요.

The birds in the cage went "coo-coo".
새장 안의 새들이 "구구" 울었어요.

Did you hear the rooster going "cock-a-doodle-doo" this morning?
오늘 아침에 수탉이 "꼬끼오" 하는 거 들었어?

 잠깐만요~ 📝

뻐꾸기는 cuckoo라
고 하는데, 울음소리도
cuckoo(쿠쿠)로 표현합
니다. 부엉이(owl) 소리는
hoot(훗)이라고 표현하죠.

어휘

rooster 수탉 (hen 암탉)

walk around 거닐다,
돌아다니다(roam around,
go around)

this morning
오늘 아침에

❸ hiss 쉬익

 A snake slithering behind the house goes "hiss-hiss".

집 뒤를 기어 다니는 뱀은 "쉬익 쉬익" 해요.

hiss는 뱀이 혀를 날름거리면서 내는 소리를 표현한 의성어입니다. 꼭 뱀이 아니어
도 '쉬익' 소리를 표현할 때 hiss를 사용할 수 있어요. 간단히 ssss라고 표현하기도
하고요. 그리고 방울뱀(rattlesnake)이 내는 소리는 rattle이라고 표현합니다. 방울
뱀은 꼬리 끝이 딱딱해서 기어갈 때 달그닥 소리가 나거든요.

The colorful snake went "sssss" with his tongue sticking out.

화려한 색의 뱀이 혀를 내밀면서 "쉬익" 소리를 냈어요.

The rattlesnake goes "rattle-rattle" and scares the small animals.

방울뱀이 "달그락 달그락" 거리며 작은 동물들을 겁주었어요.

The snake went "hiss" and the frog went "ribbit".

뱀은 "쉬익"거리고 개구리는 "개굴" 해요.

❹ hee-haw 히이 힝

 An old and wise donkey goes "hee-haw".

늙고 지혜로운 당나귀는 "히이 힝" 하죠.

당나귀 울음소리는 보통 hee-haw(히이 힝), 말 울음소리는 neigh(히이잉)로 표현합
니다. 소가 내는 소리는 moo(음메)입니다. 언어마다 동물들의 소리를 다르게 표현
하는 것이 재미있어요.

The horse went "neigh" to get food from the farmer.

말이 농부에게 밥을 달라고 "히이잉" 거렸어요.

Tom heard "moo" from a cow on his way home.

탐은 집에 가는 길에 소의 "음메" 소리를 들었어요.

The angry donkey went "hee-haw".

화 난 당나귀가 "히이 힝" 거렸어요.

❺ oink 꿀꿀

Pigs in the puddle go "oink-oink".
물웅덩이에 있는 돼지들은 "꿀꿀" 하죠.

돼지가 내는 소리는 oink, snort, grunt 등으로 표현할 수 있어요. oink는 '꿀꿀' 이고요, snort는 '힝힝'거리는 소리인데 '코웃음을 치다'는 뜻으로도 쓰여요. grunt 는 '꿀꿀' 또는 '끙끙 앓는 소리를 내다'란 동사로 쓸 수 있지요.

The pig went "oink-oink" to show that he is happy.
돼지가 행복하다고 "꿀꿀"거렸어요.

The old pig went "snort, snort" in the barn.
늙은 돼지가 헛간에서 "힝힝"거렸어요.

The piglets were hungry, so they went "grunt, grunt" to the rancher.
아기돼지들이 배가 고파서 농장주인한테 "꿀꿀"거렸어요.

어휘
puddle (특히 비 온 뒤의) 물웅덩이
piglet 새끼돼지

❻ chirp 짹짹

And the sparrow goes "chirp-chirp".
그리고 참새는 "짹짹"거려요.

새소리를 표현하는 단어는 정말 다양해요. whistle은 호루라기나 휘파람을 불 때도 쓰지만 새들이 지저귄다는 뜻도 있어서 새소리를 표현할 때 많이 사용됩니다. 귀엽고 작은 새가 우는 소리는 tweet(짹짹)입니다. 까마귀가 내는 소리는 caw-caw(까악까악)이라고 표현해요.

The chicks went "tweet-tweet" walking behind the mother.
병아리들이 "짹짹"거리며 엄마 새를 따라갔어요.

The sparrows went "chirp, chirp" to find a mate.
참새가 짝을 찾기 위해 "짹짹"거렸어요.

The crows sitting on the tree go "caw-caw".
나무 위에 앉아 있는 까마귀가 "까악까악" 울어요.

어휘
sparrow 참새
chick 병아리, 새끼 새
find a mate 짝을 찾다, 짝짓기를 하다
crow 까마귀

196

앞에서 배운 표현들을 활용해 영어 동화책을 읽어보세요.

The animal farm is filled with[1] interesting sounds.
동물농장은 재미난 소리로 가득해요.

 A dog sitting by[2] the barn goes **"woof-woof"**.
외양간 옆에 앉아 있는 개는 "멍멍"

A rooster walking around[3] the roof goes
"cock-a-doodle-doo".
지붕을 거닐고 있는 수탉은 "꼬끼오"

A snake slithering behind the house goes **"hiss-hiss"**.
집 뒤를 기어 다니는 뱀은 "쉬익 쉬익"

 An old and wise donkey goes **"hee-haw"**.
늙고 지혜로운 당나귀는 "히이 힝"

Pigs in the puddle go **"oink-oink"**.
물웅덩이에 있는 돼지들은 "꿀꿀"

And the sparrow goes **"chirp-chirp"**.
그리고 참새는 "짹짹"거려요.

What do I say?[4] I say, "I love the animal farm."[5]
전 뭐라고 할까-요? "동물농장이 좋아요."라고 하죠.

꼼꼼한 표현 설명

1 be filled with ~로 가득차다
   예 My house **is filled with** toys. 우리 집은 장난감으로 가득 찼어요.

2 sit by 곁에 앉다, ~의 옆에 앉아 있다
   예 Honey, come and **sit by** Mommy. 아가, 엄마 옆에 와서 앉아.

3 walk around 거닐다, 돌아다니다(roam around, go around)
   예 Do you want to **roam around** the shopping mall? 쇼핑몰에서 돌아다닐까?

4 일반동사가 들어간 평서문을 의문문으로 바꿀 때는 Do I say?(내가 말하니?)와 같이 조동사 do가 필요합니다. 그런데 이 말은 문법적으로는 맞지만 잘 쓰는 말은 아니죠. 이런 경우 앞에 의문사 what을 붙여 What do I say?라고 하면 상식적으로 통하는 확실한 의문문이 됩니다.

5 한 말을 그대로 옮길 때는 동사 뒤에 쉼표를 쓰고 큰 따옴표(" ")를 씁니다. 문장은 대문자로 시작해야 하고요.
   예 I said, "Stop watching YouTube." 내가 유튜브 그만 보라고 말했다.

이번에는 혼자 힘으로 영어
읽기에 도전하세요.

Let's Read! 📖 영어 의성어에 신경 쓰면서 다음 이야기를 읽어보세요.

 The animal farm is filled with interesting sounds.

A dog sitting by the barn goes **"woof-woof"**.

A rooster walking around the roof goes **"cock-a-doodle-doo"**.

A snake slithering behind the house goes **"hiss-hiss"**.

An old and wise donkey goes **"hee-haw"**.

Pigs in the puddle go **"oink-oink"**.

 And the sparrow goes **"chirp-chirp"**.

What do I say? I say, "I love the animal farm."

○ 우리말 번역이 헷갈리면 바로 앞 장을 확인하세요.

29

2단계 유치원 6-7세 수준
동사 위주의 동화

강의 및 예문듣기

준비단계
엄마 아빠에게

학습 전 영어교육 전문가의
코멘트를 읽어보세요.

 **연기와 감정을 섞어 캐릭터의 행동을 생생하게 묘사해 주세요.**

영어 동화책의 첫 단계를 보면 동사를 알려주는 내용이 많아요. 그도 그럴 것이 이
야기를 파악하기 위한 가장 기본이 누가 무엇을 '했는가'이니까요. 아이들은 흥미
로운 캐릭터가 어떤 흥미로운 행동을 하는지에 호기심이 발동하죠. 때문에 아이들
이 자연스럽게 동사 표현에 익숙해질 수 있도록 동화책을 읽어줄 때는 목소리 연기
와 손짓, 표정 등을 통해 그 행동을 오감으로 느낄 수 있게 해주면 좋습니다. 영어
동화책 읽기가 놀이가 될 수 있도록 엄마 아빠도 즐기면서 재미있게 읽어주세요.

1단계
오늘 읽을 문장

우리말을 보면서 영어 문장
을 떠올려 보세요.

오늘의 영어 미션
영어 동화 읽으며 다양한 동사 흡수하기

나는 5가지 감각이 있어요.

두 눈으로 봐요.

노랑나비가 하늘에서 춤 추는 것을 볼 수 있죠.

코로 냄새를 맡아요.

귀로 들어요.

새가 짹짹거리는 소리를 들을 수 있죠.

입으로 맛을 봐요.

손으로 만져요.

→ 여러분은 곧 이 문장들을 영어로도 읽을 수 있게 됩니다.

199

설명을 잘 보고 리딩 핵심
표현을 내 거로 만드세요.

 잠깐만요~

주어가 3인칭 단수 현재일
때는 has를 씁니다. 과거
형은 had이죠.

어휘

habit 습관
a lot of 많은

① have 가지고 있다

 I have five senses.   나는 5가지 감각이 있어요.

have동사는 영어의 기본동사 중 하나입니다. '가지고 있다'는 의미로 간단한 소유를 설명할 때 흔히 쓰죠. 물건에 대한 소유뿐 아니라 I have two sisters.(여자형제가 둘 있어요.), I have a headache.(두통이 있어요.), I have a plan.(계획이 있어요.) 등과 같이 여러 상황에서 쓰입니다.

The dog has cute habits.
그 강아지는 귀여운 습관들을 갖고 있어요.

The boy had a lot of questions.
남자아이는 질문이 많았죠(많이 있었죠).

The magical land has a long summer season.
그 마법의 나라는 여름이 길어요(긴 여름을 갖고 있어요).

② see 보다

 I see with my eyes.   두 눈으로 봐요.

'보다'를 뜻하는 대표적인 동사에는 see, look, watch가 있습니다. see는 내가 눈이 있으니까 특별히 의식하지 않아도 자연스럽게 눈에 들어와서 보는 경우를 의미합니다. 하지만 look과 watch는 보려고 의도해서 보는 경우를 의미하죠. look은 주로 look at의 형태로 '~를 바라보다, 쳐다보다'로 쓰입니다. 영화나 운동경기 등과 같이 뭐가 어떻게 되어가는지 주시해야 하는 경우에는 watch를 쓰죠.

The princess saw a beautiful butterfly in the garden.
공주는 정원에서 아름다운 나비 한 마리를 봤어요.

Look at the palace over there.
저기 궁전을 봐.

John watched a movie last night.
존은 어젯밤에 영화를 봤어요.

어휘

saw see의 과거형
butterfly 나비
garden 정원
palace 궁전
last night 어젯밤

잠깐만요~

조동사 can(~할 수 있다)
뒤에는 동사원형이 옵니다.

❸ see A -ing A가 ~하는 것을 보다

 I can see yellow butterflies dancing in the sky.
노랑나비가 하늘에서 춤 추는 것을 볼 수 있죠.

see는 누구를/무언가를 보다는 의미잖아요. 그런데 그 누군가가/무언가가 '뭔가를 하고 있는 순간'을 포착했을 때도 see를 이용하면 간단하게 표현이 됩니다. 〈see + 누구/무엇 + -ing〉 형태로 말이죠.

Jack saw a witch flying on a broom.
잭은 마녀가 빗자루를 타고 날아가는 모습을 봤어요.

Tom saw his mother crossing the street this morning.
탐은 엄마가 오늘 아침에 길을 건너는 것을 봤어요.

The children were terrified when they saw the monster approaching them.
아이들은 괴물이 다가오는 것을 보자 겁을 먹었어요.

어휘

broom 빗자루
cross the street
길을 건너다
terrified
겁먹은, 겁에 질린
approach 다가오다

❹ smell 냄새를 맡다, 냄새가 나다

 I smell with my nose.　　　　코로 냄새를 맡아요.

I can smell delicious chocolate chip cookies with my nose.(코로 맛있는 초코 칩 쿠키 냄새를 맡을 수 있죠.)처럼 smell은 무언가의 '냄새를 맡다'는 뜻으로 쓰입니다. 또, "거기서 썩은 냄새가 나요.(That smells rotten.)"처럼 '~한 냄새가 나다, 냄새가 ~하다'란 뜻으로도 쓸 수 있죠. 단, 이 경우 smell 뒤에는 보통 형용사를 씁니다.

I can smell something fishy.
뭔가 수상한 냄새가 나는데요.

The boy could smell a smelly skunk.
남자아이는 스컹크의 악취를 맡을 수 있었어요.

The magic potion smells funky.
마법 약 냄새가 지독하네요.

잠깐만요~

참고로, 향을 나타내는 단어 중 좋은 '향기'는 scent와 fragrance, '악취'는 stink와 odor가 있습니다.

어휘

fishy 수상한, 의심스러운
smelly 악취가 나는, 냄새나는
magic potion 마법의 약
funky 지독한 악취가 나는

❺ hear 듣다

I hear with my ears.　　　　　　　　　　　　　　귀로 들어요.

'듣다' 하면 딱 떠오르는 동사로 hear와 listen이 있죠. hear는 특별히 의식하지 않아도 귀에 자연스럽게 들어와서 듣는 경우를 의미합니다. 그래서 우연히 들은 내용이나 소식을 듣는 경우에도 쓰이죠. 하지만 listen은 일부러 들으려고 해서 듣는 경우예요. 그래서 무언가를 '귀 기울여 듣다', 남의 말을 '잘 듣고 따라준다'는 의미로까지도 쓰이죠. listen 뒤에 목적어를 동반하려면 반드시 to를 써야 합니다.

Mark **heard** weird voices in the middle of the night.
마크는 한밤중에 요상한 목소리를 들었어요.

Alice **heard** that there is a ball.
앨리스는 무도회가 있다고 들었어요.

Harry usually **listens to** music when he jogs.
해리는 조깅을 할 때 보통 음악을 들어요.

어휘

heard　hear의 과거형
weird　요상한, 기기묘묘한
in the middle of the
night　한밤중에
ball　무도회
usually　평소, 보통
listen to　~를 듣다
jog　조깅을 하다

❻ hear A -ing A가 ~하는 것을 듣다

I can hear birds chirping.
새가 짹짹거리는 소리를 들을 수 있죠.

누군가가/무언가가 '뭔가를 하고 있는 소리'를 우연찮게 들었을 때는 〈hear + 누구/무엇 + -ing〉 형태로 표현합니다. 물론 우연찮게 들려서 들은 게 아니라 작정하고 들으려고 귀 기울였다면 hear 대신 listen to를 쓰면 되고요.

John often **hears** the angels talk**ing**.
존은 천사들이 말하는 것을 자주 들어요.

The squirrels **heard** the birds plott**ing** against them.
다람쥐들은 새들이 그들에 대항해 모의를 하는 것을 들었어요.

Jane **listened to** the birds sing**ing**.
제인은 새들이 노래하는 소리에 귀를 기울였어요.

어휘

chirp　(새가) 지저귀다,
짹짹거리다

plot against
~에 대한 음모를 꾀하다

202

잠깐만요~

사실 맛은 혀로 보죠. '혀'
는 영어로 tongue[tʌŋ
텅]입니다. '침'은 saliva
[səláivə]인데 익숙하지 않
은 단어이지만 꽤 활용도가
높으니 기억해 두세요.

어휘

a bit 약간

taste off 맛이 이상하다,
맛이 상한 것 같다

❼ taste 맛보다, 맛이 나다

I taste with my mouth.

입으로 맛을 봐요.

I can taste the salt of the sea water with my mouth.(입으로 바닷물의 짠맛을 볼 수 있죠.)처럼 taste는 무언가를 '맛보다'는 뜻으로 쓰입니다. 또, "이거 너무 매운데요.(This tastes too spicy.)"처럼 어떻게 '맛이 나다', '맛이 (어떠)하다'란 뜻으로도 쓸 수 있죠. 단, 이 경우 taste 뒤에는 보통 형용사를 씁니다.

The lasagna tasted good.
라자냐가 맛있었어요(맛이 좋았어요).

This salad tastes a bit off.
이 샐러드 맛이 상한 것 같아요.

The cat in the pink dress tasted the steak and liked it very much.
분홍색 드레스를 입은 고양이가 스테이크를 맛보고 매우 좋아했어요.

❽ touch 만지다

I touch with my hands.

손으로 만져요.

touch는 '터치하다', 즉 '손대다, 만지다, 접촉하다'는 뜻의 동사입니다. 뒤에 바로 목적어가 오죠. 참고로 touch는 명사로도 쓰입니다. 명사로 쓰이는 유명한 표현 중에 magic touch(마법의 손길, 즉 마치 마법과도 같은 특별한 힘이나 능력)가 있죠. She has a magic touch with baking.(그 여자는 베이킹에 금손이에요.)처럼 활용됩니다.

Joseph touched the cold floor.
조셉은 차가운 바닥을 만졌어요.

Mother touched Jane's forehead with her magic wand.
엄마는 요술 지팡이로 제인의 이마를 터치했어요.

The knight touched the crystal ball.
기사는 수정구슬을 만졌어요.

어휘

forehead 이마

magic wand
요술 지팡이

knight 기사

crystal ball
(점 칠 때 쓰는) 수정구슬

앞에서 배운 표현들을 활용해 영어 동화책을 읽어보세요.

I **have** five senses.[1]

나는 5가지 감각이 있어요.

I **have** five amazing[2] senses.

5가지의 놀라운 감각이 있죠.

Twinkle twinkle[3] 반짝반짝

I **see** with my eyes.[4] 두 눈으로 봐요.

I can **see** yellow butterflies danc**ing** in the sky.

노랑나비가 하늘에서 춤 추는 것을 볼 수 있죠.

Sniff sniff[5] 킁킁

I **smell** with my nose. 코로 냄새를 맡아요.

I can **smell** delicious chocolate chip cookies.

맛있는 초코칩 쿠키 냄새를 맡을 수 있죠.

꼼꼼한 표현 설명

1. sense는 '감각'을 의미합니다. 5가지 감각은 sense of sight(시각), sense of smell(후각), sense of hearing(청각), sense of taste(미각), sense of touch(촉각), 이렇게 5가지입니다.

2. amazing(놀라운)은 너무 훌륭하고 대단하게 느껴져서 놀랍다는 어감을 전달하는 형용사입니다.

3. twinkle twinkle은 유명한 영어동요에도 나오는 익숙한 의성어입니다. '반짝반짝'을 의미하는데 꼭 별이 아니어도 반짝이는 모든 것에 사용할 수 있습니다.

4. 보통 '눈'을 얘기할 때는 두 눈을 말하는 것이므로 복수로 씁니다. eyes(눈), hands(손), ears(귀), legs(다리)처럼 두 개가 한 짝인 경우에는 복수로 써주세요.

5. sniff는 '킁킁'거리는 소리를 표현할 수도 있고, '냄새를 맡다'라는 동사로 사용할 수도 있습니다.
   예 The dog barks when he **sniffs** something strange. 그 개는 이상한 냄새를 맡으면 짖어요.

Shh quiet[6] 쉬 조용

I **hear** with my ears. 귀로 들어요.

I can **hear** birds chirp**ing**.

새가 짹짹거리는 소리를 들을 수 있죠.

Yum yum[7] 냠냠

I **taste** with my mouth. 입으로 맛을 봐요.

I can **taste** the salt[8] of the sea water.

바닷물의 짠맛을 볼 수 있죠.

Soft and warm 부드럽고 따뜻해

I **touch** with my hands. 손으로 만져요.

I can **touch** my mom's soft[9] and warm hands.

엄마의 부드럽고 따뜻한 손을 만질 수 있죠.

I **have** five senses.

나는 5가지 감각이 있어요.

---

6 Shh!는 손가락을 입술에 가져다 대고 조용히 하라고 '쉿!'하는 소리입니다. Quiet!는 '조용!'이라는 뜻이고요. quite(꽤)와 헷갈리지 마세요.

7 '맛있다'고 하는 표현에는 Yum. / Yummy. / Delicious. / Good. 등이 있습니다. 정말 맛있을 때는 divine(훌륭한)이라는 형용사를 사용해 보세요.

8 salt는 명사로 '소금', '짠맛'을 의미해요. 형용사로 '짠맛이 나는'은 salty라고 하죠. 이밖에 맛이나 식감을 나타내는 표현들에는 sweet(달콤한), sour(신), spicy(매운), hot(뜨거운, 매운), bland(담백한), crispy(바삭한), chewy(쫄깃한), tough(질긴) 등이 있답니다.

9 soft는 촉감으로 느껴지는 부드러움 뿐만 아니라 성격이나 소리의 부드러움을 나타낼 때도 쓸 수 있어요.

Let's Read! 📖 동사에 신경 쓰면서 다음 이야기를 읽어보세요.

I **have** five senses.

I **have** five amazing senses.

Twinkle twinkle

I **see** with my eyes.

I can **see** yellow butterflies danc**ing** in the sky.

Sniff sniff

I **smell** with my nose.

I can **smell** delicious chocolate chip cookies.

Shh quiet

I **hear** with my ears.

I can **hear** birds chirp**ing**.

Yum yum

I **taste** with my mouth.

I can **taste** the salt of the sea water.

Soft and warm

I **touch** with my hands.

I can **touch** my mom's soft and warm hands.

I **have** five senses.

◎ 우리말 번역이 헷갈리면 바로 앞 장을 확인하세요.

30

리딩 실전편　단계별 영어리딩 연습

3단계 초등학교 8세 이상 수준
형용사 위주의 동화

강의 및 예문듣기

준비단계

엄마 아빠에게

학습 전 영어교육 전문가의
코멘트를 읽어보세요.

동화책을 통해 다양한 형용사 표현에 익숙해지세요.

우리글도 그렇듯 어릴 때는 상상의 나래를 펼 수 있는 다양한 이야기의 동화나 소설을 많이 읽는 것이 좋습니다. 이런 이야기들이 어렵게 느껴지는 것은 형용사 때문이에요. 정말 다양하고 장황한 형용사가 많이 사용되니까요. 배경을 정확하게 묘사하고 주인공의 감정을 세밀히 묘사하기 위해서는 형용사가 꼭 필요하죠. 어렸을 때부터 편안하게 이런 표현들에 익숙해질 수 있도록 아이와 함께 영어 동화책을 꾸준히 읽어보세요.

1단계

오늘 읽을 문장

우리말을 보면서 영어 문장
을 떠올려 보세요.

오늘의 영어 미션

다양한 형용사를 통해 동화책 내용에 더욱 몰입하기

옛날 옛날에 애나라는 아름다운 여자아이가 있었어요.

어느 날 그녀는 인도라는 불가사의한 나라에 갔어요.

인도사람들은 숟가락이 아닌 맨손으로 음식을 먹었어요.

인도 여자들은 메헨디라고 부르는 정교한 꽃모양의 패턴으로 손을 꾸몄어요.

인도인들은 놀랄 만큼 아름다운 결혼식을 몇 날 며칠 계속했죠.

애나는 인도 문화에 매료되었답니다.

그리고 애나는 언젠가는 멋진 인도인과 결혼하겠다고 자기자신과 약속을 했답니다.

→ 여러분은 곧 이 문장들을 영어로도 읽을 수 있게 됩니다.

207

설명을 잘 보고 리딩 핵심
표현을 내 거로 만드세요.

❶ gorgeous 아주 멋진, 아름다운

Once upon a time, there was a gorgeous girl, and her name was Anna.
옛날 옛날에 애나라는 아름다운 여자아이가 있었어요.

아름다운 여성을 표현할 때는 beautiful, pretty 외에도 gorgeous(아주 멋진), charming(매력적인), graceful(우아한), lovely(사랑스러운), cute(귀여운) 등 다양한 형용사가 쓰입니다. 형용사는 명사 앞에 써서 그 명사를 설명해 주거나 be동사 뒤에 바로 써서 주어를 설명해 주기도 하죠.

Mirror, Mirror, who is the most gorgeous girl in the world?
거울아, 거울아, 이 세상에서 누가 가장 아름답니?

Tom saw a gorgeous girl on his way to school.
탐은 학교에 가는 길에 아름다운 여자아이를 봤어요.

The princess was graceful and lovely.
공주님은 우아하고 사랑스러웠습니다.

mirror 거울

on one's way to
~에 가는 길에

❷ mysterious 신비로운, 불가사의한

One day, she went to the mysterious land of India.
어느 날 그녀는 인도라는 불가사의한 나라에 갔어요.

mystery는 명사로 '수수께끼'입니다. 형용사로 바꾸면 mysterious가 되는데 설명하기 힘들거나 비밀스러운 것에 사용할 수 있어요. 비슷한 표현으로 curious(호기심을 끄는, 진기한, 신기한)도 자주 접할 수 있는 단어이고, enigmatic(수수께끼 같은, 불가사의한)이라는 어려운 단어도 소설에 자주 나옵니다.

The witch put a mysterious spell on the frog.
마녀는 개구리에게 신비로운 주문을 걸었어요.

A mysterious man approached the princess.
비밀스러운(정체를 알 수 없는) 남자가 공주에게 다가왔어요.

The kingdom was filled with curious plants.
왕국은 신기한 식물들로 가득했어요.

spell 주문

frog 개구리

approach
~에게 다가가다, 접근하다

kingdom 왕국

be filled with
~로 가득 차다

plant 식물

❸ amazed 놀란, 경탄한

 She was amazed by India.
그녀는 인도에 놀라워했죠.

잠깐만요~ 📝

무언가를 접하고 놀랍다고 할 때 (It's) Amazing!(놀라운데! 대단한데!)이라는 표현을 자주 씁니다.

동사 amaze는 '놀라게 하다'는 뜻이에요. 이 동사의 분사형인 amazing(놀라운)과 amazed(놀란)는 일상생활뿐 아니라 동화나 소설에서도 많이 등장하는 형용사랍니다. 너무 훌륭하거나 대단해서 놀랍다고 감탄할 때 등장하는 표현들인데요. '무엇이 놀랍다'고 할 때는 〈무엇 + be amazing〉, '누가 놀라워했다'고 할 때는 〈누구 + be amazed〉의 형태로 쓴다는 점에 주의하세요.

The prince was amazed by the girl's beauty.
왕자님은 여자아이의 아름다움에 놀랐어요.

The dragon's song was amazing.
용의 노래는 놀라웠어요.

The performance was amazing.
공연은 놀라웠어요.

📝 **어휘**

beauty 아름다움, 미(美)
dragon 용
performance 공연

❹ bare 벌거벗은, 맨

잠깐만요~ 📝

Indian은 '인도인'이라는 뜻으로도 쓰이고, '인도의'라는 형용사로도 쓰입니다.

 Indians ate with their bare hands instead of spoons.
인도사람들은 숟가락이 아닌 맨손으로 음식을 먹었어요.

bare는 맨손이나 맨발을 표현할 때 쓰는 형용사입니다. 손이나 발이 아닌 다른 사물이나 자연에도 쓸 수 있죠. 아주 쉽게 접할 수 있는 bare가 들어간 표현으로 barefoot(맨발의, 맨발로)이 있는데요. 형용사, 부사로 모두 쓰이기 때문에 be barefoot(맨발이다), walk barefoot(맨발로 걷다), go barefoot(맨발로 가다) 등과 같이 쓰이죠.

The mountains are bare.
산들이 벌거벗었어요.

Jane was barefoot.
제인은 맨발이었어요.

John liked to walk barefoot.
존은 맨발로 걷는 것을 좋아했어요.

 어휘

mountain 산
like to + 동사원형
~하는 것을 좋아하다
walk barefoot
맨발로 걷다

❺ elaborate 정교한, 공을 들인

 Indian women decorated their hands with elaborate flower patterns, and it was called mehendi.
인도 여자들은 메헨디라고 부르는 정교한 꽃모양의 패턴으로 손을 꾸몄어요.

elaborate는 잘 꾸며진 것을 표현할 때 사용하는 형용사입니다. 디자인이 정교하게 된 것에 사용할 수도 있고 계획 등이 잘 설계되었을 때도 쓰죠. elaborate는 '더 자세히 말하다, 더 정교하게 만들다'는 뜻의 동사로도 쓰입니다. 학교에서 essay를 제출했는데, 선생님이 Please elaborate on your answer.라고 한다면 '설명을 더 자세히 포함하라.'는 뜻이에요.

The artist painted an elaborate picture.
그 화가는 정교한 그림을 그렸어요.

The party decoration was elaborate.
파티의 장식은 정교했어요.

The palace was elaborate.
궁전은 정교했어요.

decorate 장식하다
artist 화가
paint a picture 그림을 그리다
decoration 장식

❻ stunning 놀랄 만큼 아름다운[멋진]

 The Indians had a stunning wedding ceremony that lasted for many days.
이런 인도인들은 놀랄 만큼 아름다운 결혼식을 몇 날 며칠 계속했죠.

stunning은 보통 아름다운 게 아니라 놀라우리만치 아름답다고 묘사할 때 쓰이는 형용사입니다. 숨이 멎을 정도로 아름답다고 묘사할 때는 breathtaking이라는 형용사를 쓰죠. 이처럼 동화에서는 아름답다는 표현도 beautiful 하나만을 고집하지 않습니다. 그 정도에 따라 다양한 표현으로 묘사하죠.

The princess looked stunning in her new dress.
새 드레스를 입은 공주님은 더없이 아름다웠어요.

Sarah looked stunning with her new hat.
새라는 새 모자를 쓰고 더없이 아름다웠어요.

The lake was stunning.
호수는 눈부시게 아름다웠어요.

 잠깐만요~
이 이야기에서는 맨손으로 밥을 먹고, 남자는 길고 흰 스커트를 입으며, 여자는 손에 메헨디로 장식을 하는 인도인들에 대해 전반적으로 죽 설명을 하다가 인도인들에 대한 설명을 마지막으로 하면서 '이런 인도인들은' 혹은 '바로 그 인도인들은'이라는 의미로 강조하기 위해 The Indians라고 했습니다. 물론 The를 빼고 그냥 Indians라고 해도 되죠.

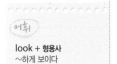
look + 형용사
~하게 보이다

❼ mesmerized 매료된, 매혹된

Anna was mesmerized by Indian culture.
애나는 인도의 문화에 매료되었답니다.

잠깐만요~

사랑하는 사람에게 I am mesmerized by your charm.(나는 당신의 매력에 매료되었어.)이라고 해 보세요.

mesmerized는 '마치 최면에 걸리듯 매력에 쏙 빠진' 상태를 의미합니다. 동사 mesmerize의 과거분사형으로 be mesmerize by ~(~에 매료되다, 매혹되다)의 형태로 흔히 쓰여요.

He was mesmerized by her performance.
그는 그녀의 공연에 매료되었어요.

The king was mesmerized by the dancer.
왕은 댄서에게 매료되었어요.

John was mesmerized by Amy's voice.
존은 에이미의 목소리에 매료되었어요.

❽ charming 매력적인, 멋진

And Anna promised herself that she would marry a charming Indian man one day.
그리고 애나는 언젠가는 멋진 인도인과 결혼하겠다고 자기자신과 약속을 했답니다.

잠깐만요~

영화나 미드에서 I'm waiting for my prince charming.이라는 대사를 종종 접할 수 있죠.

동화를 보면 왕자님은 꼭 charming으로 표현이 됩니다. charming은 '매력적인' 그래서 '멋진'이라는 뜻이에요. 그냥 얼굴만 잘생긴 것이 아닌, 행동이나 말투가 다 매력적인 사람을 표현합니다. prince charming이라는 표현이 있는데 완벽한 남자친구나 남편을 의미합니다. 우리가 보통 '백마 탄 왕자님'이라고 하는 바로 그 표현이죠.

The prince met a charming young girl at the party.
왕자님은 파티에서 매력적인 젊은 여성을 만났어요.

He was a charming man.
그는 매력 있는 남자였어요.

It seems like she finally found her prince charming.
그녀는 마침내 백마 탄 왕자님을 만난 것 같아요.

어휘

It seems like + 문장
~인 것 같아요

finally 마침내, 드디어

211

Once upon a time,[1] there was[2] a **gorgeous** girl, and her name was Anna.

옛날 옛날에 애나라는 아름다운 여자아이가 있었어요.

She loved to travel around[3] the world.

그녀는 세계를 여행하는 것을 좋아했죠.

One day,[4] she went to the **mysterious** land of India.

어느 날 그녀는 인도라는 불가사의한 나라에 갔어요.

She was **amazed** by[5] India.

그녀는 인도에 놀라워했죠.

Indians ate with their **bare** hands instead of[6] spoons.

인도사람들은 숟가락이 아닌 맨손으로 음식을 먹었어요.

Indian men wore[7] long white skirts instead of pants.

인도 남자들은 바지가 아닌 하얗고 긴 치마를 입었어요.

꼼꼼한 표현 설명

1   동화는 Once upon a time(옛날 옛적에)이라는 말로 이야기를 시작하는 경우가 많죠.

2   '누가 누가 있었어요', '누가 누가 살았어요'라는 전형적인 표현은 there was/were ~(~가 있었어요), there lived ~(~가 살았어요)를 씁니다.

3   travel around는 '여기저기 여행하며 돌아다닌다'는 뜻이에요. travel은 명사, 동사 모두 되죠. travel은 여행이 아닌 그냥 이동한다는 뜻도 있기 때문에 도시 안에서 travel around를 써도 적합합니다.

4   이야기를 죽 서술하다 보면 '그러던 어느 날'이라는 표현 꼭 나오잖아요. 바로 이 말이 One day입니다. 과거의 '어느 날', 미래의 '언젠가'라는 뜻으로 모두 쓰여요.

5   amaze ~를 놀라게 하다, 매료시키다 | be amazed by ~에 놀라워하다, 매료되다
    예 His singing **amazed** me. 그의 노래가 나**를** 매료시켰어요.
      I **was amazed by** his singing. 나는 그의 노래**에** 매료되었어요.

6   instead of ~ 대신에, ~ 말고
    예 I slept **instead of** studying. 나는 공부하는 대신 잠을 잤어요.

7   wear의 과거는 wore가 됩니다. 불규칙 동사들은 과거시제가 되었을 때 다른 형태가 됩니다.

Indian women decorated their hands with **elaborate** flower patterns, and it was called[8] mehendi.

인도 여자들은 메헨디라고 부르는 정교한 꽃모양의 패턴으로 손을 꾸몄어요.

The Indians had a **stunning** wedding ceremony that lasted[9] for many days.

이런 인도인들은 놀랄 만큼 아름다운 결혼식을 몇 날 며칠 계속했죠.

Anna was **mesmerized** by Indian culture.[10]

애나는 인도 문화에 매료되었답니다.

She wrote her thoughts[11] down[12] in her diary.

자신의 생각을 일기장에 기록했죠.

And Anna promised herself[13] that she would marry a **charming** Indian man one day.[14]

그리고 애나는 언젠가는 멋진 인도인과 결혼하겠다고 자기자신과 약속을 했답니다.

---

8 be called A A로 불리다
   Ch Korean traditional clothes **are called** hanbok. 한국 전통 옷은 한복이라고 불려요.

9 last 지속되다
   Ch The concert **lasted** for 3 hours. 콘서트가 3시간 동안 계속됐어요.

10 culture는 문화를 의미하는데 앞에 나라를 쓸 때는 '그 나라의'를 뜻하는 형용사 형태로 와야 합니다.
   Ch America culture (X) → **American** culture (O)
      Korea culture (X) → **Korean** culture (O)

11 thought는 동사 think의 과거형 및 과거분사형으로도 쓰이고, 하나의 '생각'을 뜻하는 명사로도 쓰입니다.

12 write down 적어 놓다, 기록하다, 받아적다
   Ch Students, please **write** this **down**. 학생들, 이거 받아 적으세요.

13 promise oneself (스스로의 다짐을 표현할 때) 스스로와 약속하다
   Ch I **promised myself** that I won't drink too much coffee.
      커피를 너무 많이 마시지 않기로 스스로와 약속했어요.

14 여기서 one day가 바로 미래의 '언젠가'를 뜻합니다.

Let's Read! 📖 형용사에 신경 쓰면서 다음 이야기를 읽어보세요.

Once upon a time, there was a **gorgeous** girl, and her name was Anna.

She loved to travel around the world.

One day, she went to the **mysterious** land of India.

She was **amazed** by India.

Indians ate with their **bare** hands instead of spoons.

Indian men wore long white skirts instead of pants.

Indian women decorated their hands with **elaborate** flower patterns, and it was called mehendi.

The Indians had a **stunning** wedding ceremony that lasted for many days.

Anna was **mesmerized** by Indian culture.

She wrote her thoughts down in her diary.

And Anna promised herself that she would marry a **charming** Indian man one day.

◎ 우리말 번역이 헷갈리면 바로 앞 장을 확인하세요.

엄마 아빠
영어 공부
무작정 따라하기

3단계 연습문제
모범 답안

05 주의해야 할 발음 *p.050*

Let's Listen! 🎧

① litter

② bottle

③ attack

④ letter

⑤ curtain

⑥ hasten

⑦ opened

⑧ laughed

⑨ helps

⑩ trill

06 문장 강세 살리기 *p.056*

Let's Listen! 🎧

A ① It took me a year to catch up to the other classmates.
반 친구들을 따라잡는 데 1년이 걸렸어요.

② Don't worry about it. You'll be fine.
걱정 마. 넌 괜찮을 거야.

③ Did you watch the news last night?
어젯밤에 그 뉴스 봤어?

④ Can I have your phone number, please?
전화번호 좀 알려줄래요?

⑤ We need to bring the same materials for class.
우리는 수업용으로 동일한 자료를 가져와야 합니다.

B ① My husband comes home late on weekdays.
남편은 평일에는 집에 늦게 와요.

② I watched a movie on global warming.
지구온난화에 관한 영화를 봤어요.

③ We're late. It's already 9!
우리 늦었다. 벌써 9시야!

C ❶ This isn't expensive ↗?
이거 비싸지 않아요?

❷ Ready to go ↘.
갈 준비해.

둘째마당 | 엄마 아빠를 위한 영어회화 무작정 따라하기

07 의견 물어보기 p.066

Let's Speak! 📢

❶ How was **your day**?
아이의 대답 I had a great/wonderful day. 멋진 하루를 보냈어요.

❷ Do you like **your new teacher**?
아이의 대답 Yes, I like him/her. 네, 좋아요.

❸ Do you want to **go outside**?
아이의 대답 No, I want to stay home. 아니요, 집에 있을래요. ★stay home 집에 머물다

❹ What do you want to **have for lunch**?
아이의 대답 I want to have ramen. 라면 먹고 싶어요.

❺ Do you think **the movie is interesting**?
아이의 대답 No, I think it's boring. 아니요, 지루해요.

❻ Why do you think **Tom likes Jane**?
아이의 대답 I saw Tom giving a gift to Jane. 탐이 제인에게 선물 주는 걸 봤어요.

❼ Did you have **fun**?
아이의 대답 Yes, I did. 네, 즐거웠어요.

❽ Do you want to **go to bed now**?
아이의 대답 No, I want to play a little more. 아니요, 조금 더 놀래요.

❾ How was **your lunch**?
아이의 대답 It was delicious. 맛있었어요.

❿ Do you like **your birthday gift**?
아이의 대답 Yes, I love it. 네, 마음에 들어요.

Let's Speak! 📢

① Can you **turn off the TV**?

아이의 대답   Okay, I will. / Sure, I'll do it. 네, 끌게요.

② Can you get me **a new towel**?

아이의 대답   Sure, here it is. 네, 여기 있어요.

③ Could you **turn down the volume**?

아이의 대답   Of course, I can. 당연히 해드리죠.

④ Would you **clean up your room**?

아이의 대답   Can I play for a bit more? 조금만 더 놀면 안 돼요?

⑤ Do you think you can/could **call me after math class**?

아이의 대답   Sure, I'll call you right after. 네, 바로 전화할게요.

⑥ I was wondering if you could **do the dishes.**

아이의 대답   Sure, I'll do the dishes. 네, 제가 설거지할게요.

⑦ I was hoping to **go to the movies with you.**

아이의 대답   I'd love to. 좋아요.

⑧ Can you **put the toys back**?

아이의 대답   Sure, I'll get to it right now. 네, 지금 바로 할게요.

⑨ Can you get me **my glasses**?

아이의 대답   I can't find them. 못 찾겠어요.

⑩ Do you think you can/could **help me prepare dinner**?

아이의 대답   Sure, what can I do? 물론이죠. 뭐 하면 돼요?

Let's Speak! 📢

❶ Let's **go to the playground.**

　아이의 대답　 I'd love that. 좋아요.

❷ Why don't we **have fried chicken for dinner?**

　아이의 대답　 That sounds yummy. 맛있겠어요.

❸ Shall we **clean up?**

　아이의 대답　 I'm so tired. 저 너무 피곤해요.

❹ Maybe we should **go home now.**

　아이의 대답　 I want to ride the roller coaster once more. 롤러코스터 한 번 더 타고 싶은데요.

❺ I suggest you **clean up the mess.**

　아이의 대답　 Can I get to it in 5 minutes? 5분 후에 해도 돼요?

❻ Why don't you **invite your friends for your birthday?**

　아이의 대답　 Can I? You're the best. 그래도 돼요? 아빠/엄마 최고예요.

　　　　　　　 That would be awesome. 너무 좋아요.　　　　　　　★ awesome 끝내주는, 최고인

❼ How about **a movie tonight?**

　아이의 대답　 I'd love that. 좋아요.

❽ Why don't we **call grandmother?**

　아이의 대답　 Yes, I miss her. 네, 할머니 보고 싶어요.

❾ Let's **go out to eat.**

　아이의 대답　 I want to stay in. 집에 있고 싶어요.

❿ Why don't you **try this shirt with that skirt?**

　아이의 대답　 I don't think they match. 어울리지 않는 것 같아요.

Let's Speak! 🔊

① You should **eat your vegetables.**

아이의 대답 I don't want to. 싫어요.

② You shouldn't **run inside the house.**

아이의 대답 Oops, I forgot. 앗, 깜빡했어요.

③ I want you to **stop watching YouTube.**

아이의 대답 I can never get my way. 내 맘대로 되는 게 하나도 없어요.

④ It's wrong to **open the door without knocking.**

아이의 대답 I see. How many times should I knock? 알겠어요. 노크는 몇 번 하는 건가요?

⑤ I'm going to be very sad if you **don't keep our promise.**

아이의 대답 I'll try my best to keep our promise. 우리 약속을 지키기 위해 최선을 다할게요.

⑥ You'd better **put down your phone.**

아이의 대답 Okay. I'm not using my phone anymore. 알겠어요. 이제 폰 안 해요.

⑦ You'd better not **put off your homework.**

아이의 대답 I always do my work on time. 항상 제때 해요.   ＊on time 제때, 시간 맞춰

⑧ You should **write your diary before dinner.**

아이의 대답 I'll get to it now. 지금 할게요.

⑨ I want you to **play with your little sister.**

아이의 대답 Must I? 꼭 그래야 하나요?

⑩ I'm going to be very sad if you **don't listen to me.**

아이의 대답 Why can't you understand me? 아빠는 왜 절 이해하지 못하세요?

Let's Speak! 📢

❶ Good job! / Good work! / Good on you! / Good boy! / Good girl! / That's my boy! /
That's my girl! / Attaboy! / Attagirl! / Well done! / Way to go!

> 아이의 대답   Really? I'm so relieved. 정말요? 다행이에요.
> I feel really good. 기분이 정말 좋아요.
> Thank you so much. 감사합니다.

❷ I'm so proud of you.

> 아이의 대답   That's good to hear. 듣기 좋은 말이에요.

❸ That's amazing!

> 아이의 대답   You made my day. 덕분에 기분이 좋아졌어요.

❹ What an amazing painting!

> 아이의 대답   Thanks for the compliment. 칭찬 감사해요.

❺ I really like what you've done here.

> 아이의 대답   I tried my best. 최선을 다했어요.
> I'm happy too. 저도 좋아요.

❻ Everything will work out.

> 아이의 대답   That's good to hear. 듣기 좋은 말이에요.
> I really hope so. 정말 그러면 좋겠어요.

❼ Don't sweat it.

> 아이의 대답   I don't know what to do. 뭘 어떻게 해야 할지 모르겠어요.

❽ I really liked your performance.

> 아이의 대답   Thank you, Mom. 고마워요 엄마.

❾ I'm touched.

> 아이의 대답   It was no big deal. 별거 아니었어요.

❿ That's inspired!

> 아이의 대답   I'm embarrassed. 쑥스러워요.

Let's Speak!

❶ I'm so glad **to hear you say that.**

아이의 대답   Don't mention it. 별말씀을요.

❷ It's good to hear that you **made a new friend.**

아이의 대답   I'm also glad. 저도 기뻐요.

❸ Thank you for **telling me the truth.**

아이의 대답   It wasn't easy. 쉽지 않았어요.

❹ It's very kind of you to **play with your little brother.**

아이의 대답   It wasn't easy. 쉽지 않았어요.
I didn't want to but I did it. 하기 싫었지만 했어요.

❺ I'm sorry for **yelling at you.**

아이의 대답   It's okay. I understand. 괜찮아요. 이해해요.

❻ I apologize for **missing your performance.**

아이의 대답   I was sad at first, but I know that you couldn't help it.
처음에는 슬펐지만 아빠 잘못이 아닌 거 알아요.   ★couldn't help it 어쩔 수 없었다

❼ I'm sorry to hear that **your team lost the game.**

아이의 대답   I'm devastated. 너무 속상해요.

❽ Thank you for **listening to me.**

아이의 대답   You're welcome. 별말씀을요.

❾ I'm sorry for **hurting your feelings.**

아이의 대답   Forget about it. 잊으세요. 괜찮아요.

❿ It's very kind of you to **clean the room.**

아이의 대답   I can do it by myself now. 이제 혼자서도 할 수 있어요.

Let's Speak!

① Honey, it's time to wake up.

② You'll be late if you don't wake up now.

③ Did you sleep well?

④ What was it about?

⑤ What do you feel like having for breakfast?

⑥ Come, your breakfast is ready.

⑦ Did you pack your bag?

⑧ Please brush your teeth and wash your face.

⑨ Hurry up. We'll be late.

⑩ Be good to your friends and listen to your teacher.

14 엄마의 일상   *p.110*

Let's Speak!

① Excuse me, where can I find strawberries?

② Could I get this delivered?

③ It's been ages. How have you been?

④ You haven't changed a bit.

⑤ Let me look online to see what's famous here.

⑥ This blogger recommends spinach pizza.

⑦ Your son must be big now.

⑧ He's 9 now. Time flies.

⑨ I'd like to get a new hairstyle.

⑩ I think I like this style here.

Let's Speak! 🔊

① My son has a runny nose and a slight cough.

② It's been about 2 days.

③ It's not going to take long.

④ Excuse me. I came to ask about English classes for my son.

⑤ How about Thursday at 3 p.m.?

⑥ I need to open a new account for my son's kindergarten.

⑦ Will a driver's license work?

⑧ What's good here?

⑨ We'll have that and this salad, please.

⑩ Can we get children's cutlery and some napkins, please?

Let's Speak! 🔊

① How was school?

② Take off your socks and put them in the laundry bag.

③ Do you want to go outside to play?

④ Put on your shoes and don't forget your mask.

⑤ It's still cold outside. You should wear your sneakers.

⑥ Please don't leave the table until you are done.

⑦ Would you like more kimchi?

⑧ Don't talk with your mouth full.

⑨ Do you have any homework today?

⑩ When is your math test? Are you ready for the test?

17 아이 재우기

p.128

Let's Speak!

❶ It's already 8 p.m. It's time for your bath.

❷ Close your eyes. Let me wash your hair.

❸ Let me squeeze the toothpaste for you.

❹ Don't forget to brush your molars.

❺ Rinse your mouth.

❻ Please pick 3 books you want to read tonight.

❼ What about this book on plants?

❽ Come on, let me tuck you in.

❾ You need a good night's sleep to grow.

❿ Sleep tight and sweet dreams.

셋째마당 | 엄마 아빠를 위한 영문법 무작정 따라하기

18 be동사, 일반동사

p.138

TEST A

❶ My son (be / is) 10 years old.
우리 아들은 10살이에요.

❷ He (be / was) late for class yesterday.
걔 어제 수업에 늦었어요.

❸ I (am / is) very tired today.
난 오늘 정말 피곤해.

❹ The school (be / is) closed for 2 weeks.
학교는 2주간 문을 닫아요.

❺ This sandwich (be/ is) delicious.
이 샌드위치는 맛있어요.

❶ You are thirsty. 너 갈증 나는구나.

    ↳ Are you thirsty? 너 갈증 나니?

❷ She is late. 그녀는 늦어.

    ↳ Is she late? 그녀는 늦니?

❸ You like strawberries. 너 딸기 좋아하는구나.

    ↳ Do you like strawberries? 너 딸기 좋아하니?

❹ He reads many books. 그는 책을 많이 읽어.

    ↳ Does he read many books? 그는 책을 많이 읽니?

❺ Your son wakes up early. 너희 아들은 일찍 일어나는구나.

    ↳ Does your son wake up early? 너희 아들은 일찍 일어나니?

19 기본 시제   *p.144*

TEST

❶ She read 3 books today. [과거]   ★ read - read - read
그녀는 오늘 책을 3권 읽었어요.

❷ I drink at least 2 cups of coffee every day. [현재]   ★ drink - drank - drunk
난 매일 커피를 최소 2잔은 마셔요.

❸ My son is running fast. [현재진행]   ★ run - ran - run
우리 아들은 빠르게 달리고 있어요.

❹ She will clean the table. [미래]
She is going to clean the table. [미래]
그녀가 테이블을 치울 거예요.

❺ John will come to school this morning. [미래]   ★ come - came - come
John is going to come to school this morning. [미래]
오늘 아침에 존이 학교에 올 거예요.

❻ It is raining every day. [현재진행]
매일같이 비가 내리고 있어요.

❼ That phone is ringing. [현재진행]
그 전화기가 울리고 있는데요.

⑧ My husband prepared dinner. [과거]
남편이 저녁을 준비했어요.

⑨ This book is difficult. [현재]
이 책은 어려워요.

⑩ I will travel next year. [미래]

I am going to travel next year. [미래]
난 내년에 여행 갈 거야.

잠깐만요~ 📝

여기서 잠깐! 기본 시제 넘어가기 전에 현재 시제, 과거 시제와 헷갈리는 현재완료(have/has + p.p.)
와 과거완료(had + p.p.) 시제에 대해 간단히 말씀드릴게요.

❶ 현재완료는 과거에 시작되어서 지금까지 영향을 끼치는 사건을 표현합니다.
㈜ I **have lived** in Korea for 10 years as of now.
현재로서 난 한국에 산 지 10년째예요.

❷ 과거완료는 과거에 시작되어서 과거에 완료가 된 일을 말할 때 씁니다.
㈜ I **had lived** abroad for a long time.
(예전에) 오랫동안 외국에 살았어요.

20 구동사 (동사 + 부사)   p.150

TEST A

❶ I gave up drinking.

❷ I handed in the paper yesterday.

❸ I'm looking for a cute doll for my daughter's birthday.

❹ Don't forget to turn off the light.

❺ Can you wake me up at 5 in the morning?

TEST B

❶ A lot of men make themselves up these days.
요즘엔 화장을 하는 남자들이 많아요.
▶ make up(~에 화장을 하다)은 구동사이므로 대명사는 make와 up 사이에 와야 합니다.

❷ I think we have to put off the deadline.
우리 마감을 연기해야 할 것 같아요.
▶ put off(~을 미루다, 연기하다)는 구동사로, 명사 목적어는 put off 뒤에 와도 되고, put과 off 사이에 와도 되므로, 이상 없는
문장입니다.

❸ I ran into her on my way here.
여기 오는 길에 그녀를 우연히 마주쳤어요.
   ▶ run into(~를 우연히 마주치다)에서 into는 전치사이므로 명사든 대명사든 into 뒤에 와야 합니다.

잠깐만요~ 📝   어떤 경우가 〈동사 + 부사〉이고, 어떤 경우가 〈동사 + 전치사〉인지는 처음에는 구분이 힘들 수 있어요.
우선 대표적인 〈동사 + 부사〉 표현을 문장을 통해 쓰임을 익힌 다음, 책과 미디어를 통해 꾸준히 영어
를 접하면서 그때그때 알아가면 됩니다.

21 명사 그리고 전치사   p.158

TEST A

❶ Her (sister) is coming to visit next week.
다음 주에 그녀의 언니가 방문하기로 했어요.

❷ (Books) on cooking are on the top shelf.
요리책은 맨 위 선반에 있어요.

❸ Did (you) watch the news?
뉴스 봤어요?

❹ When does the (store) open?
가게 언제 열어요?

❺ How much is this (skirt)?
이 치마는 얼마예요?

TEST B

❶ The Pilates class is on the 2nd floor.
필라테스 수업은 2층에서 해요.

❷ The yellow rabbit always comes home at 3 p.m.
노란 토끼는 항상 3시에 집에 와요.

❸ Did you see the picture of our son?
우리 아들 사진 봤어요?

❹ There are many things we can do in summer.
여름에는 할 게 많아요.

❺ Where did you get this plate from?
이 접시는 어디서 구했어요?

⑥ I already gave the key to you.
이미 너에게 열쇠를 줬잖아.

⑦ What do you do on weekends?
주말에는 뭐 하세요?

⑧ I need to talk to Jane today.
오늘 제인에게 꼭 얘기해야 해요.

⑨ The magical train left from San Francisco at 3 a.m.
마법의 기차는 새벽 3시에 샌프란시스코에서 출발했어요.

⑩ Max lost the belt of his uniform.
맥스는 교복의 벨트를 잃어버렸어요.

22 형용사, 부사 *p.164*

TEST A

① I'm (good / well) at baking.
저는 베이킹을 잘해요.

② You need to walk (fast / fastly).
당신은 빨리 걸어야 해요.

③ My son can solve this question (easy / easily).
우리 아들은 이 문제를 쉽게 풀 수 있어요.

④ Please read this page (loud / loudly).
이 페이지를 큰 소리로 읽으세요.

⑤ She came home (quick / quickly).
그녀는 집에 빨리 왔어요.

⑥ Are you (happy / happily) with the test result?
시험 결과에 만족하나요?

TEST B

① Korean letters are recognized as the best scientific letters.

② Cooking is my least favorite thing to do.

③ This dish is more delicious than that one.

④ My daughter thinks that pink looks _better_ on her.

⑤ I want to run _faster_.

⑥ I think I look _fatter_ in this dress.

23 동명사, to부정사, 분사 _p.170_

TEST

❶ _Cleaning/To clean_ was his least favorite house chore.

❷ I need to replace the _flickering_ light.

❸ Be quiet! There is a _sleeping_ baby in the other room.

❹ Little Snow White always wanted _to play_ with her dad.

❺ The main ingredient is _chopped_ vegetables.

❻ _Reading/To read_ to your kids before putting them to bed is supposed to be very educational.

❼ Her house is well _organized_.

❽ Stop _jumping_ around the house!

❾ The backyard has a pile of _broken_ toys.

❿ The announcement said that you need _to wear_ the uniform tomorrow.

24 배경을 설명하는 표현들

p.178

Let's Read! 📖

❶ **Once upon a time,** there were two beautiful princesses.
옛날 옛적에 아름다운 공주님이 두 명 있었어요.

❷ **A long time ago,** there was a kingdom cursed by a witch.
옛날에 마녀의 저주에 걸린 왕국이 있었어요.

❸ **Long ago,** there was a monster harassing people.
오래 전에 사람들을 괴롭히는 괴물이 살고 있었어요.

❹ There was a loud sound **in the middle of the night**.
한밤중에 큰 소리가 들렸어요.

❺ The werewolf turns back to a handsome prince **at dawn**.
늑대인간은 새벽이 되면 잘생긴 왕자님으로 바뀌어요.

❻ It was quiet and calm **in the country**.
조용하고 차분한 시골이었어요.

❼ Towering trees **in the forest** were overwhelming.
숲 속의 우뚝 솟은 나무들이 압도적이었어요.

❽ The greens and blues **of the lakeside view** were soothing.
초록초록 파릇파릇한 호숫가의 풍경이 위로가 되었어요.

❾ The **hustle and bustle of the city** awakened the children.
도시의 분주함이 아이들을 깨웠어요.

❿ The **grey concrete** was cold and rigid.
회색빛 콘크리트는 차갑고 단단했어요.

Let's Read! 📖

❶ Her **blonde hair** was **silky and thick**.
그녀의 금빛 머리는 부드럽고 숱이 많았어요.

❷ Jennifer had **long and curly hair**.
제니퍼는 긴 곱슬 머리였어요.

❸ Catherine's mother **braided her hair** every morning.
캐서린의 엄마는 매일 아침 그녀의 머리를 땋아줬어요.

❹ His **eyes sparkled** with curiosity.
그의 눈은 호기심으로 반짝였어요.

❺ Alex **blushed** when the handsome prince entered the room.
멋진 왕자님이 방에 들어오자 알렉스의 얼굴이 빨개졌어요.

❻ Hercules was **muscular and athletic**.
헤라클레스는 근육질에 탄탄한 몸을 가졌어요.

❼ The **short and stout** man chased after a dog.
키가 작고 배가 나온 남자가 개를 쫓아갔어요.

❽ Her **breathtaking beauty** was all it took for her to get her way.
그녀의 숨막히는 아름다움은 그녀가 원하는 모든 것을 얻게 해주기에 충분했어요.

❾ The **lazy** elf forgot to grant the little boy's wish.
게으른 요정은 어린 남자아이의 소원을 들어주는 것을 까맣게 잊었어요.

❿ The **grumpy** old Scrooge was very **stingy**.
성격이 고약한 스크루지 영감은 지독한 구두쇠였어요.

Let's Read! 📖

① The witch said, "The curse can only be broken by a true love's kiss."
마녀가 말했어요. "이 저주는 진정한 사랑의 입맞춤으로만 깨질 거야."

② Their stepmother snapped, "Be quiet!"
계모가 톡 쏘았어요. "조용히 해!"

③ A little bird whispered, "Shh! The monsters are looking for you."
작은 새가 속삭였어요. "쉿! 괴물들이 너를 찾고 있어."

④ The children headed towards the sparkling magic tree.
아이들은 반짝이는 마법 나무 쪽으로 갔어요.

⑤ The fairy dashed out the window when the father came into the room.
아빠가 방 안으로 들어오자 요정은 창문 밖으로 서둘러 나갔어요.

⑥ Mrs. Maudie stared at the boy stomping on her flowers.
마우디 아줌마는 그녀의 꽃을 밟는 남자아이를 째려봤어요.

⑦ Mother gazed at the picture and smiled.
엄마는 사진을 지긋이 바라보며 미소 지었어요.

⑧ Joseph made his bed for the first time, and he was proud of himself.
죠셉은 처음으로 침대를 정리하고 매우 뿌듯해 했어요.

⑨ Jonny was out running an errand for his grandmother.
쟈니는 할머니의 심부름을 하느라 집이 아니었어요.

⑩ My sister and I had to clear the table after dinner every day.
나와 언니는 매일 저녁식사 후에 식탁을 치워야 했어요.

Let's Read! 📖

① She was **thrilled** with her granddaughter's visit.
그녀는 손녀의 방문에 매우 기뻤습니다.

② She was **overjoyed** and **couldn't hide her happiness**.
그녀는 너무 기뻐서 행복을 감출 수 없었어요.

③ Kim's heart was filled **with joy** when she opened her Christmas present.
킴은 크리스마스 선물을 열어보고 기쁨으로 벅찼어요.

④ James **mourned** over his dead dog for months.
제임스는 몇 달 동안이나 죽은 개를 애도했어요.

⑤ When the movie ended, **the tears rolled down her cheeks**.
영화가 끝나자, 그녀의 뺨을 타고 눈물이 흘렀어요.

⑥ The door slammed shut and the sound **startled** Tom.
문이 쾅 닫치는 소리에 탐은 깜짝 놀랐어요.

⑦ When Santa Clause finally appeared through the chimney, James became **speechless**.
산타클로스가 정말 굴뚝을 통해 들어오자 제임스는 놀라 말문이 막혔어요.

⑧ Bart was **upset** because he couldn't save the little birds in the cage.
바트는 새장의 작은 새들을 구하지 못하자 속상해 했어요.

⑨ The witch was **cross** when she found the broken vase.
마녀는 깨진 꽃병을 발견하고는 짜증이 났어요.

⑩ The gatekeeper would **have fits** whenever someone entered the magic land without permission.
허락 없이 마법의 땅에 들어오는 이에게 문지기는 발끈하곤 했지요.

네이티브 영어회화 1000제

부록
· 저자 음성 강의
· 예문 mp3 파일

김재헌 지음 | 220쪽 | 13,000원

객관식으로 끝내는 초단기 영어회화 완성 코스

네이티브가 매일 쓰는 **1000문장을 문제로** 한번
암기장으로 한번 **확실하게** 익힌다!

난이도	첫걸음 초급 | 중급 고급	기간	하루 10분, 1장
대상	내 영어회화의 현주소가 궁금한 분, 단기간에 영어 실력을 향상시키고 싶은 분	목표	영어회화로 실전에 완벽 대비하기